# 87년체제론

민주화 이후 한국사회의 인식과 새 전망

창비담론총서

2

# 87년체제론

민주화 이후 한국사회의 인식과 새 전망

김종엽 엮음

창비

# '창비담론총서'를 펴내며

한국사회에서 변혁의 방향과 이를 위한 새로운 주체 형성에 대한 관심이 그 어느 때보다 뜨거운 지금, 창간 43주년을 맞은 계간 『창작과비평』과 출판사 창비는 '창비담론총서'를 새로이 출간해 독자의 요구에 부응하려고 한다.

'창조와 저항의 자세'를 가다듬는 '거점'으로서의 역할을 다짐하며 출범한 『창작과비평』은 1970, 80년대와 90년대에 걸쳐 민족문학론, 리얼리즘론, 분단체제론, 동아시아론 등 우리 현실에 기반을 둔 실천적 담론들을 개발하고 사회적으로 확산해오면서 일정한 성과를 거두었다. 2000년대에 들어서도 이중과제론, 87년체제론 등 기존의 문제의식을 이어받으면서 변화하는 상황에 대응하는 새로운 담론을 통해 이론적 모색과 실천활동의 밑거름이 되고자 했다. 계간지 특집 형식 등으로 최근 제기해온 이런 담론의 일부를 이번에 단행본 체재로 엮어내는 것은 우리의 지적 궤적에 대한 하나의 중간 결산이기도 하다.

총서의 간행에 즈음해, 우리가 계간지 창간 40주년을 맞아 약속한 것을 돌아본다. 창비가 우리 시대의 요구에 부응하는 과제 수행에 더 많은 이들이 동참할 수 있도록 앞장서되, 단순히 공론의 장을 제공하는 일을 넘어 '창비식 담론'을 만들겠다고 밝혔다.

그리고 '창비식 담론'은 '창비식 글쓰기'에 의해 뒷받침될 것이라고 했다. 여기서 말하는 '창비식 글쓰기'란 현실문제에 직핍해 날카롭게 비평하고 대안을 제시하는 논쟁적 글쓰기를 뜻하는데, 이것이야말로 문학적 상상력과 현장의 실천경험 및 인문사회과학적 인식의 결합을 꾀하는 창비가 남달리 잘해야 마땅한 일이다. 우리는 그일에 나름으로 정성을 다해 기대에 보답하려는 자세를 견지해왔다.

우리는 한국이 직면한 여러 문제에 대한 현실대응력이 한반도의 중장기적 발전전망과 연결되어야 온전히 작동할 수 있다는 문제의식에 입각하여, 우리 사회의 주류와 비주류의 경계를 넘나들고 거대담론과 구체적인 실천과제 논의를 아우르면서 비판적이고도 균형 잡힌 담론을 개척하는 데 일조해왔다고 자부한다.

이러한 노력이 한층 많은 공감을 얻기를 바라며 이 총서를 간행한다. 올해는 출판사 창비가 설립된 지 35주년이기도 해 그 출발의 의의가 더 새롭다.

'창비담론총서'라는 이름을 공유하는 책들이 모두 같은 성격은 아니다. 그야말로 창비가 개발하고 앞장서서 이끌어온 담론이 있는가 하면, 우리 사회의 여러 곳에서 벌어지는 논의에 창비가 한몫을 떠맡은 경우도 있다. 또한 총서에 해당 주제에 대해 반드시 일치된 견해만 수록하거나 모든 글들이 동일한 방향성을 갖도록 모은 것도 아니다. 그러나 '창비담론총서'의 이름에 값할 만큼의 특색과 유기적으로 연관된 지향점을 갖추고자 노력했다.

이번 1차분의 간행에 이어 앞으로도 창비의 담론에 반향이 있는 한 그 성과를 묶어내는 작업은 계속될 것이다. 총서 간행을 계기로 우리 사회 안은 물론이고 동아시아와 세계에 이르기까지 소통의 범위가 확산되기를 바라는 마음 간절하다.

2009년 4월
'창비담론총서' 간행위원진을 대표해서
백영서 씀

# 차례

## 일러두기

1. 이 책에는 '창비담론총서'에 싣기 위해 새로이 집필한 글을 포함하여, 계간 『창작과 비평』을 중심으로 여러 매체에 발표된 해당 주제의 기고문을 수록했다.
2. 수록 글의 출처와 최초 발표시기는 각 글의 맨 뒤에 밝혔다. 필자들은 최초 발표본을 현재의 시점에서 다소 손질했는데, 발표 당시의 현장성을 드러내기 위해 그대로 수록한 경우도 있다.
3. 각 부의 글은 발표된 순서대로 배치하는 것을 원칙으로 했으나, 주제의식을 명확히 드러내기 위해 배치 순서를 조정한 경우도 있다.

# 87년체제론에 부처

1

1987년 민주화 이후 우리 사회의 특질을 총괄하는 용어로 '87년 체제'라는 말이 제법 널리 쓰이고 있다. 이 말이 언제부터 누구에 의해서 쓰이기 시작했는지를 추적하기는 쉽지 않다. 필자가 아는 한 87년체제라는 용어 그대로는 아니지만 이런 식의 표현을 처음 사용한 것은 노중기의 '87년노동체제'였다. 이후 간헐적으로 87년체제라는 말이 쓰였던 것 같다. 87년체제라는 말이 우리 사회에서 논의되는 데 중요한 계기가 되었던 것은 2005년 7월 창비-시민행동 공동심포지엄 '87년체제의 극복을 위하여'였다고 생각된다. 심포지엄 이후 87년체제라는 말은 더욱 많이 쓰이게 되었고, 특히 6·10항쟁 20주년을 계기로 그 쓰임새를 더 넓혀가게 되었다.

여러 논자들이 앞서거니 뒤서거니 이 말을 사용해온 만큼 이 말을 사용하는 사람들의 생각은 다양하다. 적극적으로 의미를 부여하고 개념화하고자 하는 입장이 있는가 하면 그저 지칭의 편의 때문에 사용하는 이도 있다. 명시적이든 아니든 평가적인 태도도 깃들어 있어서 어떤 이는 긍정적인 의미로, 어떤 이는 부정적인 의미로 사용한다. 어떤 경우든 중요한 점은 사람들이 87년체제라는 말을 사용하도록 이끄는 이유에 있다. 그것은 우리 사회의 현재 모습을 형성하는 데 87년 민주화가 중요한 계기였으며, 민주화 이후 지난 20여년간 우리 사회의 변동에 어떤 패턴과 구조가 존재한다는 직관적 인식이다. 이 책은 그런 직관적 인식을 구체적으로 밝히고자 한 시도들을 모은 것이다. 그런 작업을 하는 이유는 우리 사회 성원들의 방향감각을 일깨우는 데 87년체제를 둘러싼 담론들을 대중화하는 것이 도움이 된다고 판단해서이다.

모든 지적 논의가 그렇듯이 87년체제에 대한 논의에도 암묵적으로 전제된 것들이 많다. 이런 전제들이 개념의 대중화에는 아무래도 걸림돌이 된다. 당장 체제라는 말은 무엇을 뜻하는지, 왜 사회의 특질을 지칭하는 용어가 특정한 연도를 앞에 달고 있는지가 논의의 외부에 있었던 사람들에게는 의아스러울 수 있다. 그렇기 때문에 87년체제라는 명명 방식부터 해명하는 것이 필요하다.

먼저 체제라는 말에 대해 살펴보자. 87년체제에서 체제는 레짐(regime)의 번역어로 선택된 것이다. 레짐은 '군사독재체제'와 같이 단순히 정부 형태 혹은 정부 성격을 나타내는 말로 쓰인다. 하지만 정부의 형태나 성격이 고립적으로 형성되는 것은 아니다. 그것은 정부의 통치대상인 사회 혹은 사회성원들의 성격 또한 함축하고 있고, 또 양자의 상호작용 없이 정부가 특정한 형태를 취하는 것도 아니다. 그렇기 때문에 레짐은 정부의 작동 그리고 정부와 사회의 상호작용을 규율하는 일련의 규칙을 포함하는 말이 되며, 때로는 그런 상호작용 방식의 뒤에 있는 사회문화적 규범까지 포섭하는 의미로 사용된다. 87년체제에 대한 논의는 대체로 이런 확장된 레짐 개념을 따르고 있다.

이런 체제 개념은 레짐과 마찬가지로 체제라고 번역되거나 체계라고 달리 번역되기도 하는 씨스템(system)과 일정한 차이를 보인다. 씨스템은 구성요소들이 통합된 전체를 이룰 경우 쓰인다. 대개 정치경제적인 영역에서 주로 쓰이는 용어인 레짐과 달리 씨스템은 추상도가 높으며 그렇기 때문에 오히려 우주적인 현상(예컨대 태양계)에서부터 심리적인 현상(심리체계)에 이르기까지 매우 다양한 현상을 지칭하는 데 사용된다. 무엇인가를 씨스템으로 정의하기 위해서 요구되는 조건은 좀더 까다로워질 수 있는데, 그런 추가적인 요건 가운데 폭넓게 합의된 것은 씨스템 개념을 그 전체가 스스로를 재생산하는 능력을 가지는 경우에 한정해 사용하는 것이다. 이럴 경우 씨스템은 그것을 둘러싼 환경과의 구별이 뚜렷하며 일정수준의 자기완결성을 가진 것을 지칭한다. 레짐에는 이런 정도의 한정이 가해지는 경우가 없다. 따라서 분단체제 같은 경우는 남북한을 하위요소로 하며 스스로를 재생산하는 것으로 파악된다는 점에서 씨스템이라고 부를 만하지만, 남한사회의 특정한 시기의 구조화된 특성을 다루는 87년체제는 그런 정도의 자기재생산적 특성을 가지고 있지 않다. 그런 점을 염두에 둔다면 레짐이라고 명명하는 것이 더 적당할 것이다.

다음으로 체제의 명명에서 특정한 연도를 활용하는 방식에 대해 생각해보자. 이 책에 실린 글들에는 87년체제만이 아니라 53년체제, 61년체제, 97년체제 등 연도를 붙인 형태로 명명된 체제가 여럿 등장한다. 이런 형태로 체제를 명명하는 것은 어떤 중요한 사회적 사건이 사회변화의 분기점이 되었다는 것을 표시하며 연대기적 감각을 일깨우는 측면이 있다. 하지만 그렇게 명명된 체제의 특성을 명료하게 요약해서 제시하지 못한다는 약점을 가지고 있다.

하지만 연도를 붙이는 식의 명명법에서 벗어난다고 해서 쉽게 명료성을 얻을 수 있는 것은 아니다. 예컨대 61년부터 79년에 이르는 시기는 흔히 '박정희체제'라 불린다. 그 시기를 61년체제라고 부르는 것보다 박정희체제라는 용어가 언뜻 더 명확해 보인다. 하지만 생각해보면 이 명명은 그 시대의 특성을 통치자의 특성 혹은 통치자의 통일성으로부터 은유적으로 파악하는 것 이상을 별로 말해주지 않는다. 그 시기를 '권위주의체제' '발전국가체제' 혹은 '개발독재체제'라고 명명할 수도 있다. 이 경우 좀더 분석적인 규정이긴 하지만 이런 명명법 사이에는 상이한 이론적 배경과 경험적 판단 그리고 이데올로기적 경향간의 차이와 갈등이 존재한다. 많은 사회과학적 개념이 그렇듯이 체제 규정에 있어서 논쟁적 상황을 피할 수는 없는 것이다.

87년체제론은 이런 체제 규정의 단면화로 인한 논쟁에 빠져들지는 않는다. 그렇다고 해서 이런 잇점이 그리 큰 것은 아니다. 왜냐하면 이 경우 명명 방식의 경합 대신 동일한 용어 아래서 상이한 방식의 개념화와 이해방식이 제시되기 때문이다. 요컨대 87년체제론은 87년 민주화가 여러 면에서 우리 사회에서 중심적인 전환점이었고 이후의 사회변동이 통일적으로 이해될 필요가 있다는 통찰을 공유하지만 그것을 어떻게 파악해야 할지를 둘러싼 논쟁을 유발하는 동시에 모아들인다고 할 수 있다. 이런 점이 이해의 어려움을 초래할 수 있다. 논자마다 조금씩 다른 규정과 강조점의 차이가 있고, 표면화되지 않았지만 어른거리는 논쟁점들이 나타나기 때문이다. 하지만 이런 차이점들이 정돈됨으로써 이해의 어려움이 극복된다면, 87년체제에 대한 논의를 더 활성화하여 우리 사회의 현재를 이해하는 데 도움이 될 것이라고 생각한다.

2

이 책에 수록된 글들에는 일치점 못지않게 차이점 그리고 대립점들이 존재한다. 이 점을 잘 드러내는 것이 87년체제론을 더 잘 이해하는 하나의 방편일 것이다. 이를 위해 나는 이 책에 실린 글들에 대해 소개 이상의 논평과 비판을 시도할 것이다. 다른 필자들의 입장에서 보면 내가 책의 엮은이로서 집필하는 이런 논쟁적인 서장은 공정치 못한 것이다. 하지만 이 책이 논의의 현 지점을 확인하는 동시에 새로운 논쟁의 징검다리가 되기를 바라는 마음에서 그렇게 하기로 했다.

먼저 논의하고 싶은 쟁점은 우리 사회의 현재를 해명하는 데서 87년체제론과 97년체제론 가운데 어떤 것이 더 적합한 것인가 하는 점이다. 이 책의 제2부에서 김호기는 이 문제를 정면에서 거론하고 있다. 그에 따르면 우리 사회의 질적 전환이라는 점에서 중요한 계기는 1987년 민주화라기보다는 1997년 외환위기이며, 그렇기 때문에 87년체제론보다는 97년체제론이 이론적 적실성이 높다는 것이다. 이런 판단은 김호기 이외에도 여러 논자들이 공유하는 입장인데, 이로부터 다음과 같은 몇가지 입장이 분화되어 나온다.

우선 우리 사회가 외환위기를 계기로 97년체제로 전환되었다는 입장이 있는데, 그런 견지에서 본다면 87년체제는 민주화 이후 외환위기까지 존속했으며 97년 이후 우리 사회는 97년체제, 즉 신자유주의체제로 전환되었다는 입장이다. 손호철은 이런 입장의 대표적인 논자이며, 그런 97년체제론의 입장에서 87년체제론은 우리 사회의 현재에 대해 더이상 분석적으로 유효하지 않으며 실천적으로도 반신자유주의 투쟁의 중요성을 희석하는 오류로 파악한다.

97년체제의 중요성을 더 강조하는 입장에 서면 아예 "87년체제는 없다"는 입장도 나온다. 이 책의 제2부에서 조희연이 잠시 언급한 정일준의 주장이 그런 예이다. 정일준에 의하면 우리 사회에서 체제라고 할 만한 것은 61년체제 그리고 그것에 이어지는 97년체제라고 한다. 이 경우 전자는 발전국가체제를, 후자는 외환위기를 계기로 수립된 신자유주의체제를 말한다.

김호기는 손호철과 정일준의 입장을 신중하게 고려하면서도 87년체제의 존재를 긍정하는 동시에 그것의 영향력과 중요성이 현재에도 중요하지만 97년체제가 현재를 설명하는 데 상대적 우위를 가지고 있다고 파악한다. 그래서 그는 우리 사회의 현재를 87년체제를 규정하는 '민주화의 시간'과 97년체제를 규정하는 '세계화의 시간'이 겹쳐져 있는 것으로 묘사하는 동시에 87년체제가 수립한 사회경제적 프레임을 세계화의 프레임 속에 가두고 있는 것이 97년체제라고 주장한다.

이런 입장들 가운데 정일준 식의 주장의 한계는 명확하다. 우선 그는 남한사회의 구조와 세계체제의 변동을 직접 연결하는 동시에 세계체제의 규정력이 우월함을 주장하는데, 이런 접근방식은 남한사회의 내적 변화의 역동성과 힘을 무시하고 있다. 다른 한편 이 입장은 과도하게 경제주의적이다. 체제 규정에서 경제적인 측면은 매우 중요하지만 경제를 포함한 전체를 규정하기 위해서는 국가구조, 국가와 시민사회의 상호작용 방식 등을 함께 고려하는 것이 필수적이다. 그런 입장에서 볼 때 단지 경제구조의 변동을 기준으로 해서 체제를 규정하는 입장은 수용하기 어렵다. 경제를 중시하는 입장에서더라도 정일준 식의 접근이 타당하지 않다. 이 책의 제3부에서 유철규가 보여주었듯이 경제구조에서도 87년 민주화는 중요한 변화의 기점이기 때문이다.

손호철과 김호기는 모두 97년체제의 우위를 주장하는데, 이런 입장은 97년체제라고 명명되는 것이 왜 그런 방식으로 그리고 그런 시기에 수립될 수 있었는지 설명하지 못한다는 점에서 한계가 있다.[1] 사실 외환위기와 그것에 이어지는 사회재편은 87년체제 내에서 형성된 것으로 볼 때 제대로 이해될 수 있다. 왜냐하면 외환위기는 민주화와 더불어 구 권위주의체제의 엘리뜨들이 가동시킨 광범위한 자유화 프로젝트와 그로 인한 국가의 경제정책으로부터의 후퇴로 인해 발생한 사건이기 때문이다. 따라서 조희연이 주장하듯이 97년체제를 87년체제의 하위체제로 보거나, 아니면 97년체제가 별도의 체제로서 존재하는 것은 아니라고 파악해야 할 것이다. 나는 97년체제를 따로 설정하기보다는 87년체제를 외환위기의 기준으로 전기와 후기로 나누는 것이 더 적합하다고 생각한다.[2]

97년체제론의 발상법의 뿌리에는 87년체제를 민주화체제로 평면화하는 입장이 놓여 있다. 이런 입장은 내가 보기에는 87년체제라는 명명법이 모호성을 댓가로 획득한 복잡성의 포착이라는 잇점을 놓치고 있다. 노태우정부에서 김영삼정부에 이르는 87년에서 97년까지의 시기를 민주화의 시기로만 해석하는 것은 김대중정부에서 노무현정부를 거쳐 이명박정부에 이르는 97년 이후의 시기를 신자유주의화의 시기로만 해석하는 것만큼이나 사실과 부합하지 않는다. 사실에 충실하기 위해서는 87년 민주화와 더불어 "국가에 의해 육성되었던 독점재벌과 노동세력이 동시에 국가로부터 자율성을 획득했고, 이 두 세력은 어느 쪽도 새로운 체제의 주체가 되지 못했다"(본서 250면)는 유철규의 주장을 음미할 필요가 있다. 즉 87년체제는 처음부터 독점재벌과 민중부문에 의해 각각 자유화와 민주화라는 두 프로젝트가 가동되었던 체제이며, 두 세력간에 어떤 쪽도 서로에 대한 압도적 우위를 갖지 못한 교착의 체제로 이해될 필요가 있다.

### 3

87년체제를 민주화체제로 평면화하고 그것에 이어 "87년체제는 종결되었다"고 선언하는 입장은 97년체제론에 한정되지 않는다. 우파의 선진화론 또한 이와 동일한 프레임으로 사태를 진단한다. 다만 다른 점은 전자는 87년체제의 종결 시점을 97년으로 보는 데 비해 후자는 그것을 2008년이라고 볼 뿐이다. 물론 현정부의 집권담론은 선진화론 이외에 이른바 '잃어버린 10년론'이 있다. 그리고 양자는 내적으로 모순적이다. 선진화론은 87년체제를 통해 이룩된 민주화의 성과를 긍정하는 동시에 종결된 것으로 간주하지만 '잃어버린 10년'이라는 슬로건은 민주화와 그 성과 자체를 부인한다. 내적으로 대립하지만 우파의 두가지 슬로건을 겹쳐놓으면 그것은 더욱 97년체제론과 내적으로 조응한다. 왜냐하면 97년체제론 또한 김대중정부와 노무현정부 시기를 신자유주의적 개혁 속에서 잃어버린 10년으로 이해하기 때문이다. 전혀 다른 의도에서 출발하지만 97년체제론과 우파 담론은 뜻하지 않게 서로 공명하는 바가 있다.

이와 관련하여 두가지 점을 언급하고 싶다. 우선 앞의 두 주장이 모두 잘못된 것임을 촛불항쟁보다 잘 보여주는 것은 없다는 점이다. 백낙청이 이 책의 제2부에서 지적하듯이 이명박정부가 선포한 선진화 원년에 기념할 만한 사건은 촛불항쟁이었는바, 그것이 말해 주는 것은 87년체제가 종결되었기는커녕 87년체제의 내적 교착이 야기하는 갈등의 진폭이 체제 변동과정에서 더욱 커져가고 있다는 사실이다.

다른 하나는 진보진영과 우파가 각도를 달리 하지만 공유하는 '잃어버린 10년'이라는 주장에 함축된 민주정부 평가의 문제이다. 나는 민주정부를 구성한 세력을 우리 사회에 존재하는 자유주의 분파라고 이해한다. 이들은 87년체제를 통해서 헤게모니적인 면모를 보였는데, 그 핵심적인 이유는 87년체제의 핵심 사회세력인 독점재벌과 민중부문 각각이 가동한 자유화와 민주화라는 두 프로젝트를 동시에 자신의 프로젝트로 수용했기 때문이다. 민주정부를 통해 경제정책의 보수성과 사회정책에서의 상대적 진보성이 혼융된 형태로 나타난 것은 바로 이 때문이다. 이런 민주정부에 대한 평가는 박상훈의 글을 제외하면 강조점이나 평가에 차이가 있지만 이 책에 실린 글들이 대체로 동의하는 바이다.

박상훈의 87년정당체제론은 87년체제론이 필요로 하는 각론의 요구를 잘 구현하고 있다. 하지만 87년정당체제가 보수적 정당체제에 대한 시민사회의 강력한 도전에도 불구하고 분단체제에서 연원하는 보수적 정당체제의 복원으로 귀결되었다는 그의 진단에 동의하기는 쉽지 않다. 정당체제의 보수성에도 불구하고 그것에 도전하는 활력있는 시민사회 자체가 87년체제의 중요한 단면이기 때문에 이 점에 대해 그렇게 인색하게 평가할 이유는 없으며, 이런 도전에 직면한 정당들은 일정한 혁신을 시도했고 그 점에서 성과가 전혀 없는 것도 아니다. 그리고 자유주의 분파의 집권이 가능했던 것도 그런 시각에서 볼 필요가 있다.

물론 자유화 프로젝트와 민주화 프로젝트를 정책적으로 혼용하고자 한 자유주의 분파의 시도가 성공적인 것은 아니었으며, 그렇기 때문에 자유주의 분파의 헤게모니는 침식되어갔다. 2007년 대선 결과는 그 점을 잘 보여준다. 하지만 그렇다고 해서 자유주의 분파의 몰락이 예견되는 것은 아니다. 민중부문의 힘이 성장하고 진보적인 정당들이 커가기를 바라는 입장에서 보면 그렇게 반가운 일은 아니겠지만 자유주의 분파는 나름의 사회적 기반을 가지고 있으며, 대중적인 이데올로기적 전선에서도 일정한 설득력을 가지고 있다. 거기엔 해체기에 들어섰다고 하지만 분단체제의 효과가 여전히 작용하는 면도 있다.

이런 상황에서 오히려 필요한 것은 자유주의 분파의 취약성이 극복되는 것이다. 자유주의 전통이 취약한 우리 사회에서 자유주의는 지금까지 빌려온 이데올로기로, 더 정확히 말하면 빌려온 이데올로기들을 혼용하는 방식으로 존립했다고 할 수 있다. 지금 요청되는 것은 사회적 세력과 정치적 분파로 존재하지만 스스로의 언어로 말하지 못하는 자유주의가 자신의 언어를 가지고 제 발로 서는 것인지도 모른다. 그렇게 된다면 민주화 이후 분화되어 종종 갈등해온 시민운동과 민중운동도 각각 더 명료한 자의식과 새로운 연합의 길을 모색할 수 있을 것이다. 그리고 그렇게 될 때 시민사회와 정치사회 모두를 관통하는 자유주의 분파와 진보세력 간의 연합을 통해서 교착상태의 87년체제를 민주적으로 재편할 길, '변혁적 중도주의'의 길이 열릴 수 있다고 생각된다.

4

앞서 87년체제를 분석하는 데서 분단체제의 효과가 논의될 필요가 있음을 잠시 언급했는데, 이 점은 좀더 폭넓은 쟁점과 연계되는 문제이기도 하다. 87년체제뿐 아니라 97년체제가 논의되어야 함을 주장하는 입장에 선 필자들은 87년체제의 경우 남한사회의 내적 다이내믹스의 관점에서 분석되어야 하는 데 비해 97년체제는 세계체제와 남한사회라는 틀 속에서 분석되어야 한다고 생각하는 듯하다. 외환위기 이전에도 남한사회는 세계체제의 정치적 구조와 경제적 분업구조 속에 깊이 편입되어 있었지만, 외환위기를 계기로 양자간의 관계가 새로운 패턴 속으로 들어간 것은 분명하다. 그런 시각에서 본다면 이런 생각에 타당성이 없는 것은 아니다. 하지만 87년체제의 변동을 해명하기 위해서 남한사회와 세계체제라는 두 수준간의 연계만을 염두에 두는 것은 현실을 설명하는 데 한계가 많다. 민주화 이후 변화된 남북관계는 차치하고 남한사회에 한정해 보더라도 노무현정부가 시도한 4대 개혁입법의 운명이나 뉴라이트운동의 출현 또는 민주노동당의 민주노동당과 진보신당으로의 분열을 신자유주의 세계화로만 설명하려고 하는 것은 별로 설득력이 없다. 경험에 충실한 분석을 위해서는 좀더 분석단위들을 다각화하고 그 것들 사이의 연계를 복합화할 필요가 있다.

이런 문제의식 속에서 백낙청과 이일영은 분석단위들 사이의 연계가 세계체제, 동아시아, 분단체제 그리고 87년체제 사이에 그려져야 한다고 주장한다. 네가지 분석단위 사이의 관계는 매우 복합적이다. 이들간의 연계는 그 크기에 따라 위계적으로 배열되는 것만은 아니다. 또 상호작용의 패턴도 위계적으로 구조화되어 있는 것은 아니다. 다시 말해 세계체제가 남한사회에 미치는 영향이 반드시 동아시아와 분단체제를 거쳐서 작동하는 것만은 아니며, 상위체제와 하위체제 간의 관계가 독립변수와 종속변수의 관계인 것도 아니다. 네가지 분석단위는 서로 역동적으로 상호작용하며, 상호작용의 수준도 정치·경제·사회의 여러 면에서 다차원적으로 일어난다고 보아야 할 것이다.

사실 이런 연계의 필요성은 여러 필자에게서 나타나고 있다. 예컨대 조희연은 노무현정부의 국가보안법 철폐의 실패를 두고 이렇게 말한다. "국가보안법은 53년체제의 핵심적인 제도적 프레임이라고 할 수 있고 그런 의미에서 이 법의 폐지는 87년체제의 민주개혁이 확산됨으로써 53년체제의 균열에까지 이를 것인가 그렇지 못할 것인가를 가름하는 시금석이었다. 국가보안법 폐지는 87년체제 하에서 진행되는 민주개혁의 한계지점을 보여주는 이슈인데, '2004년 12월의 좌절'은 87년체제의 민주개혁이 53년체제의 한계를 뛰어넘지 못했음을 보여주며 또한 국회 다수당이 된 한국의 개혁자유주의 정당이 주도하는 민주개혁의 한계를 보여주는 것이라고 할 수 있다."(87면)

여기서 53년체제란 분단체제에 다름 아니다. 그런 의미에서 조희연의 진술에는 87년체제와 분단체제 모두에 대한 더 나은 이해를 위해 87년체제와 분단체제의 상호관련의 해명이 요구된다는 사실이 어른거리고 있다고 할 수 있다. 하지만 분단체제가 53년체제로 명명됨으로써 양자가 다른 수준의 분석단위라는 점이 희석되어버린다. 이런 희석은 사실 분단체제를 남한사회 내부의 체제구성 논리로만 축소함으로써 북조선과 남한 간의 적대적인 동시에 역동적인 상호의존이 두 사회에 미치는 영향 그리고 두 사회 각각의 변동이 분단체제의 재생산 방식에 미치는 영향을 분석의 지평에서 제거한다. 내가 이 책의 제1부의 글에서 주장했듯이 87년체제는 출범 자체가 분단체제을 흔드는 사건이었으며, 87년체제의 교착적 양상은 국가보안법 철폐를 가로막았지만 동시에 6·15정상회담 같은 새로운 돌파구를 열기도 했다.

분단체제나 동아시아 같은 분석단위를 우회하려는 시도 밑에는 87년체제론을 PD적인 문제의식의 구현으로 이해하는 입장이 있는 것으로 보인다. 이 PD적 문제의식은 87년체제의 97년체제로의 전환을 주장하는 입장에도 관류하고 있으며, 그런 전환을 주장하지 않을 때에도 남한사회에 대한 고립적인 이론화 경향이 나타나는 저류로 작동하고 있다. 나는 이런 입장이 납득할 만한 이유를 가지고 있다고 본다. 분단체제의 모순으로부터 연원하는 NL적 문제의식에 수반된 과잉 민족의식과 그로부터 연원하는 사회운동의 일부 경향이 전체 진보개혁진영에 미친 해악이 적지 않기 때문이다. 하지만 분단체제로부터 발원하는 온갖 모순을 우회하려는 87년체제론은 현실조망 능력의 약화를 댓가로 지불할 수밖에 없다. 오히려 분단체제와 87년체제의 상관관계를 명시적으로 조명하려는 노력 그리고 분단체제와 87년체제 모두와 얽혀 있으면서 복잡한 경로로 작동하는 동아시아적 질서와 세계체제를 함께 고찰하려는 시도를 통해서만 NL과 PD의 문제의식의 합리적 핵심이 구현될 수 있다.[3]

5

87년체제론은 현재진행 상태인 87년체제를 그 내부로부터 관찰하고 조망하려는 담론이다. 그렇기 때문에 87년체제의 역동적 변화와 더불어 진화할 수밖에 없는 현재진행형의 담론이며, 그 체제의 모순과 갈등을 극복하려는 데 복무하고자 하는 실천적 담론이다. 이런 실천적인 요구로 인해 상당한 응집력을 가지고 있다. 하지만 그 응집력은 더 강한 논쟁적 상황을 의미하지 정연한 체계의 확장을 의미하는 것은 아니다. 87년체제에 대한 논의를 모은 이 책의 서장이 그런 논쟁점을 드러내는 방식으로 씌어진 것은 그 때문이다. 통례를 따르지 않은 서장에 대한 필자들의 너른 혜량이 있기를 바란다. 더불어 이 책을 읽게 될 독자들 또한 충실한 안내자 구실을 하지 못하는 서장을 따라 이 책을 읽기보다는 서장과 수록된 다른 글들을 대조하며 자신의 생각을 발전시켜가는 입체적인 독서를 해주기 바란다. 그리하여 민주주의가 위기에 처한 이 시대에 이 책이 독자들의 시대감각을 일깨우고 방향설정을 하는 데 작은 도움이나마 되기를 바란다.

끝으로 이 책이 나오기까지 도움을 주신 분들에게 감사의 말을 전하고 싶다. 무엇보다 이 책을 위해 기꺼이 옥고를 내어주신 여러 필자들에게 크게 감사드린다. 또한 엮은이 자신을 비롯하여 이 책에 수록된 여러 편의 글이 창비의 동료지식인들 그리고 세교연구소 회원들과의 많은 대화와 토론에 빚지고 있는데, 이들에게 감사의 말을 전하고 싶다. 이 책이 묶여 나오기까지 많은 조언을 해준 백낙청, 최원식, 백영서 선생님께 특별히 감사드린다. 그리고 늘 그렇듯이 보이지 않는 곳에서 까다롭고 누추한 일을 맡아주는 편집부 직원들 없이는 이런 책이 세상의 빛을 보기 어려웠다. 힘든 일을 묵묵히 처리해준 창비 편집팀원들에게 감사드리며, 엮은이보다 더 꿋꿋이 이 책의 필요성에 대해 확신하며 일을 추진해준 염종선 부장에게 각별한 고마움을 전하고 싶다. 이 책의 출간을 기꺼이 지원해준 창비 고세현 사장님께도 감사드린다.

2009년 4월
엮은이 김종엽

# 87년체제론의 제기

# 분단체제와 87년체제

**김종엽** • 한신대 사회학과 교수

## 1. 해방 60년, 대한민국과 한반도

연대기적 시간이 그 자체로 의미있는 것은 아니지만, 새롭게 출발하기 위해서도 그리고 시대감각을 획득하기 위해서도 시간의 매듭이 필요한 법이고 그런 일을 하는 계기로 삼기에 60년이라는 시간은 적절한 것 같다. 요컨대 시대감각 또는 방향감각의 획득을 위해서 지금은 자기서술을 시도해볼 때라고 할 수 있다. 그런데 우리의 경우 이 자기서술 자체가 그리 간단치 않다. 해방 60주년은 대한민국의 관점에서 서술될 수도 있고, 한반도적인 관점에서 기술될 수도 있기 때문이다. 정부가 따르고 있고 사회적으로도 공식적인 입장인 전자의 관점이라면 지난 60년은 분단국가로서 출발한 대한민국이 경제성장과 민주화라는 두가지 성과를 이룩하며 하나의 국가로서 꼴을 갖추어온 과정으로 인식될 것이다. 그러나 후자의 관점에서 본다면 해방 60주년은 분단시대로 기술될 것이며, 그런 관점은 전자의 관점을 즉각 상대화한다. 왜냐하면 분단시대론은 남북한 각각의 정통성에 대한 물음을 끊임없이 제기하기 때문이다. 입장에 따라서는 분단 속에서도 한반도에서 적지 않은 성취가 일어났으며 분단과 사회발전 간의 간단치 않은 관계를 조명하기도 하지만, 그 성취 자체가 분단으로 인한 근본제약 아래의 것이기에 지난 60년은 단절로 인한 고통(이산가족이 가장 전형적인 예일 것이다), 외세의 존과 그로 인한 민족적 자존의 망실, 민족내 적대를 빌미로 한 민주주의의 탄압과 사회적 발전의 지체 그리고 사유지평의 심층적 제약 등으로 얼룩진 긴 시간으로 여겨진다. 심지어 근본부터 어긋나버렸고 그래서 되돌아가 다시 시작하고 싶은 그런 역사로 분단시대를 생각하는 사람도 있다.

현대사에 대한 이 두 관점 가운데 어느 하나를 배타적으로 강조하는 사람들도 있지만 이 두 관점을 공유하고 있고 또 그 사이에서 동요하고 있는 것이 우리 사회성원들 대부분의 모습일 텐데, 나는 이런 평균적 감각에 어떤 직관적 진실이 자리잡고 있으며, 그렇기 때문에 양자를 적극적으로 교직하여 사고하려는 태도가 필요하다고 생각한다.[1] 그럴 때에만 어느 관점에 속박됨으로써 생기는 심리적 경향, 자부심과 자괴감이 병존하고 영광과 상처의 제스처가 자리바꿈을 거듭하는 현상에서 벗어날 수 있을 것이다. 아울러 사고의 지평을 남한사회로 제한하고 그것에 몰입하는 경향과 남한사회 내부의 복잡성에 대한 신중한 고려를 잃은 열정이나 분노의 표출로 치닫는 경향 모두에서 벗어나 현재의 가능성을 침착하게 찾아갈 수 있을 것이다.

사실 어떤 입장을 취하든 거기엔 각각 만만치 않은 논쟁 그리고 그것이 함축하는 사회적 갈등과 대립들이 기다리고 있다. 남한사회의 관점에서 볼 때, 두가지 성과라고 하지만 경제성장은 분배적 정의의 문제를 수반하며, 민주화 또한 어떤 수준으로까지 심화되어야 하는가에 대해 논쟁과 갈등이 있다. 또 양자는 따로 떨어진 것이 아니기 때문에 그로부터 여러 문제들이 제기된다. 경제성장과 민주주의 간의 관계가 인과적으로 어떻게 설정될 수 있는지, 또 현시점에서 양자는 어떤 규범적 연관을 맺어야 하는지에 대해 많은 논쟁과 대립이 존재한다. 게다가 이 두가지 성취 모두가 현시점에서 그리 만만치 않은 난관에 처해 있으며, 그렇기 때문에 기존의 성과를 보존하고 개혁하고 확장해가야 한다는 점에는 사회적 합의가 존재하지만, 어떤 방안이 그런 것인지에 대해서는 심각한 입장차이와 갈등이 존재한다.

또한 이런 문제들에 한반도적 관점을 겹쳐놓으면 경제성장과 민주화가 남북분단과 맺고 있는 관계는 무엇인지가 해명되어야 할 어려운 문제로 떠오른다. 그리고 이 문제는 단순히 과거에 대한 인과적 해명의 문제를 넘어 현재 우리 사회의 민주화와 발전의 비전을 가다듬는 문제와도 연관된다. 그러니까 한반도적 관점을 회고적 전망에서 현재와 미래에 대한 전망으로 끌어오면, 탈냉전 이후 동아시아에 지정학적 질서뿐 아니라 지경학적(geo-economic) 질서까지 포함하는 새로운 역내질서를 어떻게 구축할 것인가 하는 문제에 당면하게 된다. 이 새로운 역내질서의 성격과 형성경로에서 남북관계의 행로는 매우 핵심적인 고리라고 할 수 있다.

자기서술과 그것을 통한 시대감각 획득의 매트릭스로 제기되는 이런 문제들의 복잡성을 다루기 위해서 이 글은 분단체제론과 87년체제라는 개념을 중심에 놓을 것이다. 한편으로는 한반도적 현실과 남한사회 문제를 교직해서 사고하려는 분단체제론의 기본 통찰들을 활용하면서, 다른 한편으로는 분단체제론 자체가 충분히 확보하고 있지 못한 남한의 사회체제 분석을 87년체제 개념을 통해 보충하기 위해서이다. 이것은 분단이라는 좀더 장기적인 국면과 남한사회의 구조변화라는 중단기적인 국면을 겹쳐 보려는 시도이기도 하다. 사실 한 사회의 구조는 상이한 역사적 시간의 중첩으로 구성된다. 사회구조란 청산되지 않은 과제들 위에 새로운 과제를 쌓아가며 앞으로 나아가는 과정, 그리고 새롭게 시도된 실천들이 과거의 영향력을 제거하고 변형하는 복잡한 과정의 단면이기 때문이다. 따라서 그것을 이해하기 위해서는 시간지평을 달리하는 단위를 함께 놓고 분석해보는 것이 유용하다. 그런 의미에서 분단체제론과 87년체제를 연계해서 우리 사회를 고찰하는 것은 역사적 원근감과 현재의 실천적 과제를 명확히하는 데 도움을 줄 수 있을 것이다.

## 2. 87년체제란 무엇인가

분단체제와 87년체제의 연관을 살핌으로써 우리의 과거를 서술하고 현재를 규명하기 위해서는 87년체제라는 개념부터 좀더 상세히 알아볼 필요가 있다. 분단체제론은 이미 어느정도 알려진 논의인 데 비해 87년체제는 아직 제대로 정의된 적이 없는 개념이기 때문이다.[2] 아마 87년체제라는 말이 사용의 폭을 조금씩 넓혀가는 일차적인 이유는 그것이 87년 민주화 이행 이후부터 현재에 이르는 우리 사회의 양상을 총괄적으로 '지칭'하기에 편리해서일 것이다. 어쩌면 이 편의성은 그만큼 이 개념의 명료화에 방해가 될지도 모른다. 어떤 이는 87년체제를 부정적인 의미로 쓸 것이고 어떤 이는 긍정적인 의미로 쓸 것이며, 그것을 느슨하게 사용하려는 시도와 엄격히 정의하려는 시도가 병존할 것이다.[3] 그런만큼 이 개념에 대한 어떤 확정적인 정의를 제공하는 것은 어려운 일이다. 그래서 나는 87년체제를 엄밀히 정의하기보다는 그런 용어의 출현에 작용하고 있는 어떤 시대인식과 통찰을 표면으로 끌어올려보고 싶다.

87년체제라는 용어가 쓰이는 일차적인 이유는 현재의 우리의 직접적 뿌리가 87년에 닿아 있다는 인식 때문이다. 이는 87년이 우리 사회에서 전환점인 동시에 그 전환의 형태가 이후의 사회상황에 대해 구조형성적인 측면을 가지고 있기 때문이다. 전환점으로서의 87년은 정치·경제·사회문화적으로 확인된다. 정치적으로 87년은 권위주의체제의 종식과 형식적 민주주의의 제도화를 의미하며, 나아가서는 이런 수준의 민주화로부터의 정치적 후퇴를 허용하지 않는다는 것이 사회적 합의로 자리잡았다. 경제적으로 우리 사회는 박정희(朴正熙)식의 발전체제에서 벗어났다. 박정희체제의 경제발전에는 국가-은행-대자본의 연합과 민중부문의 배제라는 두 측면이 있는데, 이런 발전체제에서 국가는 금융을 통해 재벌(독점자본)을 통제하고 억압을 통해 노동을 통제했다. 그런데 대자본과 민중 부문 양자가 국가의 통제에서 벗어나기 시작했다. 87년 이후 본격적으로 진행된 '자유화조치'로 금융을 통한 재벌통제는 쇠퇴하다가, IMF위기를 겪으며 결정적으로 해체되었다. 더불어 노동자와 농민의 억압에 기초했던 발전체제 또한 더이상 가능하지 않게 되었다.[4] 민중부문의 이해가 충분히 사회적으로 포섭된 것은 아니고 다양한 배제가 계속되었지만 그것은 더이상 물리적 억압에 기초한 통제는 아니었다. 사회문화적인 영역의 경우 정치나 경제 영역처럼 명확한 지표가 있는 것은 아니지만, 몇가지 사례를 통해 근본적인 전환을 확인할 수 있다. 87년 이후 실질소득의 증가로 인한 대중소비사회로의 진입이 한 예이다. 이런 전환은 매우 급속해서 그로 인한 생활양식의 변화가 이미 90년대 중반에 문화담론의 폭증을 유발했다.[5] 또한 90년대 이후 계속되는 다양한 정체성의 탐구, 상징적 투쟁들, 역사적 기억의 투쟁들 또한 변화된 문화적 지형도를 보여준다.[6]

87년은 이렇게 전환을 표시하는 동시에 그후의 사회적 전개의 구조적 특질을 규정하는 측면도 가지고 있다. 87년 민주화 이행은 주지하다시피 구체제를 청산하는 이행이 아니라 구체제와의 타협에 기초한 이행이었다. 이 타협은 두가지 국면으로 나누어볼 수 있는데, 이 두 국면이 각각 특유한 패턴과 구조를 창출했고 그것이 서로 겹치며 나타나는 것이 이후의 정치과정이라고 볼 수 있다. 첫번째 국면은 6월항쟁에서 6·29선언까지이며, 그 핵심은 6월항쟁의 열기가 6·29선언에 의해 일단 식혀졌다는 사실이다. 이런 패턴은 87년 이후 반복되었다. 6월항쟁은 노태우의 집권으로 후퇴했고, 그후 야당의 총선 승리로 다시 한걸음 진전되었다. 그리고 그것은 다시 3당 합당으로 한걸음 물러섰다. 주기와 진폭이 가변적이긴 하지만 민주화세력과 구권위주의세력 간에 정치적 수를 주고받는 투쟁과 타협의 지속이 87년체제의 한 특징을 이룬다.

다음 국면은 6월항쟁과 6·29선언이라는 두 사건이 만들어낸 정치지형 아래서 이뤄진 정치적 거래와 타협의 국면이다. 이 타협의 장면은 6월항쟁의 장면과 많이 다르다. 6월항쟁이 독재에 대항하는 모든 세력이 결집된 최대도전연합에 의해서 수행되었다면, 6·29선언 이후 정치적 타협의 장면은 구권위주의세력과 이 최대도전연합의 작은 분파인 야당세력에 의해서 수행되었다.[7] 이로 인해 87년체제는 두가지 특징을 지니게 된다. 하나는 정당사를 볼 때 늘 사회적 기반이 협애했던 야당과 구권위주의 세력의 정당이 정치를 주도함으로써 사회적 균열구조가 정당에 의해 대변되지 못하고 지역주의로 대치되거나 그것에 의해 대리 표상되었다는 점이다.[8] 다른 하나는 이런 세력들간의 타협의 산물로 87년 헌법이 형성되었다는 것이다. 헌법은 사회의 관점에서 보면 사회가 자신의 미래를 스스로 구속하는 행위의 산물이며, 헌법 제정 및 개정에 참여하는 분파들의 관점에서 보면 각기 다른 분파의 행위를 사전 구속하는 행위의 산물이다. 87년 헌법을 만드는 데 참여한 야당세력과 구권위주의세력은 대통령직선제라는 사회적 합의를 헌법개정의 핵심내용으로 수용하면서도, 대통령의 권력이 누구의 손에 들어갈지 알 수 없는 상황에서 적어도 자신들에게 일정한 지분이 확보될 의회의 권력을 강화하는 방향으로 헌법을 개정했다. 이런 헌법적 상호구속의 논리는 정치적 영역을 개방하기보다는 사법적 기능을 강화하는 것으로 나타났는데, 그 전형적 예가 민주적 정당성은 매우 취약하면서도 권한은 엄청나게 비대해진 헌법재판소 관련 조항들이다.[9] 이것이 무엇을 의미하는지는 2004년 노무현 대통령 탄핵사태에서 명료하게 드러났다. 그것은 87년체제가 "입법부와 행정부 간의 상호견제에 의한 갈등으로 인하여 정치와 정부 기능이 교착과 마비상태로 빠져들" 수 있는 상황에서, 선출되지 않은 권력인 헌법재판관들이 제왕적으로 사회에 군림할 수 있는 체제임을 보여주었다.[10] 87년체제에는 헌정주의(constitutionalism)가 민주주의를 지나치게 통제하고 압도할 가능성이 항존하고 있는 셈이다.[11]

경제적인 수준에서도 87년체제는 전환점을 이루는 동시에 구조형성적인 측면을 가지고 있다. 권위주의체제에서 국가의 통제 아래 있는 발전 파트너였던 재벌과, 억압적 통제 아래 있던 민중부문이 국가의 통제에서 벗어남으로써 이전의 발전체제가 해체되었다. 그러나 그것이 어떤 형태의 새로운 경제체제로 나아갈 것인지에 대한 사회적 합의는 없었다. 아마도 새로운 발전체제의 구상은 다음 세 가지를 고려했어야 할 것이다. 첫째, 금융을 통한 독점자본의 통제가 더이상 가능하지 않다는 점이다. 따라서 그것을 대신할 통제방안을 모색하는 것이 필요했다. 박정희시대와 5공화국 시기를 통해 방대한 사회적 자산과 생산력을 자신의 것으로 흡수함으로써 지나치게 비대해진 재벌이 전체 사회의 발전과 민주화를 방해하고 제약할 가능성을 가지고 있었던 만큼, 그것을 통제하는 동시에 그 안에 축적된 생산성을 발전시켜나갈 대안이 필요했다. 둘째, 민중부문의 재분배 요구를 피하기 어려워졌으며, 그런 요구를 미래의 시간으로 지연하는 담론과 성장전략으로 대처하는 것도 효력을 상실했다는 점이다. 따라서 새로운 분배구조를 창출하려는 의식적인 노력이 필요했다. 셋째, 남한경제는 국제분업적 질서에 깊이 연루되어 있기 때문에 신중하게 고안된 개방전략이 필요했다. 경제규모의 확대로 인해 그리고 WTO의 수립 등 세계경제의 변화로 인해 점점 더 경제적 개방이 피할 수 없는 현실이 된다면 개방경제로의 통제된 이행이라는 스케줄이 있어야 했다.

그러나 87년체제는 이런 점들을 충분히 고려한 연대-혁신-개방의 새로운 경제체제를 구상하고 실행하지 못한 체제였다.[12] 박정희체제의 성과와 한계에 대한 냉정한 성찰에 근거하여 새로운 발전모델을 모색하기보다는 박정희체제를 관치경제라는 이름으로 청산하고자 했으며, 이 청산을 지도한 이념은 '국가 아니면 시장'이라는 단순하고 지적으로 빈곤한 이분법이었다. 이런 이분법에 기초한 국가의 정책이 어떤 재앙을 불러왔는지는 외환위기가 잘 보여준다.[13] 역설적인 것은 외환위기가 명백히 시장 실패의 산물이었음에도 불구하고 마치 그것이 정부 실패의 산물인 양 시장의 힘을 오히려 더 확대하고 강화하는 계기가 되었다는 점이다.[14] 그 결과 경제체제의 수준에서 87년체제는 외환위기를 기점으로 그전의 불확정적인 상태에서부터 신자유주의적 체제로의 이행경로 위에 서게 되었다. 그리고 이런 경제체제가 이룩하지 못한 소유관계와 생산의 혁신 그리고 사회적 연대의 과제는 사회적 투쟁에 맡겨졌다.

하지만 이런 사회적 투쟁에서 민중부문, 그중에서도 핵심역량인 노동운동이 내보인 능력은 매우 낮은 수준이었다. 87년 노동의 대공세에 이어진 길고 힘겨운 그리고 지금도 지속되고 있는 자본과 노동의 진지전, 그리고 그 속에서 노동운동이 보인 열정적인 투쟁을 여기서 상세히 기술할 필요는 없을 것이다. 하지만 현재 노동운동의 심각한 위기, 예컨대 최근 지도부의 총사퇴에서 보듯이 민주노총이 자신의 존재를 선언한 지 10년이 된 지금 드러내고 있는 지극히 참담한 모습은 신자유주의적 세계화의 압력에만 원인이 있는 것은 아니다. 이미 90년대 초부터 노조 조직률이 답보상태로 들어갔으며 같은 시기에 시작된 자본의 신경영전략에 의해 핵심세력인 대기업 정규직 노동자들이 경제적·문화적으로 자본에 깊숙이 포섭되어 협소한 조합적 이익을 탐닉하기 시작했다. 핵심집단의 노동자들 가운데 일부는 비정규직 노동자들에게서 자신의 미래를 보고 연대의식을 강화하기보다는 그들을 자신의 직업 안전성의 범퍼로 인식하는 태도를 보이기 시작했으며, 핵심집단 노동자와 나머지 노동자집단 간의 격차도 계속해서 벌어졌다.[15] 사회적 연대의 필요성이 커지는 만큼 연대의 자원은 잠식되고 있는 상황이어서 노동운동의 힘으로 경제체제의 방향을 조정하기는커녕 노동운동이 자력으로 위기에서 탈출하는 것조차 버거운 상황이다.

지금까지 간략히 논의된 정치와 경제라는 두 축을 겹쳐서 87년체제의 성격을 규정해본다면, 정치적인 수준에서는 민주화가 난항을 겪으면서도 꾸준히 진전되어왔지만 경제적으로는 답보와 정체 그리고 보수적 헤게모니의 확립이 이루어졌으며, 그로 인해 권위주의적 산업화를 추진했던 세력과 민주화세력 사이에 일정정도 힘의 균형이 형성된 체제라고 할 수 있다. 그런데 이 힘의 균형이란 갈등하고 투쟁하는 두 세력간의 현상태를 관찰자 시점에서 평가한 것일 뿐, 우리가 경험하는 것은 매우 지루하고 고통스러운 참호전 양상이다. 그리고 이런 교착의 지속은 어느 쪽도 상대를 완전히 굴복시키기 어렵다는 사실을 함축하지만, 그런 사실에 대한 학습에 근거한 타협, 그리고 창의력있는 해결책이 모색되고 있지는 않다. 오히려 이 교착이 서로에 대한 적대감을 강화하여 상징적 영역에서의 갈등이 더욱 중요해지는 것이 현재의 국면이다.

한국현대사의 복잡성으로 인해 생겨난 사회적 상처의 위무와 억압된 과거의 복원 같은 문제들은 매우 중요하며, 그중에는 상징적 투쟁이나 갈등을 피할 수 없는 것들도 있다. 그러나 상징적 영역은 설령 그것이 그렇게 자랑스러운 것이 아니고 오점에 속하는 것일 때조차 각 집단의 정체성의 뿌리와 관련이 있기 때문에 매우 신중하게 접근해야 할 문제이기도 하다. 그럼에도 불구하고 민주화의 진전이 답보에 이르자 처음부터 타협과 조정이 쉽지 않은 상징적인 영역이 더욱 예민하고 첨예한 문제가 되었다. 사회경제적 대안을 구체화하고 실천해나가지 못한 민주화의 에너지가 상징적 영역에서 자기정당성을 확보하려 하고 그것이 야기한 갈등에 골몰하는 것이다. 이로 인해 어느 진영에서나 상징적 급진주의가 득세하고 이로 인해 사회적 대안 모색이 지연되는 악순환이 생겨나고 있다. 현재의 관점을 회고적으로 투사하는 위험을 무릅쓴다면, 87년 6월항쟁에서 87년 헌법이 구성되어 대통령선거를 향해 가기까지의 시간 속에서 이루어진 여러 사회세력간의 타협과 조정 그리고 그때 형성된 제도적 매트릭스가 정치·경제·사회·문화의 각 영역에서 일진일퇴를 거듭하는 긴 교착, 나쁜 균형의 상태로 우리 사회를 몰아넣었다고 할 수 있다.[16]


## 3. 분단체제와 87년체제

이제 87년체제에 대한 논의를 분단체제론과 연관시킴으로써 시간지평을 확대하는 동시에 분석의 단위들을 더 추가해볼 것인데, 이를 위해서 먼저 분단체제론의 기본구도를 살펴보자. 87년체제가 우리의 현재를 민주화의 국면 속에서 파악한다면, 분단체제론은 45년 이후의 시간 속에서 우리의 현재를 고찰한다. 분단체제론은 해방이 분단의 출발점이기도 했으며 분단상태가 한반도에서 사람답게 살 수 있는 사회를 건설하는 데 있어 가장 커다란 질곡의 뿌리라고 본다. 이 점에서 분단체제론은 여타 분단시대론과 다르지 않다. 그러나 분단체제론은 거기에 더해 분단이 하나의 체제로서의 속성을 가진다고 보는데, 이렇게 체제로서의 속성에 주목하는 것은 몇가지 중요한 인식상의 변화를 수반한다.

우선 체제라는 말이 함축하듯이 분단체제론은 남한사회와 북조선사회가 서로 분단되어 따로 떨어진 자족성을 가지면서 단지 역사적 기억과 문화적 전통 속에서 통일을 바라는 두 체제가 아니라, 각자의 재생산이 상대를 매개로 해서 이루어지는 상호의존성을 가지고 있다고 파악한다. 이런 적대적 의존관계에 기초한 남한사회와 북조선사회의 재생산을 현실 파악의 중심에 놓게 되면, 그런 체제를 어떻게 극복할 것인가 하는 문제도 새롭게 사고된다. 분단현실이 단지 분단을 강요한 냉전과 외세의 영향 때문만이 아니라 내부적인 요인을 가지고 있다는 사실은 분단의 극복이 대단히 어려운 과제임을 함축하기 때문이다. 이 어려움에 대한 인식은 별것 아닌 것처럼 여겨질 수 있다. 하지만 그 어려움을 철저하게 인식할 때에만 일각에서 보이는 급진적 통일운동이야말로 운동이 의도한 정반대 결과를 야기할 수 있다는 것을 명료히 드러낼 수 있다. 요컨대 분단체제론은 간과되기 쉬운 제약을 강조함으로써 민족적 열정의 급진적 분출을 제어하는 브레이크 역할을 하는 동시에 그런 열정을 저강도의 지속적인 에너지로 내연시킬 방도를 찾고자 한다.

또한 분단체제는 남북한 각각의 지배층의 이익에 기여하고 있기 때문에 분단체제의 극복은 그런 남북한 각각의 내적 개혁과 변혁 없이는 불가능한 과제임을 지적한다. 즉 민주화와 통일이 내적으로 연관된 작업이라는 것이 분단체제론의 핵심 메씨지이며, 이는 분단체제론 형성의 이론적 동기이기도 하다. 분단체제론은 80년대 사회구성체 논쟁의 두 진영인 NL과 PD 각각의 약점을 극복하려는 시도에서 출발했으며, 전자에 대해서는 한반도에서의 사회변혁의 과제를 외세 극복으로 단순화하여 남북한이 분단 속에서 살아오며 적대적 상호의존관계를 형성해온 점을 무시하는 것에 대해 비판하고, 후자에 대해서는 남한사회의 민주화에 집중하여 분단이 민주화에 가하는 제약을 무시하고 분단체제극복이라는 의제를 연기하는 것을 비판했다. 다시 말해 분단체제론은 80년대 변혁운동의 세가지 이념이자 의제였던 민족-민주-민중을 서로 매개하는 전망을 열고자 한 것이다.

끝으로 분단이 체제의 속성을 가지는 한, 분단체제의 극복 또한 그 체제의 모순 그리고 그 체제와 그것이 속한 환경 간의 복합적 관련 속에서 모색되어야 한다고 본다. 따라서 분단을 극복하는 경로와 형태가 어떤 것이어야 하는가 하는 문제는 근본적으로 열려 있는 문제이다. 분단체제론은 분단의 형성을 단일한 민족국가 수립의 좌절이라는 안타까움으로 바라본다는 점에서는 민족주의적 역사의식을 공유하지만, 분단의 극복과 통일이 해방과 더불어 의당 그 시점에서 이루어져야 했던 단일민족국가라는 미완의 과제 완수라는 목적론에는 전혀 동의하지 않는다. 분단의 극복은 분단체제의 현재 조건에서 그 모순에 저항하는 유효하고 실용적이며 창의력있는 실천을 통해 모색되어야 하며 그것은 어떤 목적지를 미리 설정하지 않는다. 사실 분단극복의 노력 끝에 도달하게 될 체제가 어떤 국가 형태를 갖출지는 그리 본질적인 문제도 아니다. 애초에 분단극복의 목적 자체가 한반도에서 사람다운 사회를 건설하기 위한 것이지 어떤 형태의 국가를 수립하려는 것이 아니기 때문이다.[17]

이런 분단체제론의 입장에서 볼 때, 현재는 6, 70년대를 통해서 강고한 형태로 그 체제하의 모든 사람들을 억압하던 분단체제가 크게 흔들리고 해체의 조짐까지 보이고 있는 시대이다. 분단체제를 동요하게 만든 요인은 크게 보아 남한사회의 민주화와 냉전의 해체 두가지이다.

이 가운데 앞의 요인, 그러니까 87년체제의 수립이야말로 분단체제의 동요를 야기한 제일의 요인이다. 민주화 이행은 한편으로는 통일담론과 통일운동의 에너지를 해방시켰고, 다른 한편으로는 분단을 하나의 체제로 고착시킨 핵심요인인 남북한 지배층의 적대적 상호의존을 무너뜨린 계기가 되었기 때문인데, 더 중요한 요인은 후자였다. 전자의 경우는 언제나 제어되지 않은 급진적 열정과 냉전적 가치관 사이의 갈등을 유발할 위험이 있으며 정세에 따라서 긍정적인 효과 못지않게 부정적인 효과를 발생시켰고 운동의 성과를 자기 힘으로 안정적으로 재생산하기 어려웠던 데 비해, 후자의 경우는 이런 에너지가 활동할 공간의 폭을 결정하는 요인이기 때문이다.

앞서 87년체제는 민주화를 가능케 하는 동시에 그것을 제약하는 체제이며, 다양한 영역에서 민주화의 효과는 불균등하게 관철된 체제임을 지적했다. 이 불균등에 주목한다면 87년체제는 여타 영역보다 남북관계에서 진보적 성과를 유발했다고 할 수 있다. 87년체제는 형식적이고 절차적인 민주주의를 확립했고, 이는 선거경쟁의 결과에 국가권력이 종속되었음을 뜻한다. 선거경쟁의 제도화는 경쟁규칙의 공정화로 나타나고, 실제로 정권교체라는 문턱을 넘게 되어 적어도 김대중정부에 이르러서는 절차적 민주주의가 민주적 정부의 탄생이라는 실질적 결실로 이어졌다. 이런 국가의 민주화는 냉전적인 보수세력을 국가조직에서 상당정도 밀어낼 수 있었으며, 더불어 국가권력을 매개로 한 남북한 지배계급간의 적대적 의존관계를 깨뜨렸다. 이로 인해 분단체제 아래서 처음으로 국가가 분단체제 관리뿐 아니라 그것의 극복의지를 실질적인 정책의 한축으로 삼을 수 있는 길이 열렸다. 분단체제론은 애초에 분단체제하의 민주화와 분단체제 극복을 통해 이루어지는 민주화의 수준이 다름을 지적했다. 전자는 분단체제로 인해 제약된 민주화인 반면, 후자는 훨씬 더 높은 수준의 민주화 가능성을 연다. 그런데 이런 분단체제 극복은 바로 분단체제하의 낮은 수준의 민주화에서 시작될 수밖에 없으며, 그것이야말로 분단체제 극복의 가장 중요한 내적 동력인 셈이다.

민주적 정부의 수립과 국가의 민주화가 결정적인 이유는 남북관계에서는 정부가 민간부문보다 더 많은 정보와 접촉경로를 가지고 있으며, 북조선을 둘러싼 여러 의제가 국제정치적인 것이기 때문이기도 하다. 따라서 김대중정부 이후 남북관계에서는 6·15 남북정상회담이나 금강산관광 그리고 개성공단 같은 진보적 성과가 축적되었다. 특히 그중에서도 6·15 남북정상회담은 87년체제가 분단체제 극복에 기여한 최량의 성과라고 할 수 있다. 그것은 회담방식, 채택된 선언의 내용, 남북한 주민들에게 미친 문화적·정치적 효과 모든 면에서 남북관계에 어떤 불회귀점을 형성했다고 할 수 있으며, 동요하는 분단체제를 그 해체기로 밀어넣는 분기점이었다고 평가할 만하다.

분단체제를 흔든 다른 요인은 냉전의 해체이다. 분단체제의 형성과 유지에 내적 요인이 있긴 하지만, 분단체제 자체의 형성을 추동한 것이 세계사적 냉전이었던 만큼 탈냉전이 분단체제에 미친 영향은 엄청난 것이다. 그러나 냉전의 해체는 분단체제를 동요시키되 남한사회의 민주화처럼 그것을 극복하는 긍정적 비전을 함축하고 있지는 않다. 그것은 한반도에 더 민주적이고 평등한 사회를 건설할 기회일 수도 있고 재앙을 안겨다줄 위험요소일 수도 있다. 남한 사회만을 두고 보더라도 그런 양가성은 여실히 드러난다. 탈냉전은 오랫동안 사유의 지평을 제약하던 레드콤플렉스를 떨어낼 수 있게 해주었지만, 다른 한편으로 냉전을 종식시킨 요인인 현실사회주의의 몰락은 자본주의적 근대에 대한 모색의 정신적 지평을 축소했다. 또한 탈냉전이 동북아시아 지역질서의 재편을 요구하기 때문에 그것에 우리가 주체적으로 개입할 여지를 열어주는 한편 신자유주의적 지구화의 압박을 가중시키는 요인도 되었다. 남한사회의 눈부신 경제성장은 냉전의 최전선이라는 위치에 힘입은 바가 컸는데 이제 그런 조건이 사라진 셈이다.[18] 또한 냉전의 해체가 신자유주의적 지구화를 더욱 가속화했다는 점을 생각하면, 그것은 갓 출발한 87년체제의 민주화 행로에 심대한 장애가 되었다고 할 수 있다.

북조선의 경우 사정은 더욱 좋지 않았다. 이미 세계경제에서 고립된 채 이룩한 발전의 잠재력이 소진해 있던 북조선사회는 탈냉전으로 더 큰 어려움에 처했다. 사회주의적 국제교역체제가 붕괴하고 그로 인해 체제위기로까지 번진 심각한 식량위기와 에너지위기를 맞았기 때문이다. 북조선의 체제위기는 남북관계의 관점에서 본다면, 북조선이 남한의 민주적 정부와 이전보다 긴밀하고 공식적으로 협조하게 했고, 그로 인해 6·15 남북정상회담을 비롯한 여러 교류와 협력의 성과가 축적될 수 있게 한 측면도 있다. 하지만 북조선이 위기타개를 위해서 꺼내든 두가지 카드인 경제 개방과 개혁 그리고 핵위기 조성 어느 쪽도 뚜렷한 성과를 내지 못한 채 답보상태를 거듭하고 있다.

아무튼 분단체제는 남한사회의 민주화로 인해 내부에서부터 그리고 냉전의 해체로 인해 외부에서부터 침식되고 있으며, 이제는 해체의 길로 들어서고 있다는 점은 분명한데, 그 해체기에서 우리가 마주하는 것은 안정적인 역내질서를 아직 갖추지 못한 불안정하고 복잡한 동북아시아의 정세이다. 질서 잡히지 않은 그런 상황에서는 늘 그렇듯이 구조적 제약요인보다 개별 행위자들의 선택과 행위의 중요성이 커진다. 요컨대 동북아시아에 어떤 역내질서가 수립되는가는 동북아시아 각국과 미국의 행동 그리고 각국의 행동을 규정하는 내부집단들의 행동들의 총합에 의존하게 되었으며, 그 귀결의 진폭도 커졌다. 그런 질서형성에서 핵심고리는 역시 한반도이다. 중국과 미일동맹 간의 역내 헤게모니 경쟁이 어떤 국제정치적 해결에 도달할 수 있을지는 한반도 문제와 긴밀히 연계되어 있기 때문이다. 분단체제를 허물고 한반도에 어떤 체제를 건설하는가 하는 문제가 세계체제의 행로에 중대한 계기가 되는 셈이다.

이런 상황에서 관건은 남한사회 내부의 민주적 역량이다. 김대중정부와 노무현정부가 부시정부의 압박 속에서 한반도 평화를 유지하고 남북교류를 확대할 수 있었던 사실은, 국제적 환경의 영향을 무시할 수 없지만 그것보다 남한사회의 지향과 의지가 좀더 중요성을 지닌다는 것을 잘 보여준다. 이 점이 확고하지 않다면 설령 외부환경이 우호적으로 바뀐다고 해도 그런 변화를 분단체제 극복을 향한 실질적 성과로 이어가기는 매우 어렵다. 남한의 민주적 역량의 중요성은 국제정치적인 수준에서만 중요한 것이 아니다. 북미관계가 개선되고 한반도 평화가 정착된다고 해도 오랫동안 강요된 농성체제 속에 있었던 북조선의 경제적 낙후성 극복은 매우 중요한 과제이다. 이 문제의 해결을 위해서 중요한 것은 6·15선언에서도 이미 제시된 바 있는 '민족경제의 균형적 발전'이라는 과제이다. 남북간에는 지난 몇십년의 산업화과정을 통해서 엄청난 경제력 차이가 생겨났고 이로 인해 이제 민족경제의 균형적 발전을 향도하는 힘은 남한사회에서 나올 수밖에 없다. 그런 과제를 스스로 짊어지고 일관성있는 정책을 수행하기 위해서는 민주적 정부가 필수적이다.[19]

따라서 분단체제 극복은 87년체제의 진보적 극복이라는 과제와 내적으로 연관된다. 아직은 교착상태에 있는 87년체제가 사회경제적 양극화의 심화라는 덫에 빠져 더이상의 민주주의의 추진력을 잃고 보수적이고 절차적인 민주화에 머무르게 될 경우 그것은 그 자체로 매우 고통스러운 일일 뿐 아니라 그로 인해 분단체제 극복의 작업은 더뎌질 것이고 분단체제가 해체된 자리에서 만나게 될 새로운 체제 또한 지금보다 더 나은 체제일지 확신할 수 없기 때문이다.

87년체제에서 가능했던 민주화가 민족적 의제에서는 우여곡절 속에서도 일정한 성과를 쌓아가는 데 비해, 민중적 의제에서 보인 성과는 나날이 빛이 바래가고 있다. 민주화가 민중적 의제를 담지하고 확장해나가지 못한다면, 방기된 민중적 의제가 민주주의의 잠재력을 잠식하고 그에 따라 민족적 의제 해결의 힘도 크게 약화될 수 있다. 따라서 분단체제론 또한 민족-민주-민중의 세가지 이념 및 의제를 민중적 의제의 견지에서 조명하고 매개하는 작업에 더욱 집중해야 할 때이다. 이는 분단극복이라는 의제 자체를 민중적 의제의 희석으로 받아들이고 회피하려는 경향을 극복하기 위해서도 필요하다.

## 4. 87년체제를 넘어서기 위하여

87년체제의 수준에서든 분단체제의 수준에서든 우리 사회가 어떤 방향으로 나아갈지는 불확실한 상황이다. 앞서 지적했듯이 외교적 현안이나 북핵문제와 관련하여 진보적 자세를 견지한 노무현정부가 국내정치에서는 '대연정'을 운운하는 등 자기정체성이 크게 흔들리는 모습을 보인 것은 매우 징후적이다. 민주적 정부를 자임하는 정부들이 일련의 정책 선택과 실행에서 보인 난맥상의 뿌리에는 신자유주의적 엘리뜨 합의를 깨뜨릴 만한 사회경제적 비전의 부재라는 심각한 문제가 자리잡고 있다. 이런 비전의 부재로 인해 민주적 정부가 신자유주의적 정책을 실천하고 그로 말미암아 지지층과 괴리되고 있는 것이다. 그리고 그것이 다시 정책능력에 대한 자신감 상실로 이어지며, 그럴 때마다 관계·학계·언론계에 폭넓게 포진한 보수적 엘리뜨들의 발언이 힘을 얻어간다. 종종 약화된 지지기반을 민족주의적 상징 내지 과거사에 대한 상징정치를 통해 결집하려고 하지만 그것이 일관성있는 지지기반의 확장을 가져오는 것은 아니다. 이런 정책적 동요와 표류, 그로 인한 민주적 정부에 대한 실망 그리고 사회경제적 양극화는 계속해서 민주주의 심화를 위한 사회적 자산을 잠식하고 있다. 87년 이후 여러 우여곡절 속에서도 일정한 헤게모니적 힘을 행사해온 민주적 개혁담론이 그렇게 쉽게 얻어진 것이 아니다. 그것은 유신시대와 제5공화국을 통해 적어도 한 세대 이상이 희생을 치르며 헌신함으로써 얻어진 것이다. 그런데 그것이 두차례의 민주적 정부의 집권 아래서 빠른 속도로 약화되어 이제는 공공연한 도전에 직면하고 있다. 하지만 이런 상황을 극복하기 위해서, 그러니까 87년체제의 한계를 민주주의의 심화를 통해 극복하고 그 에너지를 분단체제 극복의 에너지로 삼기 위해 무엇을 할 것인지에 대해 선명하고 일관된 청사진을 제공하는 것은 쉬운 일이 아니다. 그러나 다소 두서없더라도 내게 직관적으로 중요하다고 여겨지는 몇가지 방향을 제시하는 일은 가능하겠다.

우선 국가의 민주화를 유지하는 것, 그리고 그것을 강화하는 것이 여전히 중요하다. 동아시아의 복잡한 정세와 북조선문제를 염두에 둔다면 난관이 있더라도 민족적 의제를 일관성있게 자주적으로 해결하려는 민주적 정부의 존재는 매우 중요하며, 그간 민주적 정부들이 보여온 남북관계에서의 민족공조는 이 점을 잘 보여준다. 하지만 국내정책에서는 민족적 성격을 약화시켜왔던 점은 유감스러운 일이었으며 이는 극복되어야 한다. 흔히 얘기되듯이 신자유주의적 지구화로 인해 국민에 의한 정부가 국민을 위한 정부로 활동하는 것이 제약되는 것은 사실이다. 그럼에도 불구하고 국가는 여전히 조세·관세·산업·노동·복지 정책을 통해서 민족적으로 활동할 수 있는 여지를 가지고 있고, 바로 그런 활동을 통해서 민중적일 수 있으며, 그것이 민주주의의 토대를 강화시킨다. 이런 정부의 활동은 주택·의료·교육 같은 영역에서 공공성을 높이는 것으로 이어져야 한다. 사실 한국의 국가는 박정희체제는 물론이고 현재까지도 시민에게 별달리 해준 것이 없다. 오직 경제성장을 지속하고 그 과실(果實)이 일반시민들에게 넘쳐 내리게 함(trickle-down)으로써 시민의 삶을 개선하고자 했을 뿐이다. 그것이 큰 성과를 냈던 것도 사실이다. 하지만 이제 국가가 주도하는 경제성장은 그리 큰 가능성을 지니고 있지 않으며 성장으로 인한 자연스런 분배효과도 불확실해졌다. 따라서 국가는 이제 경제성장의 향도자가 아니라 연대와 혁신과 개방, 세가지 프로그램의 지원자이자 조정자로 행동해야 할 것이다. 그런데 그중에서 개방과 혁신이라는 의제는 국가의 기존 행동 패턴과 쉽게 유화할 수 있는 것들이지만 연대의 영역은 정책구상과 실행에서 발상의 전환을 요하는 것이다. 따라서 그것은 국가정책 형성과 실행 과정에 더 많은 민주적 요구를 투입할 것을 요청하며 그것을 수용할 수 있는 것은 역시 더 강화된 민주적 정부이다.

다음으로 새로운 사회적 협약 또는 타협을 이룩할 필요가 있다. 오늘날 논의되는 사회적 대화 내지 타협은 대개 노동과 사회 간의 타협을 의미하며 은연중에 노동의 양보를 이끌어내려는 시도를 함축하는 경우가 많다. 그러나 노동문제를 둘러싼 사회적 협약보다 더 시급할 뿐 아니라 노동에 대한 사회적 협약 자체가 성공하기 위해서도 필요한 것은 재벌을 둘러싼 사회적 대화와 타협이다. 사실 독점재벌과 독점부문의 조직노동은 87년체제의 쌍생아이다. 87년체제는 국가의 금융을 통한 독점자본 통제의 후퇴와 노동에 대한 억압적 통제의 후퇴를 의미하며 이는 양자가 동일한 억압자에게서 해방되었음을 말한다. 또한 자본의 핵심인 독점재벌과 독점부문의 정규직 노동자는 우리 사회 생산력의 중심에 있는 동시에 너무 적은 지분으로 너무 많은 영향력을 행사한다는 점에서도 닮은꼴이다. 그리고 그런 영향력에도 불구하고 전체 사회에 대한 연대의식을 결여하고 있다는 점 또한 다르지 않다. 글로벌기업으로 성장한 재벌기업들은 그 자체가 국민적 노력의 소산임에도 불구하고 자유로운 정리해고와 내부하청을 통한 노동 통제와 분할, 하청 중소기업에 대한 착취, 그리고 취약한 지배구조와 변칙적 상속과 증여라는 어두운 그늘이 있다. 노동의 경우에는 조직된 노동과 미조직된 비정규직 노동의 분열상황이 노동 전체의 위기로 심화되고 있지만 스스로의 힘으로 그런 연대를 창출하고 혁신을 이룩할 능력은 크게 떨어져 있는 실정이다. 따라서 전체 사회의 이익과 화합하고 유대감을 확립할 수 있는 사회적 협약이 필요하며, 그것을 위해서 개혁지향적인 다양한 사회집단이 참여하는 것이 정당한 상황이다.

마지막으로 좀더 긴 시간지평 속에서 87년체제와 분단체제를 넘어선 우리 사회가 어떤 체제를 향해 가야 할지를 우리 안에 존재하는 문화적 자원과 관련해 생각해보고 싶다. 지난 60여년간 우리 사회가 높은 수준의 역동성을 지녀왔다는 것은 주지의 사실이다. 근대화를 향한 돌진이라고까지도 불리는 우리 사회의 역동성의 근원이 무엇인지에 대해서는 여러 논의가 있을 수 있지만, 나는 그 중요한 뿌리가 높은 수준의 평등주의 에토스라고 생각한다. 식민지 해방과 농지개혁은 계급으로서의 지배층을 일소했고 전쟁은 미소한 차이를 남기고 모두를 동일한 출발선으로 끌어내렸다.

그런 상황은 한편으로는 '동료 중에 나은 자'가 그것을 넘어서 동료에 대한 지배자가 되는 것을 막으려고 하는 경향을, 다른 한편으로는 '나도 저 꼭대기로 올라갈 수 있다'는 지위상승 욕망을 낳는다. 전자의 승화된 형태가 바로 우리가 지난 몇십년 동안 이룩한 민주화 프로젝트라고 할 수 있다. 후자는 제법 복잡한 경로를 밟았다고 생각되는데, 정리해보면 이렇다. 지위상승의 열망은 집합적인 수준에서는 박정희체제를 경유하며 '잘살아보세'라는 성장 프로젝트의 형태를 취했다. 이는 분단국가의 수립과 반공주의에 의해 사회운동을 통한 집합적 지위상승이 차단됨으로써 억압되어 있던 에너지에 출로를 마련해주었다. 개인적인 수준에서는 교육경쟁의 형태로 나타난 개인적 지위상승의 길이 있었다. 집합적인 성장 프로젝트가 사회성원의 에너지를 동원하고 체제를 안정화하는 데 일정한 성과를 거두자, 그것을 주도한 박정희체제조차 그에 따른 압박을 면할 수 없었다. 박정희체제 또한 "경제성장이 둔화되면 어김없이 헤게모니 위기에 직면해야 했다."[20] 정치적 정당성과 수행성이 연계되는 문화는 87년체제에서도 지속되었다. 그 결과 민주화된 정부도 이런 대중적 열망의 압력에 시달려야 했고, 경기후퇴와 자본의 투자 스트라이크 그리고 보수언론의 공세 앞에서 민주적 정부는 심층적인 구조개혁보다 경기부양책을 동원하고 보수층과 화해하려는 제스처를 내보였다. 그리고 그것은 결과적으로 보수세력의 헤게모니를 유지하게 만들었다.

그러나 이런 집합적 프로젝트는 이제 그 시효를 다해가고 있다.

외환위기 이후로 더욱 가속화된 신자유주의적 재편 속에서 우리 사회 성원들은 재빠르게 신자유주의적 규범을 받아들였는데, 신자유주의적 제도재편의 정당성과 그것에 수반되는 생활양식과 가치관이 엘리뜨 합의를 넘어 대중적으로 확산되어간 것은 그것이 강제된 때문이기도 하지만 자발적으로 수용된 면도 있다. 우리 사회에서 집합적 희망은 약화되었고 오래전부터 그것과 병행되어온 개인주의적 지위상승(이제는 지위실추 방어) 프로젝트만이 남게 되었는데, 이런 집합적 기대의 약화와 개인화는 문화적인 측면에서 신자유주의와 아주 쉽게 공명하기 때문이다. 오늘날 더욱더 극심해진 교육경쟁이 가장 전형적인 증좌이다.

하지만 평등주의 에토스가 집합적이든 개인적이든 지위상승 프로젝트로 전환되고 그중에 집합적인 프로젝트가 힘을 잃고 개인적 프로젝트만이 기승을 부리는 형태가 되는 것은 평등주의적 에너지가 특수한 경로로 소진되어왔음을 의미할 뿐이다. 평등주의적 에너지에서부터 힘을 길어오지만 대단히 불평등하고 위계적인 사회로 귀착되는 역설을 가진 이런 프로젝트는 이제 더는 유효성을 가질 수 없다. 우리는 평등주의적 에너지의 새로운 경로를 마련해야 하며 아직도 그럴 수 있는 에너지가 우리들 안에 내연하고 있다. 그 새로운 방향은 평등주의 에토스를 보편적 가치와 매개하고 제도화해온 민주화 프로젝트를 심화하여 정의와 연대 규범과 철저하게 연계하는 것이다. 한마디로 우리 사회는 더 평등한 체제를 지향하는 방향으로의 집합적 프로젝트를 구상해야 한다. 그것만이 전체 사회의 문화적 저류와 일치하기 때문이다. 그렇지 않을 경우 평등주의 에토스는 질투심과 경쟁심, 사회적 권위에 대한 우상파괴적 태도, 문화적 전통에 대한 무시 등 온갖 병리적인 형태로 전환될 것이며 우리는 이미 그런 병리적 양상을 심심치 않게 발견하고 있다.

87년체제의 개혁을 위해서는 여기서 제시된 몇가지 제안 이상의 다양한 방안과 정책적 구체화가 모색되어야 할 것이다. 그리고 이를 위해 더 많은 사회적 토의가 조직화되어야 할 것이다. 이미 강조했듯이 지금은 세계체제, 동아시아, 분단체제 그리고 남북한사회 각각의 수준에서 변동의 폭이 커져가는 시대이다. 그리고 그런만큼 위험과 기회가 다같이 커져가는 시대이며, 그렇기 때문에 우리의 행동의 몫도 커지고 있다. 커다란 변화에 직면하여 빠져들기 쉬운 체념의 태도를 떨쳐낸다면 공동의 꿈을 꾸고 그것을 실현하기 위해 함께 나아가는 길이 막혀 있지만은 않을 것이다.*

* 이 글은 계간 『창작과비평』 2005년 겨울호에 발표된 원고를 이 책에 수록하기 위해 다소 손질한 것이다.

# 6월항쟁 20주년에 본 87년체제

**백낙청** • 문학평론가, 서울대 영문과 명예교수

## 1. 6월항쟁과 87년체제

1987년 6월의 전국적인 봉기는 전두환정권의 폭압정치를 끝장내고 한국현대사의 새로운 장을 열었다. 그 배경에는 물론 1960년의 4·19혁명이 있고 1979년의 부마항쟁이 있으며 80년 5월의 광주민주항쟁이 있다. 하지만 5·16이나 5·17 같은 결정적인 반전이 없이 20년을 이어온 민주화의 과정에 시동을 걸었다는 점에서 6월항쟁은 확실히 새로운 차원의 성취였다. 동시에 오늘의 한국사회에는 1987년 6월 이후 형성된 이른바 '87년체제'가 이제 한계점에 달했고 새로운 타개책이 필요하다는 위기의식이 퍼져 있다.

그러한 모색의 일환으로, 6월항쟁을 통해 형식적·절차적 민주주의 내지 정치적 민주주의는 달성했으나 경제·사회 면에서의 실질적 민주주의는 여전히 부실하거나 심지어 후퇴했다는 진단이 나오기도 한다. 이는 진실의 일면을 짚어내고 있지만 그런 식의 이분법에는 경계할 면도 많다. 정치적 민주화 자체가 새로운 헌법과 대통령 직선 등의 기틀이 마련된 뒤에도 노태우, 김영삼, 김대중 정권을 거쳐 노무현정부에 이르는 고비고비마다 힘겹게 확장되어왔거니와, 비록 군부 쿠데타에 의한 역전 가능성은 거의 사라졌지만 '불가역적 달성'이라 보기에는 아직 이르다. 게다가 87년 7~8월의 노동자대투쟁이 민중복지의 개선인 동시에 절차적 민주주의의 진전이기도 했듯이, 민주화를 '형식'과 '실질'로 가르는 것도 편의상의 구별에 불과하다.

이러한 구분법의 배경에는 6월항쟁의 진정한 목표가 한국사회에서 민중민주주의 또는 사회주의 — 아니면 최소한 사회민주주의 — 를 건설하는 일이었다는 전제가 깔려 있기 쉽다. 그런 전제로 보면 6·29선언이야말로 민중항쟁의 완전한 목표달성을 가로막은 '속이구' 선언이요, 이후의 20년은 민주주의의 모양새만 얻고 알맹이를 놓친 좌절의 역사가 되고 만다.[1] 내가 보기에 이는 한국의 현실에 대한 매우 일면적인 해석이다. 그 일면성을 넘어서는 것 또한 6월항쟁 20주년을 맞은 우리들의 중요과제 가운데 하나가 아닐까 한다.

아무튼 6월항쟁과 직후의 일련의 사건들이 만들어낸 정치·경제·사회적 질서를 '1987년체제'라 부를 때, 그것이 이전보다 한결 개선된 질서이긴 하지만 수많은 일시적 타협을 담은 불안정한 체제이며 오늘날 거의 그 한계점에 도달한 체제라는 인식이 지배적이다. 물론 1997년 경제위기와 IMF 구제금융사태를 계기로 '97년체제'에 의해 이미 대체되었다는 주장도 있다. 그런가 하면 한미FTA 협상의 강행 타결로 87년체제가 2007년에 드디어 최종적으로 무너졌다는 진단도 있고, 일부 '뉴라이트' 논객들은 대통령선거에서 '친북좌파' 정권을 종식시키는 좀 다른 의미의 '2007년체제'를 출범시켜야 한다고 벼르기도 한다. 아무튼 87년체제가 여전히 건재하며 계속 유지되어야 한다는 주장은 찾아보기 힘들다.


## 2. 87년체제를 넘어서기 위해

87년체제를 넘어서려는 구상은 87년체제라는 것이 무엇의 하위범주인지, 다시 말해 어떤 더 큰 체제의 일부이며 어떤 더 포괄적인 시대구분 속에 자리잡고 있는지에 따라 그 내용이 달라진다. 예컨대 앞서 말한 97년체제론을 포함해서, 6월항쟁 이후의 정치적 민주화가 신자유주의의 득세를 수반하는 실질적 민주화 실패의 역사라고 보는 관점은 최근 20년의 한국사회를 1980년대 초에 시작되는 자본주의 세계체제의 '신자유주의 국면'을 중심으로 파악하는 발상이다.

한국사회가 자본주의 세계체제의 일부로 존재함은 엄연한 사실이며 따라서 신자유주의라는 세계적 대세가 6월항쟁 이후의 역사에 커다란 규정력을 행사해온 것을 부인할 수는 없다. 그러나 정확히 얼마만큼의 규정력을 어떤 식으로 행사했는지, 또 이에 대한 한국사회의 가장 적절한 대응책이 무엇인지를 밝히기 위해서는 신자유주의가 무엇인지에 대해서도 좀더 정밀한 이해가 필요하거니와, 한국사회에 신자유주의가 작용하는 구체적인 방식이 어떤 것인지에 대해서도 정확한 분석이 요구된다.

나 자신은 그 어느 하나에 관해서도 충분한 연구가 없지만, 신자유주의에 대한 나의 기본적인 이해는 그것이 실은 '구'자유주의(내지 자유민주주의)보다 더욱 오래된 초기 자유주의로 회귀하려는 시도인바, 초기 자유주의가 그나마 힘겨운 역정을 거쳐 민주주의 및 복지사회와 일정한 결합을 성취했던 것을 축적의 위기를 맞은 20세기 종반의 자본주의가 되물리고 시장만능의 논리로 회귀하는 움직임이라는 것이다. 이러한 신자유주의는 초기 자본주의가 지녔던 봉건질서 타파라든가 건강한 개인주의 창달 같은 진보성마저 상실한 채 현대 자본주의가 만들어낸 불평등질서를 고착시키려 한다는 점에서 그것이 과연 '자유주의'인지조차 의심스러운 이데올로기이다.

그렇다고는 해도 신자유주의의 영향은 때와 장소에 따라 달라진다. 한국의 경우 신자유주의 득세의 결정적인 계기가 1997년의 구제금융사태였지만, 그 결과 중에는 당시의 한국사회가 절실히 필요로 하던 자유주의 또는 민주주의 개혁을 추동하는 내용도 없지 않았다. 관치금융의 타파가 그 두드러진 사례며, 크게 볼 때 1998년에 여야간 정권교체가 일어나고 김대중정부 초기의 각종 정치개혁이 수행되는 과정에 힘을 실어주기도 했던 것이다. 그래 봤자 자유주의 정치의 확산과 자본주의 제도의 정착에 기여한 것뿐이라는 반론도 가능하지만, 이런 반론이라면 '신자유주의'라는 개념 속에 온갖 것을 쓸어담기보다 자유주의 자체, 또는 자본주의 자체를 정면으로 비판하면서 설득력있는 단기·중기·장기적 대응책을 제시할 수 있어야 한다.

87년체제의 구체적 성격을 밝히는 데 긴요한 것이 세계적인 시각만은 아니다. 한국이 분단국가인 이상 한반도적 시각이 동시에 필요한 것이다. 6월항쟁 10주년을 기념하는 학술대회에서도 나는 "6월항쟁을 단지 남한의 역사 속에서 보는 대신 남북한을 아우르는 분단체제 속의 사건으로 파악하고 평가할 것을 제의"(「6월민주항쟁의 역사적 의의와 10주년의 의미」, 『흔들리는 분단체제』, 창비 1998, 212면)한 바 있는데, 국토가 처음 분단된 것은 1945년이었고 남북에 단독정권이 수립된 것은 1948년이지만 분단이 일종의 체제적 성격을 띨 만큼 굳어진 것은 한국전쟁이 교착상태로 끝난 1953년 이후라고 말할 수 있다. 그후 4·19와 5월 광주 등 수많은 도전을 견뎌낸 분단체제는 6월항쟁으로도 종식되지 않았으며, 그런 의미에서 87년체제는 53년체제의 한 아(亞)체제 내지 하위범주인 셈이다.

그러나 한반도 분단체제의 큰 버팀목이던 남한의 군사독재가 무너짐으로써 분단체제는 동요기로 접어들었다. 뒤이은 동서냉전 종식으로 지구 차원의 중요로운 버팀목도 잃어버렸다. 그리고 2000년 6월의 남북정상회담과 6·15공동선언으로 드디어 53년체제를 넘어설 전망이 열린 것이다.

이런 간략한 요약에도 드러나듯이 87년체제에 대해 한반도적 시각을 갖는다는 것이 결코 남한 내부의 변화나 세계사적 사건을 배제하고 남북관계만을 부각시키는 '분단환원론'이 아니다. 87년체제라는 표현 자체가 한국사회의 내부요인을 중시하는 명명법으로서, 민주화의 지속이라든가 새로운 발전모델의 모색, 신자유주의의 수용 또는 배격 등 국내 현안들을 주요 내용으로 삼고 있다. 다만 이런 국내 현안의 해결조차 분단체제의 자장(磁場) 안에서 벌어지게 마련이고 실제로 53년체제 아래서도 줄곧 이어져온 민간의 통일운동이나 87년체제에 힘입어 전개된 노태우정권의 북방정책 같은 정부측의 남북대결 완화노력이 모두 민주화의 중요한 변수로 작용했음을 망각해서는 안된다는 입장인 것이다.

그러므로 분단체제론에서 2000년의 획기성을 인정하는 것도 이른바 민족해방론 또는 자주통일우선론의 시각과는 거리가 있다. 2000년을 기점으로 삼는 '6·15시대'는 1953년 이후 처음으로 남북이 공유할 수 있게 된 시대구분이라는 점에서 분명히 획기적이지만 그것이 남북 각기의 사회현실로 구체화된 내용은 아직 제한적이다. 물론 순전히 선언적·관념적인 수준에만 머문 것은 아니고 일상생활에도 적잖은 파급효과를 가져왔다. 그러나 남쪽에 국한해서 말하더라도 6·15가 53년체제를 청산하지 못했음은 물론 87년체제를 끝냈다고 보기조차 힘들다.

남한 주민들에게 미친 직접적인 영향으로만 본다면 97의 IMF 사태가 훨씬 위력적인 것이었다. 그러나 이를 신자유주의 지배하의

'97년체제' 성립으로 해석하는 것은 어떤 의미에서 87년체제의 진보성에 대한 과대평가라 할 수 있다. 다시 말해 엄연히 53년체제의 일부로서 분단체제의 여러 문제점을 그대로 안고 있으면서도 87년 이전보다 더욱 무모하게 '선진국 진입'과 '흡수통일'의 꿈에 들떠 있던 한국사회의 모습이 97년의 경제위기에서 극적으로 드러난 점이 간과되고 있는 것이다.

다른 한편 IMF사태로 87년체제의 긍정적 동력이 완전히 소진되었다는 진단 또한 지나친 단순화다. 좀더 원만한 평가를 위해서는 역시 한반도적 시각에서의 접근이 요구되는데, 이때 1987년과 1997년 그리고 2000년의 관계는 훨씬 복잡하면서 어떤 일관된 그림을 제시한다. 87년은 남한 민주화의 결정적인 전환점이며 한반도 분단체제 동요기의 시작이지만, 87년체제의 헌법과 정당정치 및 대부분의 사회운동이 '분단체제 극복'을 뚜렷한 시대적 과제로 설정하고 출발한 것은 아니었다. 이에 따른 온갖 문제들이 누적된 끝에 남녘에서는 97년의 구제금융사태가 발생했고 이것이 식량난 등 북녘의 위기와 겹쳐 분단체제의 흔들림이 본격화했다. 이때 나온 6·15공동선언은 범한반도적 위기상황의 직접적인 산물인 동시에 남북 각자가 현상고수나 대외종속보다 상호간의 화해·협력 및 점진적 통합에서 새로운 활로를 찾고자 한 능동성과 저력의 산물이기도 했다.

나는 분단체제가 2000년을 분기점으로 '동요기'에서 '해체기'로 들어섰다고 주장한 바 있지만(『한반도식 통일, 현재진행형』, 창비 2006, 6면), 한반도 전체를 분석단위로 삼는 시대구분과 그 절반만을 대상으로 하는 시대구분이 일치할 필요는 없다. 따라서 남한의 87년체제가 2000년 이후에도 지속되고 있다는 판단은 '분단체제 해체기' 설정과 모순되지 않는다.[2] 다만 분단체제가 제대로 해체되어 더 나은 체제로 이행하려면 한계점에 다다른 87년체제를 극복하는 일이 필수적이다. 한반도 평화체제 성립을 위한 국제적 여건이 그 어느 때보다 유리해졌고 국내에서는 87년체제의 말기현상이 날로 두드러져가는 6월항쟁 20주년의 현시점이야말로 새로운 시대를 향한 결정적인 발걸음을 내디딜 계제가 아닐 수 없다.


## 3. 2007년 한국의 선택

2007년은 마침 한국에서 대통령선거가 있는 해이기도 하다. 올해가 결정적인 분기점이 될 수 있는 또하나의 이유이다.

한국의 보수진영에서도 금년 대선이 단순한 정권탈환을 넘어 한반도의 운명을 가르는 선택의 갈림길이라는 주장이 나오곤 한다.[3] 1987년 이래의 방황의 시간, 그중에서도 '친북좌파' 세력의 10년 집권을 드디어 청산하고 새로운 '선진화' 체제를 출범시키겠다는 것이다. 그러나 내가 보건대 대선에서 보수야당이 집권한다고 해서 87년체제가 극복될 것 같지는 않다. 이른바 뉴라이트의 논객들이나 야당 내 수구인사들의 강경발언에도 불구하고 87년 이래의 정치적 민주화 과정을 근본적으로 되돌려놓거나 6·15공동선언을 폐기할 수 있으라고는 생각되지 않기 때문이다.

반면에 87년체제가 새로운 체제로 이행하지 못한 채 '나쁜 교착 상태'가 연장되면서[4] 그 말기현상이 더욱 심해질 개연성은 충분하다. 이는 특정 정당의 집권을 무작정 배격하는 정파적 주장이 아니다. 53년체제 ─ 더구나 1987년 이전의 53년체제 ─ 에 대한 비판의식이 희박하고 민주개혁정권 시기를 '잃어버린 10년'으로 간주하는 세력의 주도 아래 집권하는 한, 그 정당이 어느 당이건 87년체제의 어려움은 가중되리라는 판단일 따름이다. 아니, 개혁성과 참여민주주의를 자랑삼던 정권 스스로가 보수층의 지지를 업은 한미FTA 강행으로 일종의 '대연정'을 구성해도 결과는 마찬가지리라는 것이다.

오늘날 한국사회에 필요한 노선을 나는 '변혁적 중도주의'로 규정하고 있다(『한반도식 통일, 현재진행형』 30~31, 58~60면 참조). 명시적으로 그 표현을 쓴 것은 최근의 일이지만, 실은 6월항쟁 이후에 새로운 단계가 열리면서 급진운동권의 양대 산맥을 이룬 '민족해방'과 '민중혁명' 노선들이나 변혁의 전망을 결한 온건개혁노선 들이 모두 시대의 요구에 부응할 수 없음이 분명해졌다. 분단정권의 폭압통치 기간에는 자주평화통일의 원칙 또는 평등사회의 원칙을 주창하고 시민의 정치적 권리를 확보하는 것만으로도 분단체제를 흔드는 효력을 지녔었다. 그러나 군부독재가 끝나고 좀더 실질적인 작업의 공간이 열린 상황에서는 분단체제변혁이라는 목표를 확실히 간직하면서 그 실현을 위해 다양한 세력들의 다양한 문제의식을 수렴하는 중도적 노선이 필요해진 것이다.

20년 가까운 세월이 더 흐른 오늘의 한국에서 그런 의미로 변혁적이면서 중도적인 노선의 필요성은 더욱 절실해졌다. 87년체제가 기본적으로 53년체제의 일부로서 그 문제점 중 많은 것이 분단체제 자체의 대내적 억압성과 대외적 취약성에서 오는 이상, 분단체제변혁이라는 큰 구도 속에서 수행되지 않는 어떠한 87년체제 극복노력도 정곡을 찌르기 어렵게 되어 있다. 53년체제에 안주하려는 보수적 논리는 더 말할 나위 없고, 분단체제의 규정력을 과소평가하는 '반신자유주의' 논리나 분단극복을 최우선과제로 내걸지만 분단현실의 체제적 성격에 둔감한 '반미자주통일' 노선도 미흡하기는 마찬가지다.

실제로 한국의 진보적 개혁세력은 한미FTA 협상과정을 비판하는 운동에서 꽤나 광범위한 연대를 형성했었다. '자주' 또는 '평등'을 이유로 원칙적인 반대입장을 취한 세력과 더불어 협상의 진행방식과 일부 내용에 반대한 인사들이 졸속타결을 저지하려는 움직임에 동참했던 것이다. 결과는 알다시피 미국의 통산촉진법 시한에 맞춘 4월초 타결을 저지하지 못하고 실패했다. 실패의 가장 큰 원인은 노무현 대통령과 참여정부가 오히려 강행 추진에 앞장섰기 때문이고, 2006년 10월 북의 핵실험으로 저지운동의 기세가 일시적으로 꺾인 점도 작용했을 것이다. 그러나 운동 자체가 각기 속내가 다른 세력들의 다분히 전술적인 연대에 머물렀기 때문에 대다수 국민을 설득하는 데 한계가 있었다는 점도 인정해야 옳다.

협상이 타결되면서 지금은 전술적 연대마저 다분히 손상된 형국이다. 신중론을 펼치던 세력 중 일부가 졸속협상의 결과를 거부해야 한다는 반대론으로 옮겨갔지만, 다른 일부는 비준의 불가피성에 체념하면서 그나마 이만큼 해냈으니 최선의 사후대책을 강구하자는 자세로 전환하고 있다. 반면에 일체의 자유무역협정, 적어도 미국과의 모든 FTA를 배격해온 쪽에서는 협상타결에 분노하면서도 국내의 정치지형이 한미FTA 찬성과 반대의 두 진영으로 확연히 갈라지는 것을 반기는 기색이 없지 않다.

문제는 이런 구도가 87년체제 극복을 위해 과연 바람직하냐는 것이다. 이 구도가 가져올 급진적 진보진영의 세력확장이 그 나름의 의미가 없는 것은 아니나, 자기쇄신의 필요를 느끼지 않는 보수야당의 손쉬운 승리와 단순한 양적 확대에 만족하는 급진 정파들의 존재로 87년체제의 내리막길이 더욱 길어지고 고달파질 위험도 크다. 한미FTA 협상타결로 어중간한 '중도개혁' 세력의 입지가 축소된 지금이야말로 변혁적 중도주의 노선에 충실한 — '변혁적'이라는 용어가 선거과정에서 필요할지는 물론 별개문제로 치고 — 진보적 개혁세력의 재결집이 이루어져야 할 것이다.

한미FTA라는 분열요인에 시달리는 진보적 개혁세력이 이런 통합을 이룩할 수 있을지는 확실치 않다. 그러나 협상의 졸속타결 저지를 위해 연대했듯이 협정의 국회비준 과정에서 졸속과 온갖 비민주적 행태를 막기 위한 연대는 가능하고도 필요한 것이며, 협상내용과 향후 전망에 대한 철저하고 책임있는 검증을 통해 다수대중이 공감할 수 있는 행동에 합의하는 일도 불가능하지는 않으리라 본다. 다만 이번에야말로 단순한 전술적 연대를 넘어 87년체제에 대한 통찰과 그 실질적인 극복방안을 갖고 대중을 설득할 수 있어야 할 것이다.


## 4. '한반도식 통일'과 '제3당사자'의 역할

'변혁적 중도주의'가 현실적 대안일 수 있는 것은 한반도의 독특한 현실 때문이다. 한반도는 아직껏 분단상태에 있다는 점에서도 특이하지만 그 재통합의 과정이 국토통일의 어떠한 선례와도 다른 성격이라는 점에서 그야말로 미증유(未曾有)의 현실이다. 한마디로 이곳에서는 베트남식 무력통일이 불가능함은 물론, 평화적인 통일도 독일 또는 예멘과 달리 점진적·단계적으로나 가능한 상황인데, 실제로 6·15공동선언을 통해 남북의 정상이 그 점에 이미 합의해놓은 상태인 것이다.

이러한 합의는 당국간의 관계에 그치지 않는 엄청난 파급효과를 지닌다. 폭력적으로든 평화적으로든 통일이 일거에 달성될 경우 평범한 시민들의 자발적이고 능동적인 참여는 제한될 수밖에 없다. 반면에, 점진적이며 단계적인 통일과정은 시민참여의 공간을 열어준다. 그리고 한국처럼 시민사회가 이런 공간을 활용할 의지와 능력을 갖춘 경우에는 통일과정의 중간단계들을 언제 어떤 내용으로 채워갈지에 대한 시민들의 발언권은 계속 증대하게 마련이고, 끝내는 시민참여의 영역이 한반도 전역으로 확대되는 일도 막을 수 없을 것이다.

이런 관점에서 나는 남녘의 (민간기업을 포함하는 넓은 의미의) 시민사회가 남북관계에서 두 당국과 함께 '제3의 당사자'로 기능해야 함을 주장해왔다. 아직은 나머지 두 당사자에 비해 미약하기 짝이 없고, 한국의 시민사회가 '제3당사자'로서의 자기인식이나 긍지도 부족한 것이 사실이다. 그러나 북미관계가 개선되고 남북교류가 활성화할수록 시민참여의 확대가 불가피한데, 여기서는 '제3당사자'의 역할이 결정적일 수 있는 두가지 경우를 생각해보기로 한다.

하나는 북핵문제 해결의 과정에서다. 이 글을 쓰는 2007년 4월말 현재 BDA은행과 관련된 금융제재 문제가 여전히 안 풀렸고 2·13 합의의 1단계 이행조치도 완수되지 못했다. 그렇긴 하지만 제2단계의 '불능화'까지는 시간이 좀 걸리더라도 성사되리라는 전망이 우세한데, 마지막 제3단계의 완전한 '폐기'(dismantlement)가 이행될지에 관해서는 회의적인 시각도 적지 않다. 물론 "한반도 비핵화는 김일성 주석의 유훈"이라는 북측의 강력한 원칙표명이 있고 미국도 '폐기'에 미달한 상태에서 충분한 반대급부를 제시하지 않을 터이므로 제3단계 역시 언젠가는 실현되리라는 희망을 버릴 필요는 없다.

문제는 응분의 보상을 하지 않은 채 적당히 제어된 '저강도 북핵위기'를 유지하는 것이 차라리 이롭겠다는 미국측의 계산과 핵무기 보유보다 더 확실한 체제유지 수단은 없다는 북측의 계산이 맞아떨어질 경우다. 이는 어디까지나 하나의 가상이지만, 이런 상황이 벌어졌을 때 남쪽 당국이 이를 돌파할 실력이나 강한 의지를 지닐지는 의문이다. 한반도 비핵화가 북측 주석의 유훈일 뿐 아니라 생활하는 남북 민중의 최대 현안임을 내세우는 민간사회의 개입이 필수적이 되는 경우다.

'제3당사자'의 특별한 몫이 요구될 또 한가지 상황은 핵문제가 순조롭게 풀리면서 북미관계가 정상화되고 남북교류가 대폭 활성화될 때이다. 반드시 수구세력의 강경논리가 아니더라도 이런 상황이 북의 체제에 대한 위협을 내포할 가능성을 배제할 수는 없다. 분단국가는 그 본질상 불안정한 체제인데, 현재의 남북간 세력균형으로 보면 심각한 위협을 느끼는 쪽은 북측이다. 중국 또는 베트남식 개혁·개방이 분단체제 아래서 순조로울 개연성은 낮다고 봐야 한다.

그렇다고 쌍방이 영구분립에 합의하거나 빨리 통일을 해버림으로써 분단국가의 불안정성을 해소하는 일도 불가능한 것이 한반도의 현실이다. 바로 그래서 나온 것이 통일을 하기는 하되 서두르지 않고 '연합제' 또는 '낮은 단계의 연방제'에 해당하는 중간단계를 거쳐간다는 6·15공동선언의 합의였다. 그런데 이 합의를 실천에 옮기는 일을 당국자들에게만 맡겨서는 성사되기 어려우리라 본다. 두개의 주권국가를 존속시키는 연합제조차 북측의 체제유지에 대한 충분한 보장은 될 수 없는데다가, 남북을 막론하고 정치권력의 속성은 상대를 압도하는 통일이 아니면 현상유지를 원하지 약간의 권한이라도 연합기구에 넘겨주기를 달가워하지 않기 때문이다.

그러나 남북 민중의 생활상의 욕구에 부응하는 화해·협력과 재통합의 과정을 계속하면서 그 위험요인들을 관리할 최소한의 장치는 여전히 필요하다. 유일한 해답은 국가연합 — 또는 'Commonwealth'로 번역해도 좋을 낮은 단계의 연방 — 이라고 할 때, 이를 위한 연구와 주장을 적극적으로 해나갈 세력은 지금으로서는 '제3당사자'뿐이며, 남북간 각계각층의 다양한 접촉과 연결망의 형성을 통해 국가연합 건설의 토대를 만들어가는 작업도 이 '제3당사자'의 대대적인 참여 없이는 불가능한 일이다.

끝으로 해외동포들의 몫을 간략히 거론함으로써 결론에 대신하고자 한다.[5] 87년체제 아래서, 특히 2000년 6월 이후로, 한국 내에서의 민간통일운동 공간이 확장되고 남북간 직접교류가 확대됨으로써 반독재투쟁과 민족화해를 해외의 헌신적 활동가들에 의존하던 비중은 한결 줄어들었다. 더욱이나 국가연합(또는 낮은 단계의 연방) 건설이 중대 현안으로 떠오르게 되면, 연합은 남북간의 연합이지 남·북·해외의 3자연합이 아니므로 해외동포사회가 똑같은 비중으로 기여하기는 어렵다. 어느 재일 통일운동가의 말대로 "해외동포도 다같이 통일의 주인이지만 주도는 남북이 할 수밖에 없는" 형국인 것이다.

하지만 바로 이러한 상황이 6·15시대의 남녘에서 그렇듯이 해외에서도 다수대중이 폭넓고 다채롭게 참여할 길을 열어준다. 초인적인 자기희생을 각오하지 않은 평범한 동포들이 각자 자기 사는 곳에서의 삶에 충실하면서, 한반도 주민들이 갖지 못한 경험과 경륜 및 현지에서의 영향력을 한반도의 통일과정에 보태줄 수 있는 것이다. 세계의 초강대국이자 뛰어난 인재들이 가득한 미국의 동포사회라면 더욱이나 그렇다. 이런 공헌을 통해 남북연합 건설을 포함한 한반도식 통일의 내용이 더욱 풍부해짐은 물론, 전지구적 한민족 네트워크의 형성 또한 더욱 뜻깊은 작업이 될 것이다. 그리하여 미래의 인류문명이 좀더 공정하고 다양한 사회를 이루는 데도 무시 못할 공헌을 할 수 있으리라 믿는다.*

---

* 이 글은 2007년 5월 12일 민주화운동기념사업회, UCLA 한국학연구소, 민화협 미주 한인협의회 공동주최로 미국 로스앤젤레스에서 열린 '6월항쟁 20주년기념 국제심포지엄'의 기조연설문으로, 원제는 '6월항쟁 이후 20년, 어디까지 왔으며 어디로 갈 것인가'이다. 이후 『황해문화』 2007년 여름호에 발표한 원고를 이 책에 싣기 위해 다소 손질하고 제목을 고쳤다.

87년체제 논의의 확산

# '87년체제' '97년체제'와 민주개혁운동의 전환적 위기

**조희연** • 성공회대 교수, 민주주의연구소 소장

## 1. 87년체제, 97년체제, 2008년체제

한국사회는 87년 6월 민주항쟁을 분기점으로 개발독재시기에서 본격적인 민주화시기(민주주의 이행 혹은 민주개혁의 시기)로 전환되었다. 이 87년 시기를 통해서 형성된 체제를 통상 '87년체제'라고 부른다. '87년체제'[1]라고 했을 때 그것은 87년 6월항쟁 이후 현재까지의 정치적·사회적 행위와 관계, 갈등을 규정하는 일정한 상호작용의 틀이라고 할 수 있다. 87년체제는 다양한 각도에서 규정될 수 있는데, 여기서 분석하는 민주개혁의 관점에서 볼 때 이 87년체제는 한편에서 민주개혁이 시대적·국민적 과제가 된 체제이고 다른 한편에서는 구(舊)체제의 프레임이 일정하게 구속력을 가진 형태로 작용하면서 민주개혁의 철저한 전개를 제약하는 체제라고 할 수 있다. 그런 점에서 87년체제는 시대적·국민적 과제가 된 민주개혁을 추동하기 위한 아래로부터의 힘과, 그것을 제약하면서 구 개발독재 체제의 붕괴가 아닌 타협적 재편 및 변형된 재생산을 지향하는 힘이 각축하는 체제라고 할 수 있다. 전자가 6월항쟁으로 상징된다면, 후 자는 6·29선언으로 상징된다. 그런 점에서 87년체제는 6월항쟁과 6·29선언으로 교직(交織)된 체제라고 할 수 있다.

주지하듯이 87년 수백만이 참여한 광범한 대중적 반독재투쟁은 이른바 '6·29선언'으로 표현된 제한된 민주화 조치에 의해서 중단 됐다. 6월항쟁은 한편에서 군부독재체제를 붕괴시킨 반면, 다른 한 편 군부독재체제의 지배적 집단들이 구체제를 변형적으로 재생산 하는 방향으로 나아가는 것을 허용했다. 이런 점에서 87년체제는 한편에서 보면 아래로부터의 동력에 의해 군부독재가 무너지고 민 주주의적 공간이 창출되었다는 성격을 지니지만, 다른 한편에서는 위로부터의 응전에 의해 제한되고 굴절된 성격을 지닌다. 이것은 87년체제가 한국 보수세력의 완전한 패배가 아니고 보수세력에게 도 일정한 이니셔티브와 '공간'이 존재한다는 것을 의미한다.

박정희 군부세력이 61년 5·16쿠데타를 통해서 확립한 개발독재 체제를 '61년체제'라 하고 더 소급하여 53년 한국전쟁 이후 남한에 확립된 '극우반공주의적 체제'를 '53년체제'라 한다면, 87년체제는 이러한 53년체제의 극우반공주의적 프레임과 61년체제의 개발독재 프레임이 극복되지 않은 채로 각인되어 그 향방이 질곡되고 있다. 그런 점에서 87년체제는 53년체제와 61년체제의 한계 내에서 민주주의로의 이행이 시작된 체제라고 할 수 있다. 87년체제하에서 만들어진 87년 헌법은 87년체제의 이러한 복합적 성격을 정확히 반영하여 이중적인 성격을 지닌 채 구성되어 있다.

이러한 87년체제는 다양한 영역에서 다양한 방식으로 작동했다. 예컨대 노동체제 관점에서의 87년체제는 독재적 억압체제가 결정적으로 약화되어 노동운동이 조직적·정치적으로 발전할 수 있는 조건이 마련되었으나 이것이 노조의 정치활동 금지, 기업별노조, 3자 개입 금지 등의 구체제 프레임 속에서 갈등하는 방식으로 작동한다.

87년체제의 성립은 군부 개발독재체제를 붕괴시켰다는 점에서 정치적 대전환을 가능케 한 사건이었지만, 그것은 53년체제와 61년체제의 프레임에 한계지어지는 것이었기 때문에, 그것이 내포하는 사회경제적 전환의 잠재력은 제한되었다. 이런 한계에 주목하여 87년체제의 성격을 둘러싸고 "87년체제는 없다"라는 견해도 제시된 바 있다.[2] 이런 견해는 61년체제와 97년체제만이 '체제'로서의 성격을 갖는다는 것이다. 여기에는 체제(regime)라는 것이 무엇인가 하는 학술적 쟁점도 있는데, 일단 87년체제가 '사회경제적 구조전환'의 지점이 아니라는 인식을 반영한다. 즉 61년체제가 구축했던 개발자본주의적 구조의 틀 내에서 유지되는 체제라는 것이다.

필자의 시각으로는 이러한 견해는 87년체제의 '제약된 한계'를 표현하는 의미에서는 타당하나, 87년체제 자체의 거시역사적 성격과 총체적 성격을 표현하는 데는 한계가 있다고 생각된다. 만일 사회경제적 구조전환이 없다는 점에서 '체제'로서의 성격을 부정하면, 아래로부터의 민중운동이나 사회운동적 투쟁이 행한 역할이 체제 규정에서 배제될 수 있기 때문이다. 사실 61년체제를 보더라도, 61년 5·16쿠데타 당시 박정희 군부세력은 그 자신의 독립적인 사회경제적 프레임을 담지한 것은 아니었다. 어떤 의미에서 국가권력을 장악하기 위한 '반공주의적' 명분을 갖는 '쿠데타'일 뿐이었다. 쿠데타 이후 권력을 장악하고 국가권력을 계속 유지하기 위하여— 국내외적 제약과 선택을 통하여—수출지향적인 개발주의적 성장전략을 실행하는 방향으로 나아가면서 사회경제적 구조전환을 주도하기 시작했다.

필자가 볼 때, 오히려 87년체제야말로 61년에서 87년까지의 개발독재적 체제로부터 '민주주의적 체제'로의 전환의 중요한 분기점이고 이것은 다양한 잠재력을 갖는 획기적 사건이었다고 생각된다. 단지 '87년체제'가 없다는 논의의 '합리적 핵심'을 반추해보면, 87년체제가 정치적 전환으로 인한 사회경제적 전환을 단행하지 못했다는 점을 지적할 수 있을 것이다. 이것은 87년 6월항쟁을 주도한 반독재세력의 사회경제적 프로젝트가 개발독재적 프로젝트와 얼마나 다를 수 있는가 하는 문제와 연관된다. 이런 점에서 87년체제는 정치적 체제전환의 계기였고, 이러한 정치적 체제의 사회경제적 내용을 둘러싼 투쟁의 '열린 공간'이라고 보는 것이 정확할 것이다.

이 열린 공간에서, 6월항쟁으로 획득한 민주주의를 '사회경제적 차원'으로 확장하여 87년체제의 사회경제적 내용을 진보적으로 채우고자 한 아래로부터의 민중세력과, 반대로 민주주의를 '최소주의’적인 것으로 — 특별히 정치적 차원으로 — 한정하면서 자본주의를 침식하지 않는 형식적인 민주주의로 존치시키고자 한 위로부터의 자본세력 및 보수세력이 각축하게 된 것이다. 이를 필자는 87년 6월항쟁으로 ‘민주주의와 자본주의의 전쟁’이 시작되었다고 표현한다.

즉 87년 6월항쟁에서 정점에 이른 투쟁을 통하여 반독재세력과 민중세력은 한국에 민주주의를 정립했고, 반대로 개발독재 보수세력은 독재로써 한국에 자본주의를 정립했는데, 87년 이후의 시기는 민중이 정립한 민주주의와 독재·보수세력이 정립한 자본주의의 ‘전쟁’이 진행되었다는 것이다. 여기서 반독재세력과 민중세력이 87년 투쟁으로 정립된 정치적 민주주의를 사회경제적 민주주의로 확대하고 이로써 자본주의에 대한 민주주의적 규제를 확장하려고 투쟁해왔다면, 한국의 자본·보수세력은 — 87년 투쟁으로 정립된 — 민주주의를 현실로 받아들이고 대신에 이를 자본주의의 정치적 외피(political shell)로 형식화하거나 무력화하려고 투쟁해왔다고 할 수 있다.

정작 ‘87년체제’의 사회경제적 급진성을 제약하고 이 체제를 성립시킨 반독재민주세력의 사회경제적 프레임이 ‘지구화시대의 신개발주의적 프레임’에 갇히도록 한 것은 역설적으로 ‘97년체제’의 성립을 통해서였다. 97년체제의 성립은 87년체제하에서 전개되어오던 ‘전쟁’의 성격과 맥락을 현저하게 변화시키게 된다.

주지하듯이 97년에는 80년대 이후 한국사회의 변화를 규정하는 두가지 대표적인 사건이 있었고, 97년체제는 이 두가지 사건에 의해 규정되는 체제라고 할 수 있다. 이는 97년 외환위기라는 사건과 97년 12월 김대중의 대통령 당선으로 인한 50년만의 반독재 야당정권의 성립이라는 사건이다.

민주화의 도정에서는 과거 독재세력의 '변형정부'가 존재하는 시기와 독재에 대항했던 반독재세력이 집권하는 '반독재 민주정부'의 시기가 있다. 김대중정부와 노무현정부가 후자에 해당할 것이다. 87년체제가 — 구 독재세력이 국가권력을 여전히 장악한 상태에서 — 독재의 유산을 척결하고 반독재세력이 아래로부터 민주개혁을 추동하는 체제였다고 하면, 97년체제는 그러한 반독재세력이 국가권력의 담당주체가 된 체제이다. 이런 점에서 한편에서 97년체제는 87년체제의 '상향(上向)발전'이라고 할 수 있다. 즉 97년체제는 87년체제의 하위체제적 성격을 띠면서, 87년체제가 내포하는 민주개혁의 한단계 높은 변화를 의미한다. 97년체제의 이러한 성격에 초점을 맞춘다면, 97년체제의 성립은 87년체제의 미해결 과제, 나아가 한단계 높은 사회경제적 개혁을 87년체제의 주도세력인 반독재민주세력이 집권세력이 되어 실현할 수도 있는 사건이었다. 그러나 반대로 반독재민주세력이 개발독재세력의 정책프레임을 수용하면서 그것에 포획될 가능성도 내포하고 있었다.

현실은 후자로 나타났다. IMF위기 극복이라는 이름으로 반독재 중도자유주의 집권세력은 금융시장 개방 등 이른바 신자유주의적 개방을 전면화했고(물론 이는 문민정부에서부터 세계화라는 이름으로 진행되고 참여정부 이후에는 한미FTA라는 이름으로 진행된다), 세계화의 조건 속에서 국제경쟁력을 강화해야 하는 자본의 요구에 부응하는 방식으로 반독재민주정부가 자기조정을 해나갔다.

이것은 97년체제에서 반독재세력의 일부가 스스로 저항했던 개발독재세력의 사회경제적 프레임을 넘어서기보다는 변형된 프레임을 수용하고, 나아가 이른바 신자유주의적 자본주의의 담지세력이 된 것을 의미한다.

이는 또한 87년체제하에서의 '민주주의와 자본주의의 전쟁'에서, 민주주의의 사회경제적 확장을 향한 아래로부터의 투쟁은 주변화되고 신자유주의적 지구화라는 배경하에서 새롭게 자본주의적 경쟁력을 강화하고자 하는 자본의 요구에 지배되는 체제로 이행함을 의미한다. 과거에는 독재세력이 초기 산업화 단계의 '성장프레임'을 담지했다면, 이제 반독재세력이 지구화시대의 새로운 신자유주의적 성장프레임을 담지하게 된 것이다. 이는 반독재민주세력의 주체적 한계가 IMF경제위기와 그리고 이른바 '미국적 한계'(American boundary)의 '제약'과 결합하면서 나타난 것이다. '민주주의와 자본주의의 전쟁'에서 반독재민주세력의 집권이 자본주의에 대한 거대한 도전이 될 것으로 예상했던 한국 시장권력과 자본권력은, 물론 긴장을 갖긴 하지만[3] 자신들과 대립되지 않는 반독재민주세력을 대면하게 된 것이다.

결국 87년체제가 시대적 과제로 부여했던 민주(주의)개혁은 97년체제의 새로운 '가능성과 제약'하에서 전면화하지 못하고 97년체제의 제약하에서 전환을 맞게 된 것이다. 97년체제의 성립이 반독재 민주세력에는 기회였으나 결국 위기로 전환된 것이고, 독재적 보수세력에는 위기였으나 결국 기회로 전환된 것이라고 말할 수 있겠다.

여기서 바로 '2008년체제'가 성립한다. 2008년체제는 60, 70년대의 개발독재적 보수의 개발주의를 계승하면서도 그것과는 다른 '신자유주의적 성장프레임'을 '선진화'라는 이름으로 전면화한 보수세력이 재집권한 체제이다.

반독재 민주정부에 대해서 분명 구 독재적 보수세력이나—개발독재하에서 부를 축적한—자본세력이나 상층계급, 극우반공주의적 보수세력은 비판적 태도로써 대결하고 있었다. 그러나 반독재 민주정부를 위기에 처하게 한 것은 정작 반독재 민주정부를 지지했고 정부에 대해 높은 수준의 사회경제적 개선을 기대했던 진보적 대중이나 중도적 대중의 실망이고 이반이었다. 신자유주의적 지구화 논리를 반독재세력이 역류하지 못하고 담지하게 됨으로써, 민주화 이후 높은 수준의 사회경제적 평등화를 기대했던 대중들로 하여금 오히려 민주주의를 회의하게 만들었다. 바로 이러한 실망과 이반을 배경으로, '새로운 개발주의'와 '신자유주의적 성장주의'를 전면화한 '신보수세력'이 대중들의 열망을 전유한 것이 바로 이명박정부의 집권인 것이다. 이 정권을 필자는 '신보수정권'으로 표현한다.[4] 이명박정부 스스로의 표현을 빌린다면, '2008년체제'라고 할 수 있을 것이다. 이는 97년체제의 가능성과 제약 속에서, 반독재민주세력이 새로운 가능성을 창출하지 못하고 '좌절'한 데서, 그리고 그러한 좌절 속에서 보수세력이 새롭게 대중을 '전유(專有)'한 데서 출현한 체제이다.


## 2. '87년체제'와 '97년체제'의 '민주개혁'의 전환적 위기

이러한 전환의 과정을 좀더 구체적으로 살펴보자. 특별히 87년체제가 97년체제를 경과하면서 나타나는 위기화 과정을 살펴보자.

돌이켜보면 87년 이후 한국사회에서 민주주의 혹은 민주개혁은 하나의 '시대정신'으로 존재해왔다고 생각된다. 87년을 분기점으로 개발독재시대에서 민주주의 이행의 시대로 넘어간 이후, 아무도 심지어 반독재세력조차도 이를 부정하지는 않았다. 그러나 바로 한 시대를 풍미했던 시대정신에 도전이 나타났다. 이것은 기본적으로 민주화의 병목지점에서 나타나는 위기에 의해 촉발되어 포스트-민주화시기의 시대정신이 과연 무엇일까를 둘러싸고 드러난 각축이라고 할 수 있다.[5]

이러한 민주개혁운동의 전환적 위기는 민주정부시기, 즉 97년체제를 통과하면서 조성된 상황이라고 볼 수 있다. 물론 문민정부에서 김영삼 대통령이 민주화운동 출신으로서 지니는 상징성이 있어서 그가 추진했던 민주개혁 자체도 광의의 차원에서는 해당될 수 있지만, 여기서의 핵심적 대상은 민주정부를 통과하면서 진행되어온 민주개혁의 전환적 상황을 의미한다. 즉 반독재민주세력의 집권기라고 할 수 있는 김대중정부와 노무현정부를 포괄하는 이른바 '민주정부'시대를 거치면서 추진되다가 일정한 병목지점에 돌입하면서 87년체제 이후의 흐름이 '역류'(逆流)하는 것처럼 보이는 상황이 나타난 것이다.[6] 이를 필자는 87년체제가 97년체제를 경과하면서 하나의 전환적 위기에 도달한 것으로 보고, 바로 '포스트-87년체제'로의 이행을 둘러싼 진통과 위기라고 생각한다. 이러한 시대적 상황을 물론 '민주화 이후'의 시기 혹은 '포스트-민주화'[7]로의 이행기로 표현할 수도 있을 것이다.

이러한 87년체제의 전환적 위기요인은 87년체제와 97년체제의 상호관계의 문제이다. 87년체제를 주도한 반독재세력들이 97년체제의 가능성과 제약에 어떻게 응전·적응하는가 하는 문제이기도 하다.

현단계 민주주의 발전, 민주개혁 국면에서 이른바 포스트-민주화 국면으로의 이행의 병목지점에는 두가지 측면의 위기요인이 혼재한다. 87년체제의 전환적 위기의 첫째는 민주개혁의 수평적 확산이 한계에 봉착함으로써 나타나는 위기요인이고, 둘째는 민주개혁의 내적인 한계에서 비롯되는 위기요인이라고 할 수 있다. 이러한 위기요인들은 87년체제가 전제했던 민주주의라는 시대정신 혹은 반독재민주세력의 '헤게모니'의 위기라고 할 수 있다.

민주개혁이라고 할 때 그것은 개발독재하에서 고착화된 독재적 질서가 민주주의적 질서로 전환하는 것을 의미한다. 이때 개발독재하에서 고착화된 질서를 민주적으로 개혁하고자 하는 과정은 국가민주화, 국가-사회관계의 민주화, 국가-경제관계의 민주화 등을 포함한다. 국가민주화에는 국가기구와 국가요원들의 교체, 국가운영양식의 민주화 등이 포함된다. 독재하에서 시민사회는 억압되어 있었고 시민사회의 많은 기구들이 국가행정기구의 일부 — 많은 관변단체들의 예를 보자 — 로 편제되어 있었기 때문에, 국가-사회관계의 민주화는 시민사회에 대한 억압의 해소, 행정화된 시민사회의 자율화 등이 포함된다. 국가-경제관계의 민주화는 독재하에서의 각종 유착관계 청산과 재벌민주화, 시장민주화, 시장에 대한 관치적 통제 극복과 자율확대 등이 포함된다.

## 1) 민주개혁의 '수평적 확산'의 성과와 한계

첫째는, 반독재민주세력이 집권세력으로 추진했던 민주개혁이 한계에 봉착함으로써 나타나는 위기이다. 일차적으로 이는 민주개혁의 '수평적 확산'이 한계지점에 도달함으로써 나타나는 위기이다.

수평적 확산의 한계봉착과 관련해서는, 먼저 국민적 합의가 광범하게 존재하는 개혁이 종결되고 민주개혁의 국민적 합의의 '경계'가 치열한 갈등의 대상이 되는 현상을 들 수 있다. 민주개혁의 의제와 관련해서는, 87년체제하에서 시대적 과제로 주어졌던 민주개혁의 내용과 87년 6월항쟁이나 반독재민주화투쟁에 직접적으로 정식화되어 요구되었던 '국민적 합의'사항들이 있고, 반대로 반독재민주화투쟁의 '해석적' 확장과 독재적 보수세력과 갈등하면서 실현해 가야 하는 사항들이 존재한다.

이를 둘러싼 긴장과 갈등을 이해하는 데는 민주개혁의 '1차적 합의 영역'과 '2차적 개혁의제 영역'을 구분해보는 것이 하나의 방법일 것이다. 전자는 누구나 쉽게 공감하면서, 반독재투쟁과정에서 자연스럽게 국민적 합의사항이 된 주제들이어서 개혁을 추동하기 용이하고 또한 보수세력의 저항도 치열하지 않은─보수세력도 동의하지 않을 수 없는─의제들이다. 전자를 1차적 개혁의제, 후자를 2차적 개혁의제라고 할 수 있다. 물론 사안에 따라서는 후자가 더욱 본질적인 이슈일 수 있다. 전자로는 기본적인 정치적·시민적 권리, 예컨대 언론의 자유, 양심수 석방 등이나 검찰과 국정원 개혁, 한국은행 독립 같은 이슈를 들 수 있다. 후자로는 국가보안법 폐지, 양심적 병역거부 허용, 수도 이전 등의 이슈를 들 수 있다.

현재의 병목지점은, 1차적 개혁의제들을 중심으로 한 민주개혁이 진전되는 데서 더 나아가 2차적 개혁의제들을 중심으로 한 민주개혁이 추진되고 이에 대한 보수세력과의 갈등이 고조됨으로써 나타나는 위기라고 할 수 있다. 현재의 위기는 반부패나 재벌개혁같이 민주개혁의 국민적 합의가 상대적으로 용이한 영역이 소멸해가면서 나타나는 위기이다. 그런 점에서 현재의 위기는 개혁부재의 위기라기보다, 개혁의 '심화'를 둘러싼 위기라고 할 수 있다. 이것이 포스트─민주화 국면으로의 이행의 한 측면을 구성한다.

2차적 개혁의제들의 경우는 그 자체가 민주개혁의 국민적 합의의

'경계' 내에 있는지가 쟁점이 된다. 예컨대 과거청산이나 국가보안법 철폐 같은 이슈들을 들 수 있다. 이러한 2차적 개혁의제들은 보수세력과 민주세력의 각축이 치열한 영역이다. 이러한 각축과정에서 민주개혁에 저항하는 보수세력의 입장에서는 이를 국민적 합의를 넘는 개혁의 '과잉'이라고 주장하게 되며, 민주세력은 민주개혁의 '철저화'로 이해하게 된다.

또한 2차적 개혁영역은 보수언론이 정략적으로 쟁점화하기 용이한 영역이라고 할 수 있다.[8] 실제로 보수세력의 저항은—다른 여러 가지 요인들과 결합되었지만—행정수도 이전을 좌절시켰다. 나아가 국가보안법 철폐를 좌절시켰고, 그것도 열린우리당 자체의 내적 분열을 수반하는 형태로 좌절시켰다. 국가보안법은 53년체제의 핵심적인 제도적 프레임이라고 할 수 있고 그런 의미에서 이 법의 폐지는 87년체제의 민주개혁이 확산됨으로써 53년체제의 균열에까지 이를 것인가 그렇지 못할 것인가를 가름하는 시금석이었다. 국가보안법 폐지는 87년체제하에서 진행되는 민주개혁의 한계지점을 보여주는 이슈인데, '2004년 12월의 좌절'은 87년체제의 민주개혁이 53년체제의 한계를 뛰어넘지 못했음을 보여주며 또한 국회 다수당이 된 한국의 개혁자유주의 정당이 주도하는 민주개혁의 한계를 보여주는 것이라고 할 수 있다.

민주개혁이 한계에 봉착함으로써 발생한 위기는, 이처럼 국민적 합의가 광범위하게 존재하는 1차적 개혁의제를 넘어 2차적 개혁의제로 이행하면서 나타나는 위기이다. 이런 점에서 한국사회는 87년

이후 시대정신화해서 진행되어오던 민주개혁의 '긍정적' 병목지점
에 처하게 되었다고 할 수 있다.

앞서 지적한 대로 97년체제는 반독재민주세력이 집권세력이 되
는 긍정적인 성격을 지니며, 다른 한편에서 집권세력이 된 반독재민
주세력이 새롭게 개발주의적 프레임과 국가 프레임에 갇히게 되는
부정적인 성격을 갖는다. 여기서 민주개혁이 갈등지점에 도달하게
된 것은 반독재민주세력이 집권세력이 됨으로써 민주개혁의 의제
들이 상당한 수준으로 해결되었기 때문에 나타나는 긍정적 결과였
다고 할 수 있다.[9]

다음으로, 민주진보세력의 헤게모니 위기와 균열은 시민사회운
동 자체의 실천 내부에서도 원인을 찾을 수 있다. 먼저 87년체제하
에서 민중운동과 시민운동은 아래로부터 다양한 민주개혁운동을
추동해왔다. 이것은 민주개혁의 수평적 확산의 동력이었다. 그런데
1차적 개혁의제를 넘어선 2차적 개혁의제를 둘러싼 운동에서 민주
개혁운동의 헤게모니를 균열시키는 많은 '의도하지 않은' 결과들이
발생했다. 어떤 요인들은 불가피한 것도 있고 어떤 것은 보수적 미
디어에 의해서 부정적인 방향으로 증폭된 것도 있다.

1차적 개혁의제들은 87년 6월항쟁 속에 그 극복의 당위성이 내재
해 있었다면, 2차적 개혁의제들은 새로운 국민적 설득을 필요로 하
는 지점들이 존재했다고 생각된다. 그러나 어떤 의미에서 시민사회
운동이 '결과지향적'으로 전개되는 경우가 많았고 그 운동의 과정
에서 충분히 대중을 설득하고 동원하는 데 성공하지 못한 경우가 많

왔다.

지난 2005년 추진된 맥아더동상 철거운동을 예로 들 수 있다. 맥아더동상 철거운동을 통하여 우리 사회의 친미적 의식과 '관습적 인식'을 쟁점화하려는 노력은 충분히 긍정적이다. 그러나 이러한 의제들은 앞서 서술한 대로 2차적 개혁의제에 속한다고 할 수 있고 1차적 개혁의제를 추동하는 것과는 달리 훨씬 격렬한 쟁점이 된다. 그런 점에서 투쟁 자체가 대중설득의 과정이기는 하지만, 2차적 개혁의제에서는 '결과의 성취'보다 대중을 설득하는 과정 자체가 훨씬 중요해진다. 예컨대 1989년 문익환 목사 방북사건처럼 특정단계의 인식을 뛰어넘는 선도적 행동이 곧바로 권력의 탄압에 직면하는 상황에서는 권력의 탄압에 대항하는 과정에서 투쟁의 선도성과 대중성의 괴리가 극복되어갈 수 있다. 문익환 목사의 구속과 그에 반대하는 투쟁과정 자체에 대중에 대한 설득과 계몽이 내포되어 있었던 것이다. 더구나 권력의 탄압은 저항의 도덕성을 일정하게 담보해준다. 그러나 문제는 민주화가 되고 '민주정부'가 들어서면서 보수와 진보의 투쟁이 '탄압하는 권력 대 탄압을 뚫고 대의를 위해 투쟁하는 운동'의 구도로만 인식되지 않는다는 점이다.

이런 점에서 1차적 개혁의제의 경우는 87년 6월항쟁 속에 그 해결의 당위성이 내재했다고 할 수 있고 여기서는 기득권의 저항을 압도하는 투쟁의 조직화가 중요한 해결의 관건이었다. 그러나 2차적 개혁의제의 경우에는 해결의 장애물이 시민사회 자체에, 그리고 시민들의 의식 속에 내재하기 때문에 결과적인 목표의 성취 자체보다는 그것이 가능해지는 국민적 의식화와 새로운 진보적 의식의 형성이 중요하다. 2차적 개혁의제를 '대중적·국민적' 합의의제로 만들어가는 '헤게모니적 실천'의 부재는 개별사안의 '전투'에서는 성공하지만 보수와 민주진보의 헤게모니 경쟁이라는 큰 '전쟁'에서는 민주진보세력의 헤게모니를 약화시키는 결과를 가져오기도 했다. 이러한 '의도하지 않은' 결과는 운동의 발전과정에서 어떤 점에서는 불가피하며 더욱 확대될 것이다. 문제는 2차적 개혁의제를 둘러싼 새로운 실천 속에서 이러한 '의도하지 않은' 결과들을 인식하면서 더욱 복합적인 헤게모니적 실천이 무엇인가를 고민해야 하는 것이다.

또한 87년체제의 전환적 위기와 민주진보세력의 헤게모니 위기는 민주화의 진전 자체에 의해 과거 독재세력의 독점물이었던 '권력과 명예, 돈'이 반독재세력도 향유하는 자원이 된 상황에 의해서도 강화되었다. 반독재민주세력을 대표하는 '재야'세력이 제도정치권에 광범하게 진입하는 현상, 김대중-노무현 정부로 이어지는 민주정부하에서의 국가권력의 최상층이 민주세력에 의해서 장악되는 현상, 낙선운동의 주역이던 시민사회운동의 지도자 중 일부가 정부 및 정당에 진출하는 현상, 민주화운동명예회복관련법이나 광주민주화유공자법 등에 의해 반독재민주세력의 희생에 대한 물질적·상징적 보상이 주어지는 현상 등이 어우러지면서, 자기희생과 헌신의 운동으로서의 민주진보운동의 이미지가 퇴색해가게 되었다. 과거청산도 그것이 일정 측면에서는 '의도하지 않게' 민주화운동 희생자들에게 '훈장'을 달아주는 식으로 인식되기도 했다.[10] 물론 이러한 현상들은 사실 민주화과정에서 당연히 실현되고 쟁취해야 할 과제이다. 그러나 이러한 과정 자체의 '의도하지 않은 결과'가 나타나게 된 것이다. 여기에 보수언론이 이러한 현상들을 부정적인 방향에서 규정하고 쟁점화하고 그것이 때로 국민적 담론으로 변화하는 과정에서 — 반독재민주화운동의 헌신과 희생 속에서 축적되었던 — 민주진보세력의 도덕성이 퇴색된 것으로 투영되는 결과가 생긴 것이다. 여기에 이러한 의도하지 않은 결과를 상쇄하는 보완적 노력들과 민주진보세력의 도덕성을 새롭게 창출하는 자기희생적인 실천들이 결여됨으로써, 민주진보세력에 대한 부정적 인식이 — 일부에서나마 — 고착화되는 현상이 나타나게 된 것이다. 간간히 터져나오는 노조지도자들의 '수뢰'사건들이나 민주노조운동 내부의 갈등도 민주진보세력의 도덕적 이미지를 균열시키는 계기로 작용했다. 이와같은 여러 요인들은 87년체제의 전환적 위기를 구성하는 시민사회운동의 내부적 요인들이라고 할 수 있다.

또한 민주개혁의 수평적 확산의 한계봉착이 위기로 이어지는 것은, 민주정부에 의해서 '어렵게 진행된' 개혁 자체도 민중들은 '주어진'(given) 것으로 인식하기 때문이다. 국민들은 '성취된' 개혁에 만족하지 않고 한층 높은 개혁을 요구하게 된다. 이는 87년체제의 전환적 위기가 87년체제가 안고 있는 과제가 일정하게 성취된 데서 비롯된다는 것을 의미한다.

민주개혁을 추진하는 집권세력의 입장에서는 '어렵게 진행된' 민주개혁의 성과에 만족하고자 하지만, 민중들은 곧바로 이러한 성과들을 주어진 것으로 받아들이고 이러한 성과만으로 민주정부에 자발적 정당성을 부여하지 않는다는 것이다. 이는 독재에 대립하는 민주주의의 '일상화'를 의미한다. 마치 개발독재시대에 농촌배후지 생활과의 비교에서 만족을 얻던 '여공(女工)'에게 도시산업생활이 '주어진' 것이 되면서 스스로 저항적 존재로 되어갔고, 이러한 여공들의 새로운 요구를 받아들이지 못한 개발독재정권이 위기에 처했듯이 말이다.

이러한 수평적 확산의 한계지점에서 나타나는 위기는, 민주개혁 주체들의 국정운영에서 나타나는 많은 문제점들에 의해 증폭된다. 이러한 문제로는 집권세력화된 반독재민주세력의 국정운영상의 오류와 부패, 행정적 미숙 등이 거론될 수 있다. 물론 이런 문제점이 김대중정부와 노무현정부에서는 다르게 표현되고 있기는 하다. 즉 김대중정부의 집권세력은 오랫동안 독재적 구질서 속에서 일종의 부패의 공생구조에 —주변적이기는 하지만—몸담고 있었기에 국정운영상의 문제가 부패사건 같은 형태로 표현되었다. 김대중정부의 국정운영과정에서의 각종 부패사건들이 이를 말해준다. 노무현정부는 상대적으로 과거와 단절되어 성립했기 때문에 김대중정부의 부패사건 같은 형태보다는 행정적 오류나 절차적 오류, 행정 미숙, 국정운영의 미숙, 정책적 구체성의 결여 등의 형태로 나타나는 경우가 상대적으로 많았다.

다음으로 개혁의 병목지점에서 나타나는 위기는 이른바 민주정부 주도세력 ― 개혁자유주의세력 ― 의 '통치의 미덕'이 부재함으로써 가속화된다. 특히 참여정부의 정책추진과정에서의 비(非)헤게모니적 행태들, 미숙성, 원숙함의 부재 등도 위기를 촉진하는 요인이 되었다. 2000년 집권 초 미국방문 기간의 수용소에 관한 발언, 재신임 논란이나 대연정 제안 등에서 이러한 측면들이 표출되었다. 이른바 노 대통령의 '미숙한 언행'은 보수적 언론들이 정부를 '희화화'하는 계기를 제공함으로써 반독재민주세력의 신뢰성을 하락시키는 경우도 많았다. 국정운영과정에서 나타나는 이른바 '아마추어적' 행태들은 순수성의 발로로 해석할 수도 있지만, 근본적으로는 미숙성의 발현이라고 규정될 수밖에 없다. 특히 조선일보 등 보수언론이 참여정부의 개혁위기를 증폭시킨 지점도 있지만, 참여정부의 위기적 상황은 보수언론의 여론왜곡 등으로만 환원될 수 없는 여러 요인들에 의해 촉진되었다.

이런 점에서 참여정부 주도세력들이 저항의 미덕과 통치의 미덕을 혼동하는 면이 많았다. 참여정부 주도세력의 성격은 구조적으로 본다면, 반독재민주세력 내부의 자유주의적 분파들, 그중에서 비타협적인 개혁분파들이라고 할 수 있다. 즉 자유주의적 반독재세력이 저항세력에서 집권세력으로 전환한 셈인데, 여기에 국가운영세력으로서의 한계들이 결합되면서 위기적 상황이 가속화되었다. 그 핵심적인 것이 저항의 미덕과 다른 '통치의 미덕'을 충분히 발휘하지 못한 것이다.[11]

이런 비헤게모니적 행태들은 민주개혁의 1차적 개혁의제에서 2

차적 개혁의제로 이행하는 과정의 위기를 증폭시켰다. 행정수도 이전에 대한 위헌판결은 기본적으로 헌법재판소 구성에 내재된 한국사회의 권력관계를 반영하는 것이지만, 여러 지점에서 위헌판결을 막으면서 행정수도 이전을 추진할 수 있는 '헤게모니적 돌파'의 가능성도 있었다. 그러나 지방분권화라는 대의(大儀)의 정당성에만 집착한 나머지 2차적 합의영역의 추진과정에서 요구되는 설득 노력이 부족했다. 수도이전 위헌판결의 경우 훨씬 다양한 방식으로 제도정치 내의 보수적 저항과 시민사회의 보수적 저항의 결합, 헌법재판소 같은 국가기구 내의 보수적 저항을 약화시키는 방향으로 갈 수 있었다. 이런 점에서 보면, 참여정부는 국민적 합의의 경계 외부에 존재하는 중간층 대중들을 새로운 합의지대로 이동시키기 위한 '통치의 미덕'을 발휘하는 데 실패했다. 한마디로 국정운영의 미숙성과 통치의 미덕 부재가 이러한 점을 촉진했다. 그 결과 반독재민주세력에 공감했던 많은 중간층들이 이탈하고 또 이것이 참여정부의 사회적 기반을 약화시켰던 것이다.

통치의 미덕과 저항의 미덕의 차이를 언급하기 위해서는 단서가 필요하다. 여기서 필자가 말하고자 하는 것은 타협적으로 통치해야 한다는 것이 아니라, 개혁자유주의 정부의 상대적으로 개혁적인 요소와 시민사회(혹은 국민적 개혁요구)의 역동성을 결합시키는 방식으로 제도정치의 공간을 확장하고 제도정치 내의 보수적 저항의 '국민화'를 막는 방식으로 나아갔어야 한다는 의미다. 사실 그러한 요소들을 보수적 미디어와 지식인담론은 '민중주의'나 조합주의라고 공격하지만, 필자는 오히려 제도정치 내의 보수적 저항을 넘어서기 위해서는 국민적 역동성이 제도정치공간의 보수성을 제약할 수 있게 하는 노력이 필요했다고 본다. 어떤 의미에서 통치의 미덕을 발휘하지 못함으로써 제도정치공간의 보수적 저항과 시민사회 내의 보수적 저항이 결합하는 공간을 제공했던 것이다.[12]

이러한 여러가지 민주개혁 자체의 수평적 확산과정에서 나타나는 문제점들이 위기적 상황을 조성했다고 생각된다.

### 2) 민주개혁 자체의 내재적 한계

둘째, 민주개혁 자체의 내재적 한계에서 발생하는 위기이다. 민주개혁에도 불구하고 혹은 민주개혁을 추진하는 주체의 현실적·인식적·계급적 한계에서 기인하는 위기를 의미한다. 이것은 두가지 측면에서 조명할 수 있는데, 우선 87년 이후 국가민주화의 진전에도 불구하고 한국자본주의의 가혹한 축적구조가 규율되지 않은 채로 작동했고 이는 97년 경제위기와 이른바 지구화의 신자유주의적 영향에 매개되면서 한국사회의 양극분해와 시민사회의 계급적 양극화가 촉진되었다는 점을 들 수 있다. 이러한 양극화는 한국사회의 투기적 질서가 규율되지 않음으로 해서 더욱 가속화되었다. 또한 산업자본이나 금융자본의 운동에 의해서 주어지는 계급적 양극화뿐만 아니라 토지 및 주택 등 부동산 소유 및 부동산 거래시장에서의 불평등한 지위를 통하여 계급적 차이가 증폭되고 고착되었다.

이는 인플레이션과 같이 생산외적인 투기적 요소를 성장의 중요한 동력으로 삼았던 초기 산업화단계의 한국자본주의의 천민성이 지구화시대에 변형된 형태로 재생산되었음을 의미한다.

87년 이후의 과정은, 한편에서 과거 독재질서의 유산을 개혁하는 차원에서 시장부문에서 다양한 규제와 개혁이 이루어졌음에도 불구하고, 또 한편에서는 그보다 더 빠른 속도로 사회의 양극화가 진행되고, 자본부문이 정경유착 등에 대해 개혁을 강요당하면서도— 동시에 국제경쟁력 강화와 자율이라는 민주화시대의 새로운 담론들의 도움으로— 더 빠른 속도로 자신을 강화해온 결과이기도 하다. 또한 시장권력이 강화되어 정부의 사회·경제정책의 '상대적 진보화'를 저지하는 힘은 커졌고, 시장권력의 강화에 따른 시민사회의 계급적 양극화는 더욱 진전되어왔다. 역설적이지만 한국사회는 전두환정권 때보다도 훨씬 계급적으로 양극화되고 있다고 해도 무방할 것이다. 비정규직 노동자나 도시빈민의 입장에서 민주화란 도대체 무슨 의미를 갖는가를 반문하지 않을 수 없게 된 것이다. 이것은 민주개혁이라는 이름으로 반독재민주정부를 지지하고 그것에 기대를 걸었던 많은 대중들의 정치적 이반을 낳고, 나아가서는 민주주의를 회의하게 만들었다.

이것은 시민사회의 자율이 허구화되고 민주주의와 시민사회의 존재가 자본주의의 정치적 외피(外皮)로 전락해간다는 맑스의 경고를 되새기게 하는 대목이다. 부르주아혁명을 통해 주어진 시민사회의 자율성과 근대적 민주주의가 자본주의의 정치적 외피로 전락해가는 과정을 상기해보자. 어떤 의미에서 87년 이후의 민주개혁과정을 통해, 그 일부로서의 국가민주화를 통해 한국 '국가의 자유민주주의적 정상화'[13]가 실현되어왔다. 개발독재적 '예외'국가 혹은 '비정상'국가가 민주개혁을 통해 '정상'국가로 전환되어온 것이다. 그럼에도 불구하고 자유민주주의적 국가가 자본주의의 축적구조의 민주화를 동반하지 않음으로써, 자유민주주의적 정상국가는 가혹한 천민적 자본주의의 화려한 외피로 작동하는 역설적 상황이 출현하게 되는 것이다.

다음으로는 노무현정부하에서 이러한 양극화에 대응하는 적극적인 사회정책을 구사하지 못함으로써 위기적 요인은 더욱 확대되었다. 국가민주화의 속도에 비해 시장권력의 강화와 시민사회의 계급적 양극화가 훨씬 급진전되는 것에 대응하여, 이를 상쇄하는 적극적인 사회정책을 구사하지 못함으로써 민주정부와 시민사회의 역설적인 괴리가 확대된 데서 그 원인을 찾을 수 있다는 것이다.

민주개혁의 '대상'은 구 독재세력 내지는 독재체제지만 이를 둘러싼 민주개혁의 과정에는 두가지 상반된 힘이 작용한다. 즉 한편에서는 철저한 민주개혁을 요구하는 시민사회와 민중부문의 힘이며, 다른 한편에서는 민주개혁을 우회하고 민주개혁의 흐름을 '시장친화적'인 방향으로 나아가게 하거나 자기합리화적 개혁으로 제한하고자 하는 자본과 시장부문의 힘이다. 이는 87년 6월항쟁을 통해 개발독재체제가 붕괴하면서 독재적 국가에 의해 억압되고 있었던 두가지 힘이 동시에 '해방'되었기 때문이다. 즉 개발독재에 저항하면서 활성화된 시민사회와 민중 부문 그리고 개발독재의 후원을 받으면서 강화된 자본과 시장(특히 대자본) 부문이다. 이 두가지 힘이 각축하는 속에서 민주정부는 정치적·사회적 영역에서 과거의 독재적 질서를 민주화하기 위한 다양한 개혁들을 전개해왔다. 동시에 이러한 개혁을 시민사회와 민중 부문이 아래로부터의 투쟁을 통해 촉진하여왔다. 민주개혁이라는 이름으로 진행된 국가권력의 민주화는 기본적으로 독재하에서 저항적으로 활성화된 시민사회와 그를 선도했던 민중부문의 아래로부터의 압력에 의해 촉진되었다고 할 수 있다. 시장과 자본부문은 독재하에서의 유착관계, 왜곡된 축적양식이 민주개혁의 대상이 되면서 동시에 자율이라는 민주화담론의 도움을 받으면서 — 과거의 국가−자본동맹 양식을 벗어나서 — 자율적인 축적양식을 확립하고 역으로 시장권력에 부응하는 방식으로 국가가 작동하도록 하는 압력을 행사하게 된다.[14] 전자가 민주개혁의 이름으로 시장과 자본의 사회적·공적 규제를 지향한다면, 후자는 민주개혁을 시장과 자본을 위협하는 것이 아니라 '정합'적인 것으로 만들고 국가권력을 친시장적으로 견인하면서 기존 축적과정의 지속을 지향한다고 할 수 있다.

20세기 서구역사에서 나타나는 자본주의와 민주주의의 긴장도 바로 이를 반영한다. 자본주의는 민주주의의 진전에도 불구하고 이를 형식화하고 자본주의적 질서를 침식하지 않는 정치적 외피로 치환하려고 하는 반면, 저항적 시민사회와 민중들의 저항은 민주주의를 급진적으로 확장함으로써 자본주의를 사회적으로 규율하려 한다. 여기서 '민주주의와 자본주의의 모순적 결합'이 출현한다. 어떤 점에서 이런 긴장지점에 한국 민주주의가 접근했다고 생각된다.[15]

물론 계급적 양극화라는 결과적 상황은 이른바 신자유주의적 지구화의 '초국민국가적' 요인이 근저에 작용하고 있었다. 사실 한국의 민주화는 지구화와 동시적으로 진행되었고 이러한 '민주화와 지구화의 이중적 진행'은 한국 민주개혁의 정책적 한계를 지극히 친시장적으로 제한하는 결과를 가져왔다. 이를 '지구화의 민주화 제한효과'라고 표현할 수 있을 것이다.

바로 이 점이 앞서 서술한 바와 같이 87년체제가 97년체제의 부정적 한계에 의해서 유폐되었음을 의미한다. 97년체제 내에서 반독재민주세력이 일정하게 개혁의제를 국가정책을 통하여 실현하는 성과를 거두었음에도 불구하고, 세계화의 제약과 미국과 IMF의 제약에 적응함으로써 87년체제의 핵심과제인 민주개혁을 사회경제적 차원으로 확장하지 못하고 오히려 신자유주의적 개발주의 프레임에 갇히게 되어 그 결과 87년체제의 의미가 퇴색되고 그 결과 역설적으로 87년체제의 전환적 위기가 초래된 것이다.

여기서 민주(주의)개혁이라는 87년체제의 시대정신은 약화되고 반독재민주정부에 기대를 걸고 지지했던 대중들은 이반하게 되었고, 이러한 이반의 정서를 신개발주의적 성장프레임으로 전유한 이명박정부가 출현하게 된 것이다.

이처럼 민주개혁의 병목지점에서 민주개혁의 위기요인들이 노출되고 이로써 87년 이후 우리 사회를 지배해오던 민주주의담론의 헤게모니적 성격이 균열되는 데서 다양한 도전들이 나타난다. 예컨대 박정희에 대한 재평가도 바로 이러한 전환적 위기의 지적 표출이라고 할 수 있다. 민주개혁의 이러한 위기에 대응하여 나타나는 여러 가지 현상들 가운데 가장 직접적인 것으로는 '보수세력의 능동화'를 들 수 있다.

과거 개발독재시기에는 관변단체들의 능동화가 있었으나 이는 단순히 위로부터 동원되는 성격이 강했다. 87년 이후의 개혁국면에서는 보수세력이 민주개혁이라는 시대정신에 압도되어 적극적인 공세를 취하지 못했다. 그러나 민주개혁국면에서 포스트-민주개혁 국면으로의 이행과정에서는 앞의 두가지 위기요소가 촉매로 작용하면서 보수세력의 능동화가 나타나게 된다. 권력상실감을 가지면서 더이상 물러설 수 없다는 위기의식 속에서, 적극적으로 보수를 동원하고 자신의 메씨지를 전달하고자 하는 집단행동이 출현한 것을 의미한다.

이러한 보수의 능동화는 민주개혁과정에서 시민사회에 대한 국가의 억압과 통제가 완화되면서 더욱 촉진되었다. 저항적 시민사회의 저항효과가 보수세력의 '자유' 확대에도 보편적으로 적용된 셈이다. 민주개혁의 위기에 대응하는 '보수세력의 능동화'는 현상적으로 민주개혁의 병목지점을 치열한 갈등으로 특징짓게 만들었다. 흥미로운 것은 보수세력이 민주정부 시기에 처했던 야당적 지위, 또한 민주개혁의 전진과 한계 모두에서 발생하는 문제점 때문에, 보수가 놓인 '비판자'적 지위의 프리미엄에 의해 이들이 '도덕성'을 가진 것으로 투영되기도 했다는 점이다.

보수세력의 능동화는 민주개혁의 첫째의 위기요인과 관련해서는 민주정부의 민주개혁의 '과잉'을 공격하는 형태로 전개되었지만, 둘째의 위기요인과 관련해서는 과거 개발독재의 현재적 부활과 긍정적 평가, 각종 정책들의 더욱 적극적인 신자유주의적 선회를 추동하려는 노력으로 나타났다.


## 3. 민주개혁의 '전환'과 '심화'

앞서 필자는 87년체제의 전환적 위기와 관련하여 두가지를 제기했는데, 응전전략의 측면에서 볼 때 첫번째 위기요인과 관련해서는 민주개혁의 병목지점을 돌파하기 위해 민주개혁을 '심화'해야 하는 과제가 존재하고, 두번째 위기요인과 관련해서는 개혁의 정책적 프레임 자체를 전환해야 하는 과제가 존재한다고 할 수 있다. 이러한 위기요인은 이명박정부로 전환됨으로써 이미 현실화되었는데, 위기요인을 성찰하면서 어떻게 위기 극복을 위한 적극적 응전이 있었어야 하는가를 적시하는 것은 포스트-이명박시대를 예비하기 위해서도 필요하다. 먼저 민주개혁의 전환에 대해 서술하고 그에 기초하여 민주개혁의 심화를 살펴보고자 한다.

## 1) 정치적 자유주의의 '사회적 자유주의'로의 전환

앞서 서술했듯이 필자는 포스트-87년체제 그리고 포스트-민주개혁국면에서 민주진보세력의 헤게모니적 선도성을 어떻게 발휘할 것인가 하는 문제의식을 가지고 있다. 이런 점에서 민주개혁의 전환을 위해 민주개혁의 지평이 정치적 자유주의에서 '사회적 자유주의'로 확장될 필요가 있다. 그동안 반부패, 정치개혁 등에 집중하던 민주개혁의 지평을 사회경제적 양극화, 사회계급적 불평등의 심화에 응전하는 사회경제적 개혁의 차원으로 전환해가야 한다.[16]

민주개혁 자체의 진전에도 불구하고 혹은 민주개혁의 신자유주의적 유폐로 인하여 새로운 문제들이 무수히 제기되고 있고ㅡ그 과정에서 민중의 새로운 주체화가 진전되고 지구화에 따른 새로운 문제들도 드러남으로써ㅡ보수세력과 공유하는 정책적 프레임을 넘어설 것인가 아닌가 하는 선택에 직면해 있다. 87년 이후 민주주의가 시대정신이 됨으로써 보수세력이나 독재세력도 거부할 수 없는 민주개혁의 공통지점들이 존재했고, 민주개혁은 바로 이러한 공통의 지점들을 중심으로 진행되었다. 이제 보수세력과 차별화되는 개혁의 차원으로 이행해야 하는 과제 앞에 서 있다. 이것은 더욱 어려운 개혁의 지대가 될 것이다. 특히 민주개혁의 경제적 위기는 반독재민주세력으로 하여금 구독재적 보수세력과 동일한 정책프레임으로 정착해갈 것인가 아니면 그들의 정책프레임과 단절하고 새로운 실험을 할 것인가 하는 분기점을 잘 보여준다. 민주개혁의 한계지점은 민주주의의 이름으로 — 민주주의를 급진적으로 확장함으로써 — 시장과 자본주의에 대한 공적·사회적 규율을 가할 것이냐, 시장과 자본주의의 '허울'로 민주주의가 전락해갈 것이냐 하는 선택지점이라고 할 수 있다. 87년체제하에서의 민주개혁이 민주주의를 실현하는 데 초점을 맞추었다면, 이제는 민주주의와 자본주의의 관계에서 민주개혁을 인식하고 민주주의를 확장함으로써 자본주의를 규율하는 데 초점을 맞추어야 한다.[17]

이미 반독재 중도자유주의 집권세력은 사회경제적 프레임이라는 점에서 보면 보수적 구집권세력에 접근해갔다고 할 수 있다. 이른바 민주정부가 과거 독재적 보수세력과 일정한 민주개혁영역에서는 대결하는 입장이지만, 사회경제적 정책영역에서는 본질적으로 동일한 성격을 띠는 방향으로 간 것이다. 보수적 구집권세력이 '개혁을 수반하지 않는 공세적인 친기업적 세계화전략'을 추진한다면, 반독재민주집권세력은 '일정한 개혁을 동반하는 친기업적 세계화정책'을 추진했다고도 표현할 수 있다. 이제 2008년체제의 도전 속에서, 반독재 중도자유주의세력들도 사회민주주의적 요소를 내재화하면서 '사회적 자유주의' 정책프레임으로 전환해가지 않으면 대중의 신뢰를 다시 얻을 수 없는 위치에 놓일 것이다. 이는 개혁자유주의세력의 중요한 부분을 구성하는 이른바 '386정치인'들이 자신들의 '정치주의'적 한계를 넘어서는 것을 의미하기도 한다.

이는 현재의 개혁자유주의세력이 민중운동의 진보적 의제들에 얼마나 개방성을 가질 것인가, 신자유주의 반대투쟁이나 반세계화운동, 비정규직 철폐운동 등에서 제기되는 이슈들을 자기화할 것인가 하는 문제와 연관되어 있다.

이것은 자연스럽게 87년체제하에서 민주개혁의 추동세력이었던 중도자유주의세력이 포스트-87년체제하에서 분화되어야 함을 의미한다. 즉 포스트-87년체제의 쟁점을 수용하면서 이를 새롭게 쟁점화하려는 사회적 자유주의세력과 87년체제의 정치적 자유주의세력의 의제의 지평 위에 머무르는 정치적 자유주의세력으로 분화될 것이며, 분화될 수밖에 없다.[18] 물론 자유주의는 기본적으로 시장자유주의를 내적인 성격으로 가진다는 점에서 일정한 한계를 가질 수밖에 없다. 그러나 만일 자유주의세력들의 적극적인 분화가 나타나게 된다면, 사회적 자유주의와 사회민주주의, 급진적 세력의 연합을 통한 국민적 전선을 재형성하는 것이 가능할 것이라고 생각된다.

이런 점에서 공공성(公共性) — 국내적·국제적 전선 내포 — 을 중심에 놓는 새로운 전선을 구축하는 것이 필요하다. 이 전선의 한편에는 정치적 자유주의에 머무르는 자유주의세력과 합리화된 보수세력이 포진할 것이며, 다른 한편에는 사회적 자유주의로 자신을 확장하는 사회적 자유주의세력과 급진주의세력이 포진하게 될 것이다. 이런 점에서 보면, 이미 일국적 차원에서 강력한 시장주의자들과 반대로 공공성론자들이 대립하게 될 것이다.

실제 참여정부의 좌절에서도 보았듯이, 반독재민주정부 — 그 일부로서의 참여정부 — 의 위기적 상황은 민주정부가 구보수적 집권세력과 동일한 이념지형 내에 머무르는 한 더이상 아무것도 할 수 없는 지점에 봉착했음을 잘 드러내준다. 부동산정책 같은 경우도 이러한 딜레마를 잘 보여준다. 참여정부하에서의 주택가격 급등은 ─ 비록 이명박정부하에서는 그것마저 무력화시켰지만 ─ 단순히 공급확대정책이나 보유세 강화 등으로 해결될 수 없다는 것을 잘 보여주고 있다. 참여정부가 기존의 개발주의적이고 중상층 위주의 정책들 ─ 예컨대 무기명채권을 발행하여 유동자금을 흡수하는 정책이나 일방적인 공급확대정책 등 ─ 을 채택하지 '않는' 소극적인 측면에서는 일정한 긍정성이 있다고 할 수 있을지 몰라도, 적극적인 부동산정책은 찾아볼 수 없었다. 공공성을 중심으로 토지와 주택의 '탈상품화'를 지향하는 진보적인 부동산정책은 '위헌논란' 등 보수적 저항에 눌려 폭넓은 정책적 선택을 스스로 제한당하고 있다. 이미 한국의 부동산문제는 영구임대주택의 확대 혹은 중산층 주거물량의 증가 같은 기존 개발주의적 프레임 내의 보완정책만으로는 해결할 수 없는 상태에 놓여 있다. 결국 자유주의정부의 정책적 프레임 자체를 사회(민주주의)적으로 확장함으로써 위기를 해결해가는 수밖에 없다. 예컨대 진보정당이 주장하듯이 1가구 2주택 이상의 주택소유를 사회적으로 규율하는 적극적 정책으로 나아가야 하는 것이다. 토지와 주택을 투기와 축적의 수단으로 삼는 기득권층의 저항을 뛰어넘어 더욱 적극적인 사회적 자유주의 정책수단들을 개발하지 않는 한, 이미 현재의 주택·토지 투기를 통한 양극화를 막을 수 없다. 사유재산 절대주의와 공급확대를 중심으로 한 과거의 정책프레임을 넘어 공공재로서의 토지 개념에 근거한 적극적인 토지 공개념정책이나 토지와 주택의 적극적 탈상품화전략 차원으로 나아가야 한다. 참여정부의 부동산정책의 좌절에서 우리는 이러한 점을 배워야 한다고 생각한다.

또한 교육문제 ─ 더욱 복잡한 요인들이 작용하지만 ─ 역시 '3불정책'의 유지 여부나 내신반영률을 높일 것인가 말 것인가 차원에서 해결될 수 없는 지점에 이르렀다. 이미 시민사회의 계급적 양극화로 인하여 60년대 이후 지속된 '평준화정책'의 현상유지만으로는 거대한 계급적 불평등의 압력을 버티어낼 수 없게 된 것이다. 구조화된 계급적 불평등에 조응하는 형태로 교육체제를 불평등하게 변화시킬 것을 요구하고 있는 것이 현재의 평준화정책을 둘러싼 갈등의 본질이다.

이를 위해서는 현재와 같은 시장만능주의와 사유재산 절대주의에 대한 성찰이 필요하다. 서울대 문제 등에서도 현재의 '자율 대 관치(官治)의 구도'를 넘어서려는 적극적인 돌파의 자세가 필요할 것이다. '자율 대 관치'의 대립구도 이면에는 사실 본질적으로 학벌유지와 교육불평등의 구조화 대 그것의 타파라는 갈등이 내재해 있다. 이런 점에서 앞서 서술했듯이 자율이라는 명분하에 계급적 양극화에 조응하는 불평등한 교육질서 ─ 계급질서 재생산의 한 기구로서의 교육체제 ─ 의 고착으로 나아가지 않고, 계급적 불평등 자체에 대한 적극적인 정책구사 및 계급적 불평등을 상쇄하는 평등화 기제로서의 교육체제 재정비로 나아가야 할 것이다. 이명박정부에서 평준화를 해체하고 자본주의적 불평등질서에 조응하는 형태로 교육평준화 질서를 재편할 때 거기에는 많은 서민들과 중산층 대중들의 분노가 촉발될 것이다. 이러한 분노를 자양분으로 하여, 한단계 높은 공공적 교육질서를 재구축하기 위한 동력을 확보해야 한다. 여기서는 중도자유주의세력들이 민주주의의 사회적 요소를 자기화하는 방식을 통해서, 현재의 정책선택의 지형을 뛰어넘는 것이 필요하다.

민주개혁을 통해 진행된 국가민주화, 그 일부로서의 시장개혁이나 경제개혁에도 불구하고, 한국자본주의의 가혹한 축적의 진행은 한국사회의 양극분해와 시민사회의 계급적 양극화를 막을 수 없었고 그 결과 민주개혁이 자본주의의 형식적 합리화에 기여할 뿐 한국자본주의에 대한 적절한 사회적 규제를 할 수 없었다. 민주개혁이 가져온 '국가의 자유민주주의적 정상화'를 뛰어넘어 그 자유민주주의를 사회적 혹은 사회민주주의적으로 확장하지 않는 한 이러한 상황은 더욱 악화될 것이다.[19]

이러한 사회적 자유주의로의 전환은 시민사회 내의 자유주의적 운동세력, 그 일부로서의 시민운동에도 적용되어야 한다.

사실 87년 이후 민주개혁을 선도한 시민운동의 경우 기본적으로 이러한 제한된 개혁자유주의의 프레임을 공유해왔다. 투명성이나 공정성의 가치에 집중해왔지 공공성과 사회성의 가치에 대한 적극적인 고민이 결여되어 있었다. 부패방지법이 설치되어 투명성이 증대된다고 하더라도 그것이 곧 시민사회의 계급적 양극화와 양극분해를 해결해주는 것은 아니다. 단지 부패한 지배에서 투명한 지배로 이행하는 것일 따름이다. 이런 점에서 민주주의를 절차적 투명성과 참여라는 민주주의의 방법론적 측면에 집중해왔다고 할 수 있다. 자본에 대한 비판과 감시도 기본적으로 시장자유주의적 프레임을 전제로 했다. 이것은 한국의 시민사회진영마저도 53년체제의 한계 내에—최소한 공식적 담론의 영역에서는—유폐되어 있음을 의미한다. 이런 점에서 민주주의의 사회적 확장을 통한 자본주의의 사회적 규제라는 '공공성'의 가치에 더욱 시선이 가야 한다. 시민사회운동이 87년체제하에서 개혁하고자 했던 정치가 점차 '민주적 계급사회'의 외피로 전락해가는 지금, 시민운동이 전개하는 정치개혁운동도 이러한 공공성 실현 투쟁과 결합되지 않는다면, 보수적 함의를 가지지 않을 수 없다. 이런 점에서 시민운동의 내부적 분화가 더욱 진전되고 있고,[20] 더욱 진전되어야 한다. 현재의 정책선택의 프레임이 우익화된 자유주의의 지형에 있음을 인식하고 이를 확장하기 위한 아래로부터의 노력이 적극적으로 필요하다.

이러한 노력은 시민운동이 실현하고자 했던 개혁'정치'의 구조적 의미가 달라지는 데서도 그 필요성이 주어진다. 87년체제하에서 정치개혁은 구체제의 민주적 개혁의 핵심적 사항이었고 그 자체가 진보적 의제였다. 그러나 '민주적 계급사회' 속에서 정치개혁은 계급사회의 정치적 '형식'을 개혁하는 것이며, 그러한 정치적 형식에 담기는 사회경제적 내용에 대한 개혁을 직접적으로 동반하는 것이 아니다. 시장개혁이나 기업개혁에 임하는 시민운동의 접근법도 이와 유사하다.

어떤 의미에서 '투명한 민주적 계급사회'의 현실에서 계급사회적 현실과 대결하지 않고 투명성과 민주성에 매달리는 것은 '진보'가 아니라고까지 이야기할 수 있다. 또한 신자유주의와 어떤 형태로든 대결하지 않는 시민운동은 운동으로서의 성격이 약화된다고 생각한다. 시민운동의 '정치적 중립성'의 위기도 바로 여기에서 나온다. 정치적 중립성의 퇴색이라는 비판이 제기되는 것은 정당들과 거리를 두고 '불편부당한' 위치를 견지하지 못했기 때문만이 아니라, 부분적으로는 중도자유주의 집권당과 동일한 이념지형 위에 서 있었기 때문이다. 정치적 자유주의세력의 정책지평을 뛰어넘지 못하는 시민사회 자유주의세력의 진보성 고갈에 기인한다는 것이다. 이런 의미에서 정치적 중립성은 단순히 수단적 의미에서 파악되어서는 안된다.

따라서 제도권 진보주의 정치세력은 현재의 정책지형을 사회적 민주주의 혹은 그 이상의 지평으로 확장하려는 선도역할을 해야 한다. 비록 분열하기는 했지만, 포스트-민주화국면으로 이행하는 과정에서 반독재민주세력의 급진주의적 분파가 제도정치 내에서 제3당으로 자리잡은 경험이 있다. 이는 단순히 사회세력이 아니라 정치세력으로서 포스트-민주화국면에 개입할 수 있다는 것을 의미한다. 민주개혁과정에서의 개혁자유주의의 한계성은 급진진보의 국민적 기반을 확장하고 있다. 이런 점에서 급진진보는 새로운 지형을 선도하는 방식으로 노력해야 하고(보수와 개혁자유주의의 대립에서 후자의 견인), 반대로 개혁자유주의는 사회성을 강화하는 방향으로 자기확장을 하는 것이 필요하다.[21] 이렇게 될 때 비로소 포스트-87년체제하에서 헤게모니를 가지는 국민적 전선이 가능하다.

## 2) 민주개혁의 '심화'의 방향

다음으로 이러한 포스트-87년체제하에서의 민주개혁의 전환과 함께, 민주개혁의 '심화'라는 과제가 존재한다. 그것은 민주개혁이 종결된 것이 아니며 민주개혁의 정신을 확장할 영역이 남아 있기 때문이다. 필자는 포스트-민주화국면에서 과도기적으로 민주개혁의 '전환'전략과 민주개혁의 '심화'전략이 동시에 진행될 수 있다고 생각한다. 앞서 민주개혁의 전환에 대해 서술했으므로, 여기에서는 민주개혁의 심화전략을 살펴보기로 하자.

민주개혁의 심화와 관련하여, 첫째 '최후의 개혁영역'에 대한 개혁 확대의 노력이 필요하다. 여전히 민주개혁의 흐름이 미치지 못한 여러 영역들이 남아 있다. 공론장을 왜곡하는 '반개혁적인' 미디어에 대한 민주개혁 과제가 1차적으로 제기될 수 있다. 미디어 개혁영역은 시민운동이나 민중운동 모두 심각한 대응을 하지 못하고 있는 영역이다.[22] 또한 여전히 국방의 영역은 시민사회적 감시의 외곽에 놓여 있다. 극우적이고 보수적인 구집단들이 독점적 영향력을 가진 영역들도 있다. 새로운 민주적 재향군인회라고 할 수 있는 평화향군회의 출현 자체가 억압되는 퇴역군인들의 결사영역도 존재한다. 관료집단의 개혁문제 — 향후 개혁이 제도적 영역과 더욱 폭넓게 대결관계를 가지면서 이루어질 수밖에 없는 점을 고려할 때─는 대단히 중요한 문제로 제기되어야 할 것이다. 2003년 10·29 부동산정책의 '원안'이 2005년 8·31 부동산정책과 거의 유사했었다는 점은, 관료적 절차를 거치면서 개혁이 어떻게 굴절되는가 하는 점 혹은 국민적 공분과 시민사회의 강력한 추동력이 있어야 관료집단의 굴절을 뚫고 제한된 개혁정책이라도 수행될 수 있다는 점을 시사한다. 삼성이 기업경영을 넘어 국가'경영'을 하고 있는 현상황에서 민중들의 경제적 요구는 정책적 차원에 반영되기가 더욱 어려워지는 반면, 대자본의 요구는─재경부 등 정부부서들의─고위관료들의 '능동적' 행위를 통하여 더욱 비가시적이면서 더욱 체계적으로 관철될 가능성이 커질 것이다. 나아가 교계에서 반독재세력의 헤게모니와 선도성이 고갈되면서 보수적 대형교회가 민주개혁의 큰 흐름과 달리 대중에 대한 영향력을 확대해가고 있다.[23] 대형교회들이나 보수교단들이 오히려 일정한 민주성─특히 정치적 민주성─을 수용하면서 기존의 기득권적 교회질서가 유지되는 경우들도 있다. 이같은 예들은, 민주개혁운동이 확산되어가야 하는 영역들이 여전히 광범하게 존재하고 있음을 말해준다.

둘째, 미완의 개혁은 단순히 '의제' 차원을 넘어서서, 시민사회의 뿌리깊은 '보수성'을 극복하기 위한 노력으로 구체화되어야 한다. 87년체제하에서 진행된 민주개혁의 최대 한계는 그것이 중앙정치를 중심으로 한 개혁운동이었던 데 기인한다. 2000년 낙선운동에서 표현된 시민사회의 개혁적 동력은 풀뿌리 수준으로, 그리고 지역적 수준으로 위력적으로 확산되어갔어야 했다. 그러나 시민운동, 사회운동, 시민사회의 영향력이 커졌음에도 불구하고 그것은 중앙정치와 중앙수준의 경제권력에만 과도하게 집중된 한계를 가지고 있었다. 그 결과 지역사회나 풀뿌리 수준에서 진행되는 민주진보운동에 큰 관심이 기울여지지 않았다. 우리가 느끼다시피, 지역사회에서는 여전히 지역토호들과 보수세력이 여전히 강력한 영향력과 힘을 가지고 있다. 물론 지역 및 풀뿌리 수준에서의 보수의 강고함은 민주개혁운동의 확산과정에서 일정하게 도전받은 것이 사실이다. 그러나 앞서 말한 대로 민주진보운동의 헤게모니 위기 속에서 지역에 따라서는 다시금 지역시민사회의 보수성이 강화되는 조짐이 보이고 있다. 이는 지역과 풀뿌리 수준으로 민주진보운동이 확산되는 것으로 민주개혁운동이 심화되어야 함을 말해준다.

셋째, 민주개혁의 병목지점에서 민주개혁이 지향하는 억압적 권력관계에 저항하고 정치적 자유, 자율, 평등을 실현하려는 적극적 지향은 정치·경제 영역을 뛰어넘어 사회문화·생활세계 영역에서 급진적으로 관철되게 하는 노력으로 나타나야 한다.

이러한 민주개혁의 확산은 여러 의미를 띠고 있는데, 먼저 정치·경제적 개혁 자체가 문화·생활세계의 토양을 바꾸지 않고는 전진할 수 없다는 점에서 기인한다. 정치·경제적 차원에서의 개혁조차도 시민사회의 뿌리깊은 보수성과 천민자본주의적 성격, 신자유주의의 영향에 의한 개발주의적 패러다임의 지속 등으로 생활세계·사회문화적 차원의 개혁이 없으면 진전될 수 없는 단계로 가고 있다. 이제 한국의 민주개혁과정은 외적 권력과의 싸움만으로 해결될 수 없는, 권력의 문화·생활세계·시민사회의 토양 자체를 급진적으로 민주화하지 않고서는 전진할 수 없는 지점에 도달해 있는 것이다. 권력은 곧 지식이라는 푸꼬의 말을 원용하지 않더라도, 시민운동이 대항해왔던 우리 사회의 권위주의와 보수주의는 단순히 외재화된 억압력만으로 존재하는 것이 아니라 국민들 속에 내면화된 보수적 지식 및 생활세계의 관행과 관계 속에서 존재한다. 이는 구조개혁운동에서 문화개혁운동으로의 전환을 주창하는 것이 아니다. 오히려 구조개혁을 더욱 진전시키기 위해서도 그 문화·생활세계의 '전제'들에 메스를 대야 한다는 것이다. 이제 우리 문화와 생활세계에 내재화된 성장주의, 권위주의, 폐쇄적 가족주의, 연고주의, 지역주의 등의 측면들을 극복하지 않는다면, 구조개혁운동 자체도 진일보할 수 없는 지점에 있다. 이런 점에서 정치·경제적 차원의 민주주의를 생활세계·사회문화적 차원으로까지 확장하려는 노력이 필요하다.

다음으로, 민주개혁운동이 구세대의 운동이 아니라 신세대의 운동으로까지 확산되기 위해서도 사회문화영역으로의 민주개혁의 확산이 필요하다. 이미 정치개혁이나 경제개혁을 중심으로 한 민주개혁과정은 새로운 세대의 삶의 세계에 핵심사안들로 자리잡고 있지 않다. 정치·경제적 이슈 차원의 민주화가 진전되면서, 역설적으로 이러한 문제들을 중심으로 한 젊은 세대들의 비판성이 발현될 수 없게 된 것이다. 이제 민주주의가 의미를 가지려면, 특히 민주주의를 향유하면서 성장한 젊은 세대에 의미를 가지려면, 그것은 '상대적으로 합리적인' 정치·경제체제의 이면에서 작동하는 억압적 사회문화와 생활세계를 쟁점화해야 한다. 이런 점에서 한국의 사회운동이 사회문화·생활세계 운동영역에서 선도성을 유지할 수 있느냐 하는 도전에 직면해 있다고 표현하고 싶다. 따라서 새로운 세대들의 삶의 세계의 자율과 자유를 급진적으로 신장시키기 위한 급진적 '자율'담론이 필요하다. 다양한 사회·문화·생활세계 영역에서 이미 나타나고 있는 새로운 역동성과 비판성을 진보의 다차원성으로 끌어안으려는 노력이 필요하다.

다음으로, 이러한 사회문화적 민주개혁의 과제는 민주개혁을 선도한 민주진보세력들이 새로운 생활문화와 대안적 윤리를 자신의 삶에서 구체화할 수 있느냐 하는 문제로 연결된다. 구독재세력의 가족주의를 반독재민주세력을 자임하는 세력들이 넘어설 수 있는가, 반독재투쟁의 선봉에 있었던 386세대가 자신들의 재산을 구독재세력과 다른 방식으로 사회에 환원할 수 있는가, 87년 6월항쟁에서 민주적 세례를 받은 세대 중에서 기업가가 된 이들이 유일한씨가 유한양행에서 보인 것보다도 더 공공적인 기업의 전형을 만들 수 있는가, 그리고 민주화세대들이 가정에서 이전의 독재시대보다 더 민주적이고 성평등적인 가정을 만들 수 있는가 하는 점에 달려 있다. 이런 점에서 보면, 민주개혁은 어느 지점에서인가 외재적 권력에 대한 투쟁일 뿐만 아니라 자신에 대한 투쟁이라고 인식되어야 한다.

87년체제하에서 사실 정당개혁 등 정치개혁과 경제개혁은 쟁점화되었음에도 불구하고 사회문화·생활세계 차원에서의 반민주성과 억압은 충분히 쟁점화되지 못했다. 이는 87년 6월항쟁이 정치혁명이었지 생활세계혁명은 아니었던 데 기인한다. 이런 점에서 민주주의를 이러한 차원으로 확장하는 것은, 정치혁명이었을 뿐 사회·문화·생활세계 혁명이 아니었던 6월항쟁을 다양한 삶의 세계로 급진적으로 확장하는 것이 된다.

이러한 생활세계로의 확산은 시민과 민중들의 '탈정치화' 확산을 의미하는 것이 아니라 오히려 이전보다 더 넓은 삶의 영역에서 주체화가 진전됨을 의미한다. 87년체제하에서 개혁 대 반개혁의 대치선이 주로 정치개혁·경제개혁으로 설정되었던 데서 나아가 포스트-87년체제하에서는 다양한 생활세계, 사회문화 영역을 중심으로 다층적으로 설정된다는 것은, 노동자와 민중, 시민들이 더욱 주체화되고 지배질서의 헤게모니하에서 묵종하던 다양한 소수자들이 다양한 생활세계의 권력관계와 억압을 쟁점화하게 된 데서 연유한다.

이러한 과정은 물론 과거 지배적 정체성 속에서 억압되어 있던 주변적·소수자적 정체성이 여러 측면에서 현재화하게 되었음을 의미한다. 다양한 소수자들의 정체성을 주장하는 흐름들이 나타난 것도 이와 연관된다. 성적 소수자, 인종적·지역적 소수자들이 지배집단이 주도하는 기존질서를 거부하고 비판적으로 응시하는 식으로 변화한 것이다. 모든 생활세계의 차별과 억압은 약자와 희생자의 지위에 있는 사람들이 그것들을 쟁점화하지 않으면 공론장에서 의제화되지 않는다. 다행스럽게도 87년체제하의 다양한 민주개혁운동의 확산과정에서 이전에는 그저 주어진 것으로 받아들여지던 차별과 억압, 권력관계가 사회운동의 의제로 설정되어온 것이다. 이는 사실 진보의 다차원화를 의미한다.

이러한 민주개혁운동의 확대는 정치개혁이나 경제개혁을 주도하던 운동들이 자기 이슈를 전환하여 생활세계·사회문화적 운동으로 이동하는 것을 의미하는 것이 아니다. 문제는 정치개혁이나 경제개혁을 주도하는 운동들이 사회문화·생활세계 개혁운동과 만날 수 있느냐 하는 것이다. 후자가 전자에 반하는 운동으로서가 아니라 전자의 확장으로서 만날 수 있느냐 하는 것이다. 이 점에서 전자를 선도하는 운동들이 후자를 주도하는 운동과 연대성을 발휘할 수 있느냐가 관건이다.

넷째, 새로운 생활세계·사회문화적 영역에서의 의제 형성과 쟁점화는 기존의 민주개혁운동전선의 경계에 머무르지 않고, 더욱 폭넓은 전선을 형성하려는 노력을 경주해야 한다. 87년 이후의 운동과정에서 민주개혁을 둘러싼 전선의 경계가 상당히 고착된 것이 사실이다. 그러나 정치·경제적 이슈를 둘러싼 전선경계는 생활세계의 이슈를 중심으로 하는 전선의 경계와 달라질 수 있다. 이런 점에서 고정화된 전선의 경계를 허물면서 민주개혁운동의 범위를 확장하기 위한 '경계 허물기'의 노력이 필요하다.

경계 허물기는 사회문화적 개혁영역뿐 아니라 민주개혁의 심화를 위한 추진과정 일반에도 적용되어야 한다. 우리 모두는 반독재 세력의 폐쇄적 연대성이나 개혁세력의 고정화된 경계에 머물러서는 안된다. 87년 이후 대중들의 정치의식과 민주의식, 권리의식이 확산되면서, 더 많은 참여의 잠재력이 생겨났다. 사실 전투적 반독재민주화운동과 시민운동 등의 민주개혁운동으로 인하여, 제도적 공간이 확장되고 또한 새로운 민주적 참여자들의 풀이 확장되었음에도 많은 부문운동 영역에서 운동이 관성적으로 전개되거나 기존의 경계를 고집하는 폐쇄성을 보이곤 했다. 87년 이후의 민주개혁을 선도했던 운동들이 87년 이래의 전선과 네트워크를 고착적으로 가지고 있는 경우가 많았다. 그래서 많은 운동영역의 조직이 87년 이후 격렬했던 시기의 선도적 참여자들의 '동호인'조직으로 위축되어가는 경향들이 보이고 있다.

일부 영역에서는 자기개방화와 경계 허물기, 새로운 전선형성을 통하여 역동성과 확장성을 경험하는 운동들도 있다. 하나의 예를 들어보자. 과거에는 독재에 침묵하던 보수적 교회와 독재에 항거하여 고백하고 증언하고 행동하는 진보적 교회운동이 나뉘어 있었다. 그러나 역설적으로 87년체제하의 민주개혁 속에서 교회 내의 이러한 '독재 대 반독재' 구도와 그 변형으로서의 '개혁 대 반개혁' 구도는 해체되어버렸다. 그것은 많은 진보적 교회들의 재생산이 어렵게 되었기 때문이기도 하며, 독재에 반대하는 민주주의가 '형식적으로는' 보수교회들도 수긍하는 일반적인 이념이 되었기 때문이다. 더구나 반독재의 상징성을 가지는 인사들이 친정부화하면서 과거와 같은 대치선을 유지하기 어렵게 되었다. 그러나 교회 내부개혁이나 교회세습 반대 같은 이슈들에서는, 과거에 저항적 입장에 서지 않았던 많은 개인이나 집단들이 급진적인 교회개혁운동에 동참할 수 있다. 과거 반독재적인 저항운동에 소극적이었거나 복음주의적 입장에 서 있었던 사람들 중에서도 교회세습문제 등에 대해 더욱 철저한 비판적 시각을 가진 인사들이 다수 존재한다. 이미 그러한 잠재력은 교회개혁운동으로 전개되고 있기도 한다. 이런 점에서 기존에 교계 내부에 존재하던 보수 대 진보의 구도를 허물면서 — 혹은 그것을 발전적으로 확장하면서 — 중간지대에 존재하는 양심적인 복음주의적 개혁주의자들이 참여하는 광범한 전선을 재구성해낼 수도 있다. 그러한 전선 속에서 반독재적 개혁주의자와 교회의 다양한 내부문제들에 비판적 의식을 가진 새로운 개혁주의자들이 만날 수 있게 된다. 언제나 그러하듯이 새로운 대치선을 중심으로 한 전선에서, 새로운 충원자가 나타날 수 있다. 민주개혁의 심화노력 속에는 바로 이러한 87년체제하에서 고착된 '경계 허물기'의 노력이 내포되어야 한다고 믿는다.


## 4. 맺음말 — 2008년체제가 과도기적 체제가 될까?


87년으로부터 20여년이 흐름 지금 87년체제의 전환적 위기는 이제 신보수정권이 주도하는 2008년체제로 변화되어 있다. 이는 87년체제가 보장하고 있던 — 즉 87년 6월항쟁에서 정점에 이른 국민들의 아래로부터의 투쟁이 보장하고 있던 — 민주진보운동의 헤게모니가 균열되고 있음을 의미한다. 헤게모니는 주도적 집단이 여타의 집단에 대해서 가지는 정치적·지적·도덕적 리더십을 의미하며, 그러한 리더십은 여타의 사회집단이나 세력들의 이해와 열망을 수렴시켜내는 '세계관'적 비전을 중요한 근거로 한다. 이런 의미에서 민주진보운동이 가지는 리더십은 고갈되고 있다. 과거를 향한 선도성은 있으되 미래를 향한 선도성은 부재한 상황이다.

이제 87년체제하에서 그리고 97년체제를 거치면서 성취한 민주주의의 성과를 뒤로 하고 민주주의의 잠재적인 평등성을 다양한 사회·경제적 차원으로 급진적으로 확장하는 '민주주의담론의 혁신'이 필요하다. 민주주의가 지속적으로 대중들의 투쟁에서 유의미한 담론으로 남아 있으려면 그것이 단순한 절차적 민주주의의 차원을 넘어 사회경제적 차원으로, 대중들의 실질적 삶의 차원으로 확장되어야 한다. 2008년체제하에서 고통받는 대중들의 무기로 '민주주의 담론'이 활용될 수 있어야 한다. 이런 점에서 87년체제의 주된 담지 세력인 반독재민주세력은 분화하면서 스스로를 '급진민주주의'세력으로 혁신해가야 한다고 생각한다.

필자가 볼 때, 97년체제하에서 좌절한 반독재민주세력이 스스로의 실패를 극복하면서 87년체제가 내포하는 '민주개혁의 사회경제적 차원으로의 확장'으로 갈 수도 있을 것이며, 아니면 2008년체제가 87년체제와 97년체제를 대체하는 새로운 체제로 안착할 수도 있을 것이다. 이는 87년체제를 창출하는 데 중요한 역할을 한 민중운동과 87년체제하에서 민주개혁을 주도한 시민운동이 새로운 대중적 운동으로 자기발전할 것인가 아닌가 하는 문제와 연관되어 있다. 이것은 또한 2008년체제하에서 87년체제의 위기를 보면서, 반독재 민주진보세력이 새롭게 부상하는 대중적 과제들을 새로운 급진민주주의적 담론과 현실적 실천 속에 담아낼 수 있을 것인가 하는 문제와 연관되어 있다. 2008년체제가 보수의 새로운 헤게모니체제가 될 것인지—97년체제를 경과하면서 소멸해버린—87년체제가 내포한 민주개혁의 시대정신을 급진적으로 확장하는 혁신의 계기가 될 것인지, 달리 표현하면 2008년체제가 '과도기적 체제'일 것인가 아니면 61년체제와 같이 지속적인 체제로 정착할 것인가 하는 것도 바로 이러한 과제가 달성되는가에 달려 있다고 하겠다.*

---

* 이 글은 『시민과 세계』 2005년 하반기호에 발표된 원고를 기초로 하여 이 책에 수록하기 위해 재서술한 것이다.

# 87년체제인가, 97년체제인가
## 민주화시대에서 세계화시대로

김호기 • 연세대 사회학과 교수

## 1. 87년체제론은 유효한가

2007년은 여러가지로 뜻깊은 해다. 1987년 6월 민주화운동 20주년을 기념하는 해이자, 1997년 외환위기가 발생한 지 10년이 되는 해이기도 하다. 돌아보면 지난 20년간 우리 사회는 큰 변화를 겪어 왔다. 20년 전 초여름 전국에서 울려 퍼진 민주화의 함성은 민주화시대의 개막을 알렸다. 변화의 속도는 더뎠지만 민주화는 정치, 경제, 사회조직 및 문화 등 우리 사회 전반을 크게 바꾸어왔다.

민주화는 하나로 이루어져 있지 않다. 거기에는 시대정신으로서의 민주화, 시대정신을 추진하는 민주화세력, 이 세력이 추진하는 민주화운동, 그리고 민주화가 진행되는 국가, 시장, 시민사회의 시·공간 구조가 존재한다. 1960~70년대 산업화시대가 그러했듯이,

이런 여러 요소들이 결합하여 민주화시대가 진행되어왔다. 민주화시대에서 민주화라는 말은 스노우와 밴포드가 말한 바 있는, 사물과 현상을 보는 다양한 프레임들을 아우르는 마스터 프레임(master frame)이었으며,[1] 모든 변화의 힘들에 영향을 미치는 구심력을 이루어왔다. 민족해방, 노동해방, 시장개혁, 복지확장, 양성평등, 환경보호, 인권향상 등 사회변화를 추동하는 여러 힘들이 민주화라는 구심력을 향해 끊임없이 움직여왔다고 볼 수 있다.

문제는 20년이 지난 현재 이 민주화를 이루어온 것들이 여전히 유효한가에 있다. 민주화가 갖는 유토피아 에너지가 적잖이 소진되었다는 것은 과연 나만의 느낌일까. 개인적인 얘기지만 1979년 대학에 입학한 나는 선배들로부터 4·19에 대한 숱한 이야기들을 들었다. 하지만 4·19가 19년이 지난 당시 열아홉살의 나로서는 그 감격과 의미를 실감하기 어려웠다. 시인 김수영(金洙暎)의 「현대식 교량」의 한 구절처럼 "선생님 이야기는 20년 전 이야기지요"를 생각하지 않을 수 없었다. 나중에 4·19를 공부하게 되면서 그 역사의 의의를 깨닫게 되었지만, 이제는 내가 학생들에게 이 시 구절을 듣는 처지가 되었다.

분명한 것은 민주화시대가 지나가고 있다는 점이다. 무엇보다 민주화라는 시대정신이 그 동력을 상실해가고 있으며, 민주화의 시·공간 구조도 확연히 변화되고 있다. 민주화의 시대가 마감하고 있다고 해서 물론 모든 것이 변화된 것은 아니다. 오히려 아이러니를 이루고 있는 것은 민주화시대가 지나가고 있는데, 정작 민주화의 과제는 갈수록 중요해진다는 점이다. 2007년 봄 현재 정치적 민주주의는 여전히 제도화되지 못한 채 구래의 정치가 되풀이되고, 사회·경제적 형평이 강화된 것이 아니라 오히려 양극화가 심화되며, 시민사회는 공동체적 연대보다는 두개의 사회로 분단되는 사회통합의 해체를 경험하고 있다. 우리 사회는 어디로 가고 있는가.

최근 민주화시대를 규정짓는 개념으로 '87년체제'라는 개념을 쓰고 있다.[2] 일본의 '55년체제'에서 그 착상을 빌려온 듯한 이 개념은 6월 민주화운동이 우리 현대사에서 갖는 의의를 생각해보면 일견 그럴듯한 것으로 보인다. 하지만 체제가 갖는 의미를 고려할 때 이 개념이 과연 유효한가에 대해서는 선뜻 동의하기 어렵다. 한 사회의 변화는 국가, 시장, 시민사회 사이의 복합적인 상호작용 속에서 이루어지고, 그 변화가 연속이 아니라 단절을 보여줄 때는 이 상호작용에 대한 면밀한 검토가 요청된다. 이 글은 바로 이 문제를 다루고자 한다. 적어도 사회학적 시각에서 한국의 사회변동을 지켜볼 때 87년체제보다는 97년체제가 설명력이 높으며, 97년체제의 등장이 우리 사회의 질적 변화를 가져왔다고 나는 생각한다.


## 2. 체제로서의 97년체제[3]

87년체제는 역사학자 브로델(F. Braudel)이 말하는 '중기지속'에 대응하는 하나의 '국면'이라 할 수 있다.(〈표 1〉 참조) 대체로 중기지

〈표 1〉 시간지속, 연구대상, 역사[4]

| 시간지속 | 연구대상 | 역사 |
|---|---|---|
| 단기지속 | (정치적) 사건 | 사건사, 우연의 역사 |
| 중기지속 | (정치·사회적) 주기, 국면 | 사회사, 주기의 역사 |
| 장기지속 | (지리적) 구조 | 구조사, 지리의 역사 |

속은 몇십년간 계속되는 것이지만, 우리 사회의 경우 서구사회를 따라잡는 압축발전의 성격상 건국시대, 산업화시대, 민주화시대 등의 국면들이 교체되어왔다. 이 중기지속은 사회사적인 특징이 두드러지기 때문에 정치적 사건보다는 사회세력간의 지형이 중요하며, 세력간 균형 및 불균형이 정치사회에 중대한 영향을 미친다. 1987년 이전의 사회세력간 지형은 '국가 대 시민사회'의 단일 대결구도, 기본적으로 '산업화세력 대 민주화세력'의 대결구도로 표출되었다. 하지만 1987년 이후의 사회세력간 지형은 시민사회의 성장과 내적 분화로 인해 '국가와 시민사회'의 복합 대결구도로 변화되었는데, 이 과정에서 두가지 현상을 주목할 필요가 있다. 국가(정치사회)와 시민사회의 부조응, 그리고 '사회운동(시민운동과 민중운동)에 의한 민주화'가 그것이다.

87년체제는 극명한 명암을 보여왔다. 먼저, '예외국가'에서 '정상국가'로의 전환은 87년체제의 대표적인 성취로 지적할 수 있다. 한 사회에서 산업화가 일정 시점을 지나면 민주화에 대한 요구가 증대하게 되는데, 그 사회가 놓여 있는 국제관계, 국가, 계급구조, 시민사회 등의 구조·국면·사건이 결합하여 민주화의 방향이 결정된다.[5] 우리 사회의 경우 민주화는 사회운동이 이슈들을 먼저 제기하고 정치사회가 이를 수용하는 '사회운동에 의한 민주화'의 특징을 보여왔다. 더불어 절차적 정치민주화가 서서히 달성되어온 점도 주목해야 한다. 김영삼정부에서의 군부개입 차단, 김대중정부에서의 수평적 정권교체, 그리고 노무현정부에서의 권력기관 민주화는 그 구체적인 성과로 볼 수 있다.

한편, 87년체제의 한계로는 사회·경제적 민주화의 지체를 지목할 수 있다. 민주화는 이행단계를 지나 공고화단계로 이어져야 하는데, 우리 사회의 민주화는 정치적 민주화에서 사회·경제적 민주화로의 전환이 더딘 것으로 나타났다. 게다가 그 방향도 '국가 주도'에서 '국가와 시장의 균형'이 아니라 '시장 주도'로 전환되었으며, 그 결과 1997년 외환위기 이후 지난 10년간 신자유주의 구조조정과 사회적 양극화가 강화되어왔다. 사회갈등의 분출도 87년체제의 또 하나의 특징을 이룬다. 민주화과정이 진행되면서 군부 권위주의하에서 억압되어온 사회갈등이 분출하고 사회균열이 다원화되어왔는데, 자본 대 노동, 중앙 대 지방, 환경 대 개발, 남성 대 여성, 기성세대 대 신세대 사이의 긴장과 갈등이 지속적으로 폭발해왔다.

87년체제라는 개념이 안고 있는 문제는 산업화시대에 대응하는 '61년체제'처럼 경제적 측면에서의 단절과 전환이 명확하지 않다는 점이다. 체제(regime)란 포괄적으로 경제와 정치의 조응관계를 의미하며, 이때 특히 물적 기반으로서의 생산체제 또는 축적체제가 중요하다.[6] 이런 맥락에서 87년체제란 민주화시대에 대응한다는 점에서 나름의 의미를 갖지만, 정치사회적 과정인 민주화에 대응하는 경제체제는 모호한 것으로 보인다. 경제체제를 주목할 때 1987년보다는 1997년이 더 중요한 전환적 계기였으며, 1997년을 기점으로 우리 경제가 박정희식 발전국가에서 신자유주의 경제모델로 전환하는 이른바 '97년체제'가 등장했다고 볼 수 있다(〈표 2〉 참조).

〈표 2〉 61년체제와 97년체제의 비교

|  | 61년체제 | 97년체제 |
| --- | --- | --- |
| 세계사회 | 냉전 | 탈냉전 |
| 경제 | 발전국가 | 신자유주의 |
| 정치 | 권위주의 | 자유주의 |
| 시민사회 | 무정형의 시민사회 | 조직화된 시민사회 |
| 문화 | 공동체주의 | 개인주의 |

체제로서의 97년체제가 갖는 주요 특징은 다음과 같다. 첫째, 김영삼정부의 시장개방과 세계화전략에서 어느정도 가시화된 신자유주의 발전전략은 외환위기 이후 김대중정부 아래 구조조정, 규제완화, 노동시장 유연화 등을 통해 빠르게 추진되어왔다. 국제통화기금(IMF)이 처방한 신자유주의 모델은 우리 사회를 경제위기로부터 비교적 단시간 안에 벗어나게 했음에도 불구하고, 다른 한편으로는 국제 금융자본의 영향력 증대, 고용 없는 성장, 비정규직 노동자의 확대, 사회적 양극화의 강화 등 새로운 문제들을 야기했다. 둘째, 정치사회의 경우 군부 권위주의가 1987년 민주화운동을 통해 권위주의와 자유주의가 공존하는 이른바 '3김정치'를 경유하여 노무현정부에 와서 탈권위주의적 자유주의로 변화되어왔다. 셋째, 시민사회의 경우 무정형의 시민사회에서 조직화된 시민사회로의 변화가 이

루어져왔으며, 넷째, 문화의 경우 공동체주의 문화에서 개인주의 문화로 변화되어왔다. 다섯째, 1997년 외환위기는 세계화의 충격으로부터 비롯된 것이며, 이 세계화는 탈냉전적 세계질서 안에서 더욱 강화되었다.

이런 여러 점들을 고려할 때 87년체제보다는 97년체제가 이론적 적실성이 높은 것으로 판단된다. 그리고 97년체제로의 이러한 전환은 우리 사회가 민주화시대에서 세계화시대로 변화되고 있음을 보여주는 것이기도 하다. 1987년 이후 우리 사회에서는 앞서 지적한 브로델의 이론에 의거하면 두개의 중기지속이 진행되어왔는데, 1987년의 '민주화의 시간'과 1997년의 '세계화의 시간'이 바로 그것이다. 1987년 민주화운동 이후 우리 사회는 새로운 변화(민주화)를 갈망해왔지만, 그 변화는 어느덧 우리의 손아귀에서 벗어나 타율적인 변화(세계화)를 강제해왔다. 이십대는 이십대대로 청년실업을 걱정하며 각종 자격증 따기에 바쁘다면, 386세대인 삼사십대는 고용, 노후, 자녀 사교육비 등을 걱정하며 하루하루를 보내고 있다. 한편 오륙십대는 사회변화의 빠른 속도에 소외감을 느끼고, 많은 경우 사회복지의 미비로 경제적 어려움을 겪으며 살아가는 실정이다.

민주화시대를 주도했던 민주화세력을 지지하는 국민들이 최근 당혹스러워하는 것은 우리 사회가 직면하고 있는 이런 아이러니이다. 민주화세력을 지지하고 힘을 더해주었음에도 불구하고 양극화가 심화되고 삶이 갈수록 어려워지고 있으며, 이는 결국 민주화세력의 한 축을 이루는 중도개혁세력(이하 개혁세력)의 역량에 대해 의구심을 품는 것으로 나타나고 있다. 세계화의 충격을 포함한 새로운 변화가 우리 사회에 강제하는 것 가운데 어떤 것을 살리고 어떤 것을 제어해야 하는지에 대해 개혁세력은 적절한 해답을 제시하지 못하고 있다. 강요된 변화로 인해 주변으로 내몰리는 사회적 약자들에 대한 정서적인 대응이나 범민주세력의 통합이라는 구호는 더이상 사회적 공감대를 얻지 못한다. 주목할 것은 개혁세력에 대한 이러한 회의와 실망이 진보세력에 대한 지지로 이어지지 않고 있다는 점이다. 이것은, 첫째 정치사회와 시민사회의 부조응이 여전히 해소되지 않고 있으며, 둘째 시민사회와 국민 다수에게 진보세력이 제시하는 정책들이 여전히 제한적인 설득력을 갖고 있기 때문인 것으로 보인다.

요컨대, 1997년 이후 우리 사회에서는 민주화시대가 종언을 고하고 세계화시대가 가시화되어왔다. 민주화시대의 절정은 시민사회운동이 가장 큰 영향력을 행사한 2000년 낙선운동과 2002년 대선 사이의 시기인 것으로 판단된다. 2004년 총선은 탄핵사태라는 특정한 정치적 국면에서 치러진 선거였으며, 2006년 지방선거는 세계화의 충격이 직접적으로 반영된 선거로 볼 수 있다. 국민들의 관심은 정치·사회적 민주화보다는 경제적 삶의 향상으로 이동해왔으며, 세계화는 이 경제적 삶의 양과 질에 결정적인 영향력을 행사하고 있다. 예컨대 2005년 연말 국회 운영위원회로부터 의뢰받은 한 국민의식 조사에 따르면, 민주주의와 경제발전 중 하나를 선택하라면 어떤 것이 더 중요하다고 생각하느냐는 질문에 응답자의 84.6%가 경제발전을 꼽았다. 이 조사결과가 갖는 함의가 매우 크다고 볼 수 있는데, 우리 사회에서 민주화시대가 종언을 고하고 세계화시대가 본격화됐다는 것을 단적으로 상징하고 있다.[7]


## 3. 세계화시대의 도전

97년체제의 등장은 우리 사회에서 세계화시대가 시작되었음을 알린다.[8] 물론 세계화시대가 시작되었다고 해서 민주화시대가 곧바로 막을 내리는 것은 아니다. 시대의 교차에서 두 시대는 어느 기간 동안 중첩되기 마련이며, 한 시대의 구심력과 새로운 시대의 원심력은 두 힘의 불안정한 균형을 거쳐 결국 역전이 발생한다. 우리 사회에서는 1997년 외환위기 이후가 그러했던 것으로 보인다. 민주화는 여전히 사회변동의 강력한 구심력으로 작용해왔지만, 동시에 세계화의 원심력 또한 서서히 증가해오면서 두 힘은 불안정한 균형을 거쳐 최근에는 원심력이 구심력을 압도하기 시작한 것으로 보인다.

그렇다면 세계화시대를 어떻게 볼 수 있는가. 먼저 세계화시대 이념 및 정치구도의 서구사회 지형을 살펴보면 〈표 3〉과 같다. 세계화시대가 본격화되기 전 이념구도는 좌파 대 우파의 2분구도였지만, 일국주의 대 세계주의의 새로운 균열이 등장함에 따라 그 지형은 4분구도로 나타나고 있다. 그 결과 오늘날 서구사회의 이념 및 정치 구도는 신우파, 구좌파, 초국적기업, 글로벌 시민네트워크 등이 경합하고 있다. 이 구도하에서는 새로운 형태의 정치적 이합집산이 발생할 수 있는데, 예컨대 서유럽에서 민족주의적 우파와 민족주의적 좌파가 세계화 내지 유럽연합에 대해 '연대 아닌 연대'를 이루고 있는 것은 새로운 현상으로 지목할 수 있다.

〈표 4〉는 우리 사회의 이념 및 정치 구도를 보여준다. 〈표 4〉의 구분을 〈표 3〉의 구분과 비교해볼 때 우리 사회에서는 중도개혁세력이 독자적 정치세력의 위상을 갖고 있다는 점을 주목할 필요가 있다. 이는 한국현대사가 갖고 있는 경로의존적 특성, 다시 말해 냉전 분단체제 아래에서 중도 내지 온건진보가 보수의 대항세력으로서의 중도개혁을 표방해왔다는 점에 기인한다. 2007년 현재 우리 사회에서 대체로 보수세력은 한나라당, 개혁세력은 열린우리당, 그리고 진보세력은 민주노동당을 지지하고 있으며, 한편 글로벌 좌파를 지향하는 시민사회내 일부 세력은 그 정치적 선호가 아직 뚜렷하지

〈표 3〉 이념 및 정치 구도: 지구적 맥락[9]

|  | 일국주의 | 세계주의 |
|---|---|---|
| 신자유주의 | 신우파<br>(새처, 삐노체뜨, 하이더) | 초국적기업, 국제적 자유주의자<br>(푸쿠야마) |
| 재분배주의<br>(복지국가) | 구좌파<br>(전통 사회민주주의) | 글로벌 시민네트워크<br>(NGO, 원조기구) |

〈표 4〉 이념 및 정치 구도: 한국적 맥락

|  | 진보 | 중도 | 보수 |
|---|---|---|---|
| 일국주의 | 민족해방주의·민중민주주의 | 좌우합작론 | 개발독재론 |
| 세계주의 | 반전·평화운동 | 민주주의와 시장경제의<br>병행발전론 | 신자유주의 |

않은 것으로 보인다. 거시적으로 보면 1987년 민주화운동 이후 보수세력이 연속 권력을 장악해왔고(노태우-김영삼 정부), 1997년 외환위기 이후에는 개혁세력이 집권해왔으며(김대중-노무현 정부), 진보세력은 2004년 민주노동당의 원내 진출에 힘입어 정치사회의 일각을 구축해왔다.

여기서 주목할 것은 한국의 민주화과정이 신자유주의 세계화의 확대과정과 중첩되어왔으며, 세계사적 시간과 한국사적 시간의 이러한 충돌이 정치사회에 큰 영향을 미쳤다는 점이다. 이 경제적 세계화의 충격은 1997년 경제위기 이후 집권해온 개혁세력에 '기회와 위협'을 동시에 제공해왔다. 사회통합에 대한 높은 요구가 기회를 제공해왔다면, 사회통합의 어려움이 갈수록 커지는 것은 '위협'이 되고 있다. 경제위기를 벗어나기 위해 채택한 신자유주의 구조조정이 사회적 양극화라는 부메랑이 되어 돌아오는 상황이다.

한편, 보수세력은 신자유주의적 성장에 기반한 성장중심론을 제시해왔다. 예상컨대 신자유주의 경제정책이 더욱 강화되면 투자가 활성화되고 성장률이 다소 높아질 가능성이 있지만, 이 성장중심론에는 고용 없는 성장과 사회적 양극화에 대해 뚜렷한 대책이 없다. 사회적 안전망과 사회복지를 보수세력이 과연 어느 정도 강화할지는 미지수라 하지 않을 수 없다. 반면 진보세력은 분배중심론을 대안으로 모색해왔지만, 이 분배중심론은 분배를 위한 성장동력을 어떻게 확충할 것인가에 대해 뚜렷한 정책대안을 제시하지 못하고 있다. 현재 우리 경제가 당면한 주요과제인 산업구조 고도화, 고용 없

는 성장, 중소기업·자영업 대책에서 진보세력은 자신의 대안을 좀
더 구체화할 필요가 있다.

이념 및 정치 구도에서의 변화는 시민사회의 변화와 밀접히 연관
되어 있다. 주지하듯이 우리 민주화과정에서는 정치사회와 시민사
회의 부조응이 두드러진다. 시민사회에서 이념구도가 보수 대 중도
대 진보의 균형구도를 비교적 이루어왔던 데 반해, 정치사회에서는
강한 보수 대 강한 중도 대 약한 진보의 구도로 나타났으며, 이는 상
대적으로 시민사회에서의 진보적 세력의 영향력을 강화시켜왔다.
이런 시민사회의 특징도 세계화시대를 맞이해 새로운 흐름이 감지
되고 있다.

먼저 지적할 것은 2004년 가을 이후 이른바 '뉴라이트'의 등장으
로 시민사회 내에서 보수세력이 능동화되었다는 점이다. 뉴라이트
네트워크, 뉴라이트전국연합, 뉴라이트재단 등 이들은 이념상 다소
차이가 존재하지만, 보수주의 이념의 재정립을 통해 시민사회에서
의 보수세력 확산을 모색하고 있다. 뉴라이트에 대해서는 상반된
평가들이 존재한다. 한편에서는 '올드라이트'와 차이가 없다는 주
장이 있는 반면에, 다른 한편에서는 시민사회에서 헤게모니를 어느
정도 갖고 있다는 주장도 제기되고 있다.

그동안 시민사회를 주도해온 진보적 시민단체(NGO)의 위상 변
화도 관찰되고 있다. 그 변화의 원인으로는, 첫째 내적으로 새로운
어젠다 개발의 어려움에 직면해 있고, 둘째 외적으로 시민사회에서
의 보수와 진보 사이의 균열이 강화됨으로써 지지기반이 협소해진

점을 지적할 수 있다. 더불어 세계화의 충격은 개별 이슈에 대한 NGO의 더욱 전문적인 대응을 요구하고 있는데, 예컨대 고용 없는 성장, 일자리 창출 등에 대해 진보적 NGO는 과연 어떤 대안으로 시민에게 다가갈 것인가의 과제를 안고 있다. 중장기적으로 볼 때 주창활동(advocacy) NGO의 역할은 정당정치의 정상화와 맞물려 재조정되고, 대신 사회복지를 담당하는 써비스 제공(service-delivery) NGO의 역할이 강화될 것으로 예상할 수 있다.

세계화의 충격을 가장 직접적으로 받고 있는 사회운동은 노동운동이다. 지난 민주화과정에서 시민운동과 더불어 노동운동, 농민운동 등의 민중운동의 역할은 매우 중요했으며, 특히 노동운동은 민주노총 건설, 민주노동당 창당을 주도함으로써 시민사회와 정치사회에 큰 영향을 미쳐왔다. 문제는 세계화시대에 노동조합의 역할이 갈수록 중요해지고 있음에도 불구하고 사회적 영향력은 줄어들고 있다는 데 있다. 그 원인은 전투적 조합주의 또는 집단이기주의에 있다기보다는, 세계화가 가져오는 고용 없는 성장, 노동유연성 제고 요구 등에 대한 효과적인 대응책을 마련하기 어렵다는 데 있다. 비정규직 문제를 포함해 노동문제 전반에 대한 사회적 합의를 어떻게 이룰 것인가에 대해 노동운동은 새로운 전략을 모색해야 한다.

시민문화적 차원에서 경쟁사회적 경향이 강화되는 것도 주목해야 한다. 과거에는 국가에 의한 '시민사회의 식민화'가 문제였다면, 오늘날은 시장에 의한 '시민사회의 식민화'가 문제라 할 수 있다. 경쟁력을 갖춘 사회적 강자들은 전지구를 무대로 삶의 여유를 가질지 모르지만, 사회적 약자들은 삶 전체를 경쟁력 강화에 헌신해야 한다. 일상화된 구조조정에 따른 고용불안, 자녀의 경쟁력 강화를 위한 사교육비 증가, 변화에 뒤처지지 않기 위해서 무엇이든 배워야 한다는 적응 압박 등은 시민사회 내 까닭모를 불안감을 안겨주고 있다. 이른바 대박주의, 영웅주의의 등장도 이와 무관하지 않다. 세계화시대에 걸맞은 새로운 사회통합, 새로운 집합의식이 요구되며, 여기에 특히 공론장은 시대적 과제로서 사회통합 제고에 주력해야 한다.

그렇다면 무엇이 세계화시대를 이끌어갈 개혁세력의 새로운 시대정신이 될 수 있는가. 시대정신(Zeitgeist)이란 한 시대의 문화적 소산에 공통되는 인간의 정신적 태도나 양식 또는 이념을 뜻하는데, 이 말은 독일의 헤르더가 18세기에 맨 처음 사용했으며, 괴테가 『파우스트』에서 다시 사용하여 유명해졌다. 헤겔은 시대정신을 개인의 정신을 넘어선 보편적 정신이 역사 속에서 자기를 전개시켜나가는 각 과정에서 취하는 형태로 본 바 있다. 간단히 말해, 현재를 진단하고 미래를 전망하는 가치의 집약을 시대정신이라고 할 수 있는데, 우리 사회의 시대정신은 건국, 산업화, 민주화로 이어져왔다. 이런 시대정신은 구체적인 역사 속에서 대부분 불완전하게 성취되는 것으로 나타났다. 건국은 분단국가의 형성으로, 산업화는 정치적 억압과 사회적 배제를 수반한 공업화로, 그리고 민주화는 실질적 민주주의를 제대로 성취하지 못하는 민주주의로 진행되어왔다.

최근 우리 사회 개혁세력이 직면한 딜레마 중 하나는 민주화시대가 종막을 고하고 세계화시대가 열리고 있음에도 불구하고 이 세계화를 이끌어갈 새로운 시대정신을 잘 제시하지 못하고 있다는 점이다. 보수주의에서는 새로운 시대정신으로 '선진화'를 내세우고 있는 것에 반해,[10] 개혁세력은 이에 대항할 수 있는 새로운 시대정신을 제시하지 못하고 있는 상황이다.[11] 오늘날 어떤 국가든 세계화의 충격을 피할 수 있는 국가는 없으며, 또한 세계화가 미치는 영향은 산업화, 민주화 못지않게 대단히 심원하다. 하지만 우리 사회의 개혁세력은 여전히 민주화 패러다임에 갇혀 있는 것으로 보인다.

요컨대 현재 우리 사회 개혁세력에 가장 중요한 이슈는 어떤 세계화를 어떻게 성취할 것인가에 있다고 할 수 있다. 현재 보수주의는 신자유주의 세계화를 지지하며, 진보주의는 이른바 '반(反)세계화로서의 세계화'를 지지하고 있다. 개방과 구조조정, 탈규제와 민영화, 국가 역할 축소, 노동시장 유연화 등을 추구하는 신자유주의 세계화는 시장에서의 경쟁력을 높이는 데에는 효과적일지 모르지만, 사회적 양극화를 강화하는 결과를 낳고 있다. 한편, 진보주의가 내세우는 반세계화 전략은 신자유주의가 가져오는 부정적인 결과를 적극 비판한다는 점에서 의미가 있지만, 신자유주의를 대체할 수 있는 구체적인 경제·사회 발전모델을 제시하는 데에는 여전히 모호하다.

신자유주의 세계화와 반세계화를 넘어 개혁세력이 제시할 수 있는 새로운 시대정신은 '지속가능한 세계화'(sustainable globalization)이다. 지속가능한 세계화는 세계화에 능동적으로 대응하되 그것을 대내적으로는 지속가능한 발전과 접목시키는 전략이다. 여기서 지속가능성이란 생태학에서 말하는 인간과 자연의 공존만을 의미하는 것이 아니다. 그것은 자본과 노동, 중앙과 지방, 남성과 여성, 기성세대와 신세대의 공존을 모두 포괄한다. 대외적인 세계화와 대내적인 사회통합을 창의적으로 결합시키는 것에 우리 개혁세력의 일차적인 과제가 놓여 있으며, 바로 이 점에서 기존의 성장과 분배의 선순환에 대외개방(세계화의 적극적 활용)과 대내개혁(실질적 민주주의의 구현)의 선순환을 어떻게 결합시킬 것인가의 '이중의 선순환' 전략에 정치적 노력을 경주해야 한다. 세계화의 방향과 속도, 그리고 충격완화를 위한 정책 결정 및 추진에서 요구되는 광범위한 사회적 합의의 창출을 개혁세력은 적극 주도할 필요가 있다. 사회배제적 세계화가 아니라 사회통합적 세계화, 다시 말해 지속가능한 세계화를 어떻게 성취할 수 있을 것인가에 따라 우리 사회 개혁세력의 미래가 달려 있다고 보아도 과언이 아니다.


## 4. 지속가능한 세계화를 위해

돌아보면 2007년 12월 대선은 여러 의미들을 갖고 있던 것으로 보인다. 지난 10년 중도개혁세력의 집권에 대한 심판의 의미를 담고 있기도 하고, 민주화시대에 대한 평가의 의미를 담고 있기도 하다. 문제는 더이상 민주화라는 시대정신으로는 세계화가 강제하는 과제들을 해결하기 어렵다는 데 있다. 민주화세력은 다원화되어 있고, 사회운동은 분화되어 있으며, 시민사회 전체는 세계화의 충격으로 이미 변화되어 있다. 일각에서 민주·개혁·평화세력의 재결집을 강조하고 있지만, 우리 사회 민주화의 현주소를 지켜보면 이 주장이 공소(空疎)하다는 느낌은 과연 나만의 것일까. 이라크 파병에 대해, 비정규직 노동자에 대해, 북한 핵개발에 대해 민주·개혁·평화세력은 어떤 단일한 목소리를 낼 수 있으며, 국민 다수를, 적어도 지지세력들을 어디까지 설득할 수 있을까.

사회학적으로 볼 때 민주화와 세계화는 사뭇 다른 조정원리(steering principle)이다. 민주화가 가치판단적 가치를 갖고 있다면, 세계화는 사실판단적 개념에 가까우며, 경우에 따라서는 반(反)민주화의 의미를 내포하고 있기도 하다. 그러기에 민주화세력은 세계화 시대라는 패러다임을 선뜻 승인하기 어려웠을지도 모른다. 그러나 눈앞에 있는 것을 언제까지 부정할 수 있는 것은 아니며, 무엇보다 신자유주의 세계화로 인한 사회적 약자들의 고통이 갈수록 커지고 있다는 것을 더이상 외면해서는 안된다. 오늘날 어떤 나라든 세계화의 충격을 피할 수 있는 국가는 없다. 또한 세계화가 미치는 영향은 산업화, 민주화 못지않게 대단히 심원하다. 민주화세력이 민주화 패러다임에 갇혀 있는 것은 정치적으로는 다소 효과가 있을지 모르나 우리 사회의 미래를 생각할 때는 그렇게 바람직하지 않다. 앞서 지적했듯이 세계화의 방향과 속도, 그리고 충격완화를 위한 정책 결정 및 추진에서 요구되는 광범위한 사회적 합의를 창출하는 데 민주화세력은 적극적인 역할을 담당해야 할 것이다.

「현대식 교량」을 다시 읽어보면, 현대식 교량 아래에서 시인 김수영은 "늙음과 젊음의 분간이 서질 않는다"고 말한다. 하지만 "속력과 속력의 정돈 속에서 다리는 사랑을 배운다"고 그가 고백하듯이, 그 사랑 속에서 우리는 세계화시대에 걸맞은 새로운 전략적 선택을 모색해야 한다. 그 전략적 선택의 지향점이 지속가능한 세계화에 있다고 나는 생각한다.*

* 이 글은 계간 『사회비평』 2007년 여름호에 발표된 원고를 이 책에 싣기 위해 부분적으로 손질한 것이다.

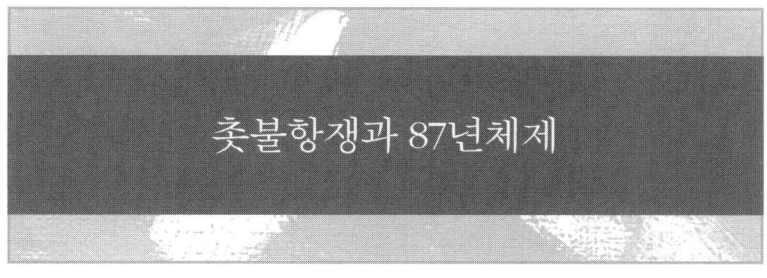

# 촛불항쟁과 87년체제

**김종엽** • 한신대 사회학과 교수

## 1. 2008년 촛불과 1987년 체제

2008년 5월 이후 우리는 유례없는 항쟁의 시간 속에 있었다. 이런 새로운 사건 속에 있을 때 그것을 이해하려는 욕구는 강렬해진다. 하지만 이런 욕구를 충족하기가 그리 쉬워 보이지는 않는다. 사건이 새로울수록 기존의 인지적 틀의 변화가 요구되기 때문이다. 행위가 사유를 앞질러 가는 역사적 경험 속에서 지체된 사유의 자기변화와 추격의 노력은 숨찬 것이 된다.

게다가 거리에서 촛불은 잦아들었지만 그렇다고 해서 촛불항쟁의 영향사가 종결된 것도 아니다. 촛불이 더이상 밝게 빛나고 있지 않을 때에도 이명박정부의 행동 곳곳에서 촛불에 대한 두려움과 그로 인한 비틀린 행보가 발견된다. 촛불에 대한 경이감 속에서 그것을 자기 속에 수용하기 위해 부심하는 사회운동진영 또한 다른 방식으로 촛불의 영향 아래 있다. 그런 상황에서 촛불항쟁에 대한 분석과 해석은 사건에 대한 중립적 관찰이라기보다는 그런 영향사의 일부이며 또 하나의 개입적 실천의 양상을 띨 수밖에 없다. 그래서 촛불항쟁에 대한 논하는 것은 마치 숲 안에서 숲을 관찰하려 할 때 처하는 어려움과 유사하다. 조망점을 얻기 위해서는 숲을 벗어나야 하는데, 그러기 위해서는 데까르뜨의 오래된 격언에 따라 자의성의 위험을 감수하더라도 방향을 정하고 그곳을 향해 똑바로 나아갈 수밖에 없다. 필자는 87년체제론을 이런 방향설정의 실마리로 삼고자 한다. 혹자는 87년체제의 종언을 말한다. 그런 주장의 우파적 판본으로는 선진화론이 있고, 좌파적 판본으로는 신자유주의체제론, 97년체제론, 신평등연합론 등이 있다. 하지만 이런 입장들에 서면 우리가 목도한 촛불항쟁은 매우 설명하기 힘들다. 촛불항쟁이라는 사건의 뿌리와 그것의 행로를 짐작하기 위해서는 민주화 이행을 통해서 형성된 87년체제의 발달논리와 촛불항쟁의 연관을 해명하는 일이 필수적이라는 것이 필자의 판단이다.

이 글에서 필자는 먼저 87년체제가 우리 사회 성원의 사고와 행동양식에 구현된 방식을 검토하고 그것에 입각해 지난 대선 및 총선 결과와 2008년 촛불항쟁에서 나타난 대중의 변모라는 논쟁점을 다룰 것이다(2절). 다음으로 촛불항쟁의 주역이 누구인가를 중심으로 87년체제 속에서 형성된 민주화의 효과가 어떤 집단에 어떻게 축적되는가 하는 점을 다룰 것이다(3절). 이어서 촛불항쟁의 새로운 특성을 온라인과 오프라인의 결합 그리고 이데올로기적 투쟁에서의 혁신성을 중심으로 다룰 것이다(4절). 더불어 촛불항쟁의 의미를 신자유주의적 지구화와 관련해서 살피고, 이 과정에서 노무현정부 이후 신자유주의 대 반신자유주의라는 투쟁구도를 설정해온 좌파적 논의가 간과한 점들을 논할 것이다(5절). 그리고 이에 근거해 대의민주주의와 직접민주주의의 관계를 살필 것이며, 더불어 촛불의 그늘에 대한 논의를 간략히 검토할 것이다(6절). 마지막으로 촛불항쟁의 아포리아를 살피고 그것이 촛불의 행로와 관련해서 갖는 의미에 대해 논할 것이다(7절).

## 2. 대중은 변모했는가

지난 대선에서 이명박 대통령은 압도적 표차로 당선되었다. 인수위 시절부터 그리고 정권 초기부터 인사와 정책 양면에서 많은 삐걱거림이 있었지만 총선에서도 한나라당은 큰 승리를 거두었다. 그때까지만 하더라도 국민들은 이명박정부에 대한 신임을 거두지 않았던 것 같다. 하지만 대통령의 미국 방문에 정확히 맞춰진 미국산 쇠고기 수입개방 이후 상황은 완전히 반전되어, 취임 6개월도 되기 전에 대통령의 지지율은 놀라운 수준으로 떨어졌고 좀처럼 반등하지 못하고 있다.

이런 급반전을 두고 어제 선택한 대통령에게 오늘 국민들이 등을 돌리는 일이 어떻게 일어났는가 하는 의문이 제기됐다. 이 질문에 대해 이명박 대통령과 한나라당에 대한 지지의 한정성, 적극적 지지 층의 소수성, 대선에서의 이명박 지지를 철회한 국민적 자각 등이 답변으로 제시됐다. 이와 다른 각도에서, 국민들은 제한적이지만 일관되게 합리적으로 행동하고 있다고 말하는 이도 있다. 대선에서 는 이명박을 지지하는 것이 자기에게 이익이 된다고 판단해서 지지 했지만, 지금은 그에게 반대하는 것이 자기에게 이익이 된다고 판단 하고 있다는 것이다.

　이런 설명들은 나름대로 설득력이 있지만 통합적인 설명은 아니 다. 좀더 일관된 설명을 위해서는 87년체제론의 견지에서 조망할 필요가 있다. 87년체제는 권위주의적 구체제와의 타협적 민주화였 기 때문에 사회세력의 수준에서는 구체제세력을 해체하지 못했고, 문화적인 수준에서는 구체제에서 형성된 가치관과 문화적 에토스 를 해체하지 못했다. 그런 중에 민주파와 보수파는 체제이행의 경 로를 규율할 프로젝트로 각각 민주화와 경제적 자유화를 주장했지 만, 둘 가운데 어떤 것도 확고한 우위를 차지하지 못한 채 긴 교착의 국면이 지속되었다.[1] 어느 쪽도 결정적 우위를 차지하지 못한 채 갈 등해온 두 프로젝트는 그 체제를 살아가는 사람들의 가치관과 선호 체계에도 침투해 들어갔다. 다시 말해 우리는 지난 20여년 동안 더 민주적인 감성을 지닌 존재가 된 동시에, 더 경쟁적이고 신자유주의 적인 개인적 합리성을 행동문법으로 하는 인간이 되었다. 그리고 이 두 측면은 개개인의 인격 속에서 복잡하게 얽혀 들어갔다. 그래서 우리 사회 성원들을 일직선상에 넓게 펼쳐놓으면 양 끝에는 일관되게 민주적인 가치와 선호체계를 가진 사람들 그리고 일관되게 보수적인 심성과 신자유주의적 선호체계를 가진 사람들이 있겠지만, 그 사이에 존재하는 대다수는 두 프로젝트의 구성요소들이 상이한 비율로 복잡하게 칵테일된 가치관과 선호체계를 가지고 있다고 할 수 있다.[2]

개인 속에서 민주적 선호와 신자유주의적 선호는 내적 긴장을 유발할 가능성이 있는데, 지난 20여년간 우리 사회에서는 사적 행복과 공적 대의를 매개할 수 있는 기회가 매우 협소했기 때문에 이런 내적 긴장은 강화되어왔다고 할 수 있다. 우리 사회 성원들은 자기가 살아가는 체제에 대해 관찰자 시점에서 옳다고 생각하는 선택과 일상적인 경쟁체제 속에 있는 행위자로서의 선택 사이에서 매우 강하게 분열을 경험하게 되었고, 그로 인해 정치적 선택도 상황적 요인에 따라 심한 동요를 보이기 십상이었다.[3]

이런 상황을 염두에 둔다면, 지난 대선과 총선에서 이미 실패를 선고받은 구여당과 정치적 다수를 형성하기 어려운 진보적 정당 대신 상대적으로 안정적인 정당구조를 유지하고 경제성장을 약속하는 한나라당과 이명박 후보가 선택된 것이 이해하기 어려운 일은 아니다. 그렇다고 대선 직후에 여러 사람들이 주장한 것처럼 이런 선택을 대중의 보수화로 해석한다든가, 가치의 정치를 대치해 욕망의 정치가 부상했다고만 보는 것은 과도한 것이다.

87년체제를 살아온 사람들 다수의 인격구조 속에는 구체제적 보수주의와 신자유주의뿐 아니라 민주적 가치와 선호 또한 구조적인 요소로 자리잡고 있다. 하지만 이런 요소가 늘 표면에 드러나고 표현되는 것은 아니다. 종종 사람들은 자신의 선호를 실현할 사회적 기회가 제약되면, 그런 상황에 적응하기 위해서 자신의 가치관과 선호까지 상황에 적응시킬 때가 많다. 민주적 가치와 선호가 이런 제약상황에 처할 때 대중은 보수화된 것처럼 보인다. 하지만 민주적 가치와 그것을 구현하는 제도가 중대한 위협을 받으면, 적응을 위해서 유보되었던 민주적 선호와 가치가 표현될 수 있거니와, 이렇게 가치와 선호를 역동적으로 이해할 때만 촛불항쟁 같은 사건의 발생을 이해할 수 있다.

이런 민주적 선호의 발현이 역전에 대한 방어기능만 하는 것은 아니다. 애초에 민주적 성향이 잘 표현되지 않은 것 자체가 기회의 제약으로 인한 것이기 때문에, 민주적 가치를 구현할 수 있는 대안이 가시화되면 그것은 더 활발하게 표현될 수 있다. 촛불항쟁을 통해서 대중은 자신의 민주적 가치와 선호를 표현했을 뿐 아니라 그것을 통해서 자신과 유사한 가치를 가진 사람들의 존재를 경험했다. 이런 공동의 경험은 아직 정치적 대안은 아닐지라도 사회적 대안이 우리 안에 존재한다는 자의식을 가져다주었고, 바로 이런 사회적 대안에 대한 지각이 민주적 감성을 더욱 활성화하고 촛불항쟁을 성장시킨 동력이었다.

## 3. 왜 청소년과 여성이었나

촛불항쟁은 87년 이후 민주화의 문화적 잠재력을 보여주는 동시에 그 잠재력이 표현됨으로써 더 강화되는 사건이었다. 그런 의미에서 촛불항쟁은 정치적 민주화에 후행한 문화혁명의 성격을 띤다. 하지만 촛불항쟁은 87년체제의 문화적 잠재력이 폭넓은 저변을 가졌음을 드러내는 동시에, 그런 힘이 각 사회집단들에 상당정도 차별적으로 축적되어 있음을 보여주기도 했다. 이 점을 촛불항쟁의 주역이 누구인가라는 관점에서 살펴보자.

촛불항쟁은 사회적 합의도가 매우 높았을 뿐 아니라 유례없이 대규모 동원을 이룩한 운동이다. 그렇게 된 것은, 민주화된 삶의 경험이 축적되어 국가의 물리적 폭력에 대한 두려움이 사라졌고 더불어 참여비용이 아주 낮아졌기 때문이다. 이로 인해 정부와 정면으로 대결했음에도 불구하고 서울 도심 한복판을 자유롭고 평화롭게 차지하는 대규모 대중동원이 가능했다.[4] 이렇게 대규모 대중집회가 지속됨에 따라 참여자의 구성은 거의 전사회를 포괄할 정도로 확장되었다. 그래서 누가 촛불집회에 참여하느냐고 질문한다면, 남녀노소 전계층이라는 것이 정답일 것이다. 이런 초보적인 답변을 넘어 막상 항쟁의 주역에 대한 세밀화를 그리려고 하면 그것은 매우 까다로운 작업이 되어버린다.

하지만 6·10항쟁과 대비한다면 적어도 몇가지 아주 인상적인 점을 발견해낼 수 있다. 집회에서 누구나 직관적으로 포착할 수 있었던 사실은 대학생의 자리가 청소년들에게 이양되었고, 남성의 자리가 여성에게 절반 혹은 그 이상으로 넘겨졌다는 점이다. 왜 이렇게 된 것일까? 왜 전체 항쟁의 격발자(擊發者)가 현대사에서 자주 그래 왔듯이 대학생이 아니라 청소년, 그것도 '촛불소녀'였고, 항쟁의 바톤을 이어받은 자가 넥타이부대가 아니라 유모차부대와 하이힐 여성들이 된 것일까? 이를 해명하기 위해서는 지난 87년체제를 통해서 경합하던 두 프로젝트인 민주화와 경제적 자유화가 세대와 성별 그리고 계층과 지역의 분할선을 따라 어떻게 상이하게 작동했는지 살필 필요가 있다.

먼저 왜 대학생이 아니고 청소년인가를 생각해보자. 이에 답하기 위해서는 두 집단의 세대적 경험의 차이에 주목할 필요가 있다. 우선 두 집단의 부모가 다르다. 현재 청소년집단의 부모는 87년 민주화 이행을 주도한 386세대이지만, 대학생들의 부모는 70년대 대학생집단과 겹친다. 386세대는 대체로 대중화단계의 대학을 다녔고, 민주화운동을 집단적인 경험으로 가진 세대였다. 이에 비해 70년대 대학생은 매우 특권적인 집단이었고, 소수를 제외하면 민주화운동을 비껴갔지만 학력이나 학벌의 사회적 보상을 가장 크게 그리고 직접적으로 누린 세대였다. 그렇기 때문에 대학을 다니지 않은 그 세대 사람들에게서도 학력이나 학벌에 대한 집착은 이후세대보다 더 강하게 나타난다. 따라서 두 집단은 민주적 가치에 대한 신념과 헌신에서 일정한 차이를 보이며, 이런 차이는 자녀양육을 비롯한 가족생활에도 반영되었다. 그리고 이런 생활양식에서의 민주성의 차이가 자녀세대에서 민주화의 문화적 잠재력의 차이를 낳았다고 할 수 있다.

이것뿐 아니라 지금의 대학생집단이 십대 초중반에 외환위기를 경험했다는 사실도 중요하다. 그들은 환경을 예민하게 지각하긴 해도 사회경제적 문제에 대한 통찰력을 갖추기에는 너무 어린 나이에 경제위기를 경험한바, 고통받는 부모의 근심어린 한숨을 매개로 이들에게는 안전에 대한 욕구가 강화되고 물질주의적 가치관이 체화되었을 가능성이 크다. 반면에 현재의 청소년들은 심각하게 느끼기에는 너무 어린 나이에 외환위기를 겪었고 어느정도 경제가 회복된 후에 청소년기를 맞았다. 그렇기 때문에 그만큼 탈물질주의적 가치를 수용할 체험적 토대를 갖추고 있었다고 볼 수 있다.

대학생 대신 청소년들이 전면에 나선 것처럼 여성들 또한 정치의 새로운 주역으로 등장했다. 청소년집단 중에서도 핵심세력은 소년들이 아니라 촛불항쟁의 아이콘이 된 '촛불소녀'였다. 이런 사실은 민주화의 문화적 잠재력이 남성을 넘어 여성에게, 더 나아가서 남성보다 여성에게 더 많이 축적되었음을 뜻한다. 일반적으로 민주주의가 평등주의에 토대를 두는 동시에 평등을 강화한다는 점을 염두에 둔다면, 87년체제가 달성한 민주화로 창출된 새로운 권리의 수혜자는 사회적 소수자 집단이라고 할 수 있다. 물론 다양한 사회적 소수자에 대한 차별뿐 아니라 남녀간 차별 또한 여전히 심각하다. UN이 발표한 2007년 여성권한지수(GEM)에서 우리나라는 조사대상 93개국 중 64위에 머물렀다. 하지만 이런 사실은 여성들이 민주화에도 불구하고 제도적 보상을 받지 못하고 있음을 보여주는 것이지, 그들의 문화적 잠재력이 낮다는 것을 뜻하지는 않는다. 비근한 예로 최근 인문계 고교 졸업자의 고등교육기관 진학률은 남녀간에 차이가 없고, 군가산점 폐지 후 공무원시험 합격률에서는 여성이 앞서는 것으로 나타난다. 민주화의 효과로 가정생활에서의 부부간 평등도 신장되었고, 정보화지수에서도 연령이 낮아질수록 남녀간 차이는 사라진다.

촛불항쟁과 관련해서는 특히 정보통신기술의 활용에서 나타나는 여성의 능력에 주목할 필요가 있다. 뒤에 좀더 자세히 다루겠지만, 촛불항쟁처럼 온라인과 오프라인이 거의 일체화되다시피 하는 항쟁에서는 특정 집단의 동원 맥락을 규정하는 데 중요한 것이 정보통신기술의 활용능력이기 때문이다. 여성들의 정보통신기술 활용, 예컨대 휴대전화나 인터넷의 활용은 양적으로 남성에게 별로 뒤지지 않을뿐더러 질적으로는 더 농밀하다. 남성들은 정보통신매체에 도구적 태도를 보이는 것이 일반적이지만, 여성들은 그것을 친밀성의 소통매체로 사용하기 때문이다. 인터넷을 예로 든다면, 여성들은 남성들보다 동호회 활동에 훨씬 열심히 참여할 뿐 아니라 더 내밀하게 교류한다. 촛불항쟁을 통해서 '82cook'이나 '소울드레서' 같은 여성 중심의 인터넷 동호회들이 보인 정치적 활동성은 단지 미국산 쇠고기 수입개방이 먹을거리라는 좀더 여성적 의제였기 때문만은 아니다. 오히려 이들이 보여준 것은 축적된 문화적 능력, 즉 긴밀하게 소통하고 연대하는 능력이 정치적 자기계몽과 결합할 때 어느 정도로 힘을 발휘할 수 있는가 하는 것이었다.


## 4. 정보통신 그리고 이데올로기 투쟁의 혁신성


앞서 잠시 지적했듯이 촛불항쟁의 두드러지게 새로운 특징은 온라인과 오프라인이 결합된 운동이라는 점이다. 온라인이 거리와 광장으로 걸어나오고 광장이 다시 온라인으로 회귀하는 양상, 아니 오프라인 광장이 실시간으로 온라인 광장에 접속해 있는 상황이 바로 촛불항쟁의 핵심 특징이다. 집회에 나온 사람들의 손에는 휴대전화, 무선인터넷을 갖춘 노트북, 캠코더와 디지털카메라가 들려 있고 집회가 인터넷을 통해 생중계되었다. 이런 정보통신기술의 활용으로 촛불항쟁은 양과 질 모두에서 이전의 어떤 항쟁보다 많은 도큐먼트를 생산했다. 인터넷에 접속해서 몇개의 검색어를 두드리기만 해도 방대한 기사, 토론, 사진, 동영상을 만날 수 있으며, 그것은 끊임없이 가공되어 동호회 게시판과 미니홈피와 블로그에 저장되고 이동하고 있다. 그야말로 현실 총체에 육박하는 텍스트로서 현실을 조정하고 변동시키는 온라인의 현존은 촛불항쟁에 두가지 방식으로 효력을 발휘했다.

우선 정보통신기술은 신문이나 방송 같은 전통적 매체들에 의해 형성된 공론장을 대치하거나 변형하는 대안적 공론장으로 작용했다. 이 점은 우리의 맥락에서 특히 중요한 의미를 지닌다. 87년 민주화 이행의 타협성으로 인해 민주화가 공론장의 건강회복이라는 효과를 낳기는커녕 권위주의적 구체제에 봉사하던 보수적 언론기관들에 더 폭넓은 자유와 성장의 기회를 제공했기 때문이다. 87년체저를 통해 보수층의 유기적 지식인으로 활동했던 보수언론들은 자의적인 기사와 프레임 조작 그리고 표변(豹變)까지 일삼으며 공론장을 외설적 공격성이 넘치는 진흙탕으로 만들었고, 그로 인해 민주주의 발전에 결정적 장애가 됐다. 따라서 민주적 감수성을 성숙시키고 소통시키기 위해서는 대안적 공론장이 필수적이었는데, 이런 조-업이 정보통신기술에 의해 가능해졌다.

하지만 이같은 대안적 공론장의 발전이 정보통신매체에 의해 내재적으로 보증된 것은 아니다. 정보통신기술은 현실사회의 여러가지 구조에 의해서 동일한 방식으로 구조화되기 마련이다. 현실자본주의에 대응해 정보자본주의가, 현실의 감시통제 경향에 대응해 전자- 파놉티콘(Panopticon)이, 현실민주주의와 관련하여 전자민주주의가 발전할 수 있다. 이런 잠재적 가능성 가운데 어떤 것이 얼마나 실현되는가는 사회 성원들의 민주적 잠재력에 달려 있다. 종종 인터넷 공론장은 익명성을 기반으로 더 큰 자유의 소통을 가져오기보다는 공격성과 적나라한 욕망이 배설되는 '전자 뒷골목'으로 퇴행할 가능성도 만만치 않기 때문이다. 촛불항쟁은 이런 퇴행의 위험을 방어함으로써 정보통신기술을 통해 대안적 공론장을 창출했으며, 그럼으로써 보수언론의 여론조작과 정부의 정보통제를 효과적으로 돌파할 수 있었다.

다음으로 이렇게 형성된 공론장은 대규모로 군집한 대중이 창의력과 자제심을 가질 수 있도록 하는 데 그리고 그들이 집합적 지성을 발휘하도록 하는 데 큰 역할을 했다.[5] 근대 민주주의의 형성과 더불어 대중의 집합적 행동은 민주주의의 중요한 원동력이었다. 하지만 산재한 불만이 특정한 계기로 결집할 경우 그들의 행동은 잘 조절되지 않았고, 이 때문에 폭력에 경도되는 때도 많았다. 그렇게 된 이유는 이런 집합적 행동이 지적 담론에 매개될 커뮤니케이션 수단이 마땅치 않았기 때문이다. 하지만 이런 집합적 군중이 민주적 잠재력을 내장하고 있으며 발달된 커뮤니케이션 수단과 결합할 때 그것이 고도의 지성과 자기통제력을 발휘할 수 있음을 촛불항쟁은 보여주었다. 인터넷을 통해 계속해서 집회의 의제와 방향을 토론하고 적합한 시위수단을 모색함으로써 한편으로는 창의력을, 다른 한편으로는 비폭력 기조를 유지할 수 있었는데, 전자는 항쟁 전반이 그토록 유쾌한 축제성을 지닐 수 있게 해주었고,[6] 후자는 참여자들에게 높은 도덕적 자긍심과 연대감을 가져다주었다. 앞서 민주화의 효과로 촛불항쟁은 참여비용이 크게 낮아졌다고 했는데, 이렇게 참여비용을 낮추는 데 참여자 자신의 비폭력 유지도 큰 몫을 차지했다. 정부는 걷잡을 수 없이 규모가 커진 시위를 통제하기 위해서 폭력적 진압을 시도하는 동시에 끊임없이 폭력시위를 유도했는데, 그 핵심 목표는 촛불항쟁 참여비용을 높임으로써 참여자 수를 줄이고 집회에서 강경파를 고립시키려는 것이었다. 하지만 항쟁 참여자들은 이런 폭력의 유혹을 거절하는 자제력을 보였다.

촛불항쟁이 보여준 거의 세계 최초이다시피 한 정보통신항쟁의 측면은 이미 많이 논의된 바이다. 하지만 그리 많이 논의되지 않은 촛불항쟁의 새로운 측면이 있으니, 87년체제를 통해서 민주주의를 일상적 경험으로 가진 시민들의 자력화된(self-empowered) 태도로부터 출현한 새로운 비판의 양식과 정신이 그것이다.

주지하듯이 촛불항쟁에서 가장 많이 불린 노래는 「헌법 제1조」였다. 올해가 제헌 60주년 되는 해이며, 노래로 불린 제1조는 지난 60년간 여러번의 개헌에서도 바뀌지 않고 지속된 조항이다. 그런데 지난 60년간 대한민국이 제대로 된 민주공화국이었던 적도 별로 없고, 대한민국의 모든 권력이 국민으로부터 나온 일은 더더욱 별로 없었다. 그런 의미에서 체제를 정당화하기 위한 기만적인 조항이며 그렇기에 누구도 떠들어보지 않던 헌법 제1조가 대중 사이에서 흥겹게 읊조려졌다.

통상적인 이데올로기 비판은 체제를 정당화하는 메씨지와 그렇지 못한 현실을 대조함으로써 그 메씨지의 허구성을 폭로한다. 「헌법 제1조」를 부르거나 "우리는 학교에서 배운 대로 하고 있어요"라고 적힌 피켓을 들고 나온 촛불소녀의 행동은 이와는 다른 방식으로 체제를 비판한다. 즉 체제의 이념을 오히려 자신의 것으로 수용하고 그 이념의 주인이 되고자 하는 것이다. 이렇게 '헌법은 헌법일 뿐이며 교과서는 교과서일 뿐이고, 실제로 현실을 운영하는 원리는 관행'이라는 태도를 정지시키고, 겉으로 내걸었을 뿐인 주장을 그대로 실천할 것을 요구하는 태도는 좌파의 표준적인 이데올로기 비판보다 더 효과적이다. 이런 접근은 기존의 이념이든 대안적인 이념이든 모두 그것을 주장하는 사람들의 이익 추구로 환원함으로써 "그놈이 그놈이다"라는 식의 냉소주의를 조장하는 보수언론의 공세를 단번에 차단하기 때문이다. 이런 투쟁방식은 촛불항쟁에서 다양하게 모습을 드러냈다. 예컨대 대로를 막은 경찰버스에 불법주차 차량 견인스티커를 붙이는 것이 그러한데, 그것은 풍자정신에서만 발원하는 것이 아니다. 그런 행동은 자신을 법의 주체의 자리에 놓는 민주적인 시민의 주인된 태도를 전제한다.[7] 그리고 바로 이런 태도가 항쟁 속에서 대중이 회의에 젖지 않는 완강함을 지닐 수 있는 원천이었다.


## 5. 좌파적 반신자유주의론, 무엇이 문제인가

촛불항쟁은 미국산 쇠고기 수입개방 반대로부터 출발하여 금세 의료민영화, 물사유화, 교육문제, 대운하, 공영방송 수호 같은 5대 의제로 확대되었다. '미친 소'에 대해 '미친 교육' '미친 민영화' '미친 대운하' '미친 방송장악'이 등가적 연쇄관계를 수립한 셈인데, 이명박정부가 이런 의제들에서 국민 대다수와 대치선을 형성하게 된 것은 이들의 정책이 공격적 신자유주의의 성격을 띠고 있기 때문이다.

이 점을 좀더 분명히 보기 위해서 이명박정부와 노무현정부의 성격을 대조해보자. 노무현정부는 탈냉전적 진보성, 민주화 그리고 신자유주의의 정책 혼합을 특징으로 한다. 이런 혼합으로 인해 노무현정부는 경제정책에서 신자유주의적 기조를 유지하지만 사회정책에서의 민주성과 남북문제에서의 상대적 진보성을 견지했으며, 신자유주의 정책도 조절된 신자유주의 내지 수동적 신자유주의의 성격을 띠고 있었다. 하지만 이명박정부는 냉전적 보수주의, 성장주의 그리고 신자유주의의 혼합물인 선진화담론에 근거하고 있다. 따라서 두 정부는 신자유주의의 측면에서 공통분모가 있지만 이명박정부에는 신자유주의 정책의 쇄도를 제어할 수 있는 내적 요인이 결여되어 있다. 이것이 이명박정부가 취임 즉시 냉전적 외교와 민주주의의 역전을 내포한 대담하고 공격적인 신자유주의 정책을 펴게 된 이유이다.[8]

이런 견지에서, 한국에서 신자유주의를 대중의 저항을 무마하며 실행할 수 있는 정부는 신자유주의가 정책레퍼토리의 하나로서 실용적으로 수용되는 노무현정부이지 신자유주의가 일종의 신념의 형태를 띠는 이명박정부는 아니라고까지 말하고 싶다. 사실 이명박정부의 이념을 구성하는 성장주의, 냉전적 가치관, 신자유주의 가운데 어떤 것도 실용적 의미를 지닌 것이 없다. 그것은 모두 강한 의미에서의 신념의 형태를 지닌 경직적인 것들이다. 이는 비록 신자유주의적 지구화에 공명하며 한미FTA를 추진했을망정 미국산 쇠고기 수입개방 문제 앞에서는 멈칫할 수밖에 없었던 노무현정부와 달리, 한미FTA를 위해 미국산 쇠고기를 거리낌없이 전면 개방한 이명박정부의 행동에서 잘 드러난다.

검역주권마저 내팽개치는 공격적 신자유주의에 대중은 곧장 저항하기 시작했다. 앞서 지적했듯이 87년체제를 통해 다수 국민들은 민주화와 경제적 자유화라는 이중적 프로젝트를 심성 안에 수용했다. 대부분의 사람들은 한편에서는 경쟁적이고 개인적인 합리성을 추구하는 것을 당연시하지만, 동시에 기본권 보장을 비롯한 정부의 기본 책무와 기초적인 공공재의 민주적 운영 또한 당연한 것이라 생각한다. 이런 다수 국민들의 시각에서 보면, 이명박정부식 정책은 참을 수 없는 성질의 것이다. 이렇게 두가지 태도가 공존하는 대중의 심성을 생각하면, 촛불항쟁은 반신자유주의 운동이라기보다는 신자유주의적 지구화의 추진에서 가능한 것과 불가능한 것의 경계를 확정하려는 시도라고 할 수 있다.

여기서 중요한 점은 공격적인 신자유주의에 대한 다수 국민들의 저항의 토대가 무엇이었는가이다. 두말할 나위 없이 그것의 이름은 민주주의였다. 일반적으로 신자유주의적 지구화를 통해서 자본의 힘이 강력해지는 이유는, 자본은 국민국가의 경계를 벗어나는 반면 그것을 통제할 수 있는 민주주의는 국민국가 안에 갇혀져 있기 때문이다. 이로 인해 민주주의의 요체인 국민의, 국민에 의한, 국민을 위한 정치가 체계적으로 약해진다. 정부는 세계시장에서의 국가경쟁력을 빌미로 법인세를 인하하고 사회복지를 축소하고 공적 부문을 민영화함으로써 국민을 위한 정치를 위기로 몰아넣는다. 그리고 책임소재를 불분명하게 하는 복잡한 국제협상을 빌미로 국민에 의한 정치 또한 약화시킨다. 이로 인해 양극화된 국민국가는 두개의 국민으로 쪼개지고, 결과적으로 민주주의의 주체인 국민 자체의 내적 연대와 통일성이 희미해진다.[9]

이런 신자유주의적 지구화의 압력에 도전하기 위해서는 민주주의가 양 날개를 펴야 한다. 하나의 날개는 국민국가가 더욱 민주적이고 국민적일 것을 요구하는 투쟁이며, 다른 하나는 자본의 지구화에 대응하는 시민사회의 지구화 노력이라고 할 수 있다.[10] 이런 점을 염두에 둔다면, 민주주의의 이름으로 미국산 쇠고기 수입에 대해 검역주권을 말하고, 붕괴된 대의제에 저항하여 국민에 의한 정치를 가동하고, 그런 투쟁 속에서 국민적 정체성을 가다듬고자 국민의 정치를 수행한 촛불항쟁이 얼마나 사태에 정확하게 개입하는 것이었는지 알 수 있다.

이런 대중의 '현명함'에 비추어본다면, 그간의 '진보논쟁'을 통해서 더이상 민주 대 반민주 구도에 집착하지 말고 신자유주의 대 반신자유주의 구도로 이행해야 한다고 말한 진보개혁진영의 이론가들과 운동가들이 처한 오류가 무엇인지도 드러난다. 이들은 민주화의 의미를 폭 좁게 해석함으로써, 87년체제를 통해 형성되었고 비록 복잡한 형태로지만 대중 안에 잠재된 채로 내연하고 있는 민주주의의 호소력을 간과했다. 또한 이들은 바로 이런 접근으로 인해 산업화-민주화-선진화라는 단계를 제시하며 민주화 과제의 종언을 선포하고자 한 보수파의 담론과 의도치 않게 공명함으로써, 기실 내용도 없고 가능하지도 않은 선진화담론의 대중적 설득력을 높여주었다고 할 수 있다. 촛불항쟁이 보여준 것은 선진화담론의 허구성에 대한 대중적 자각일 뿐 아니라, 대중의 보수성에서 알리바이를 구하거나 반신자유주의라는 경제주의에 경도된 진보진영의 오류에 대한 경고이다. 촛불항쟁은, 지금 우리에게 필요한 것은 87년체제의 민주적 잠재력을 이끌어내는 더 심화된 민주주의 그리고 공적 감수성의 결집이라고 말하고 있다.


## 6. 촛불을 둘러싼 담론과 논쟁들

촛불항쟁은 모두에게 감탄을 불러일으키는 바가 있었다. 촛불은 개인의 염원 그리고 그렇게 모인 집합체의 염원의 탁월한 은유가 돼주었고, 항쟁 전반을 휩쓴 축제와 풍자의 정신, 비폭력성 고수라는 면에서도 값진 것이었으며, 무엇보다 항쟁 참여자 개개인에게 탁한 삶으로부터 높이 들어올려지는 체험을 제공했기 때문이다. 그래서 촛불에 대한 다양한 논평에 흐르는 정조 또한 찬미의 정신이었다. 하지만 촛불항쟁에 대한 이런 논평들에는 냉소도 있었을 뿐 아니라 이론적 문제제기도 있었다. 또 촛불이 부지불식간에 드리운 그늘에 대한 논의도 있었다. 촛불항쟁에 찬성하는 편에서 나온 이런 논의들은 비록 선의에 입각한 것이지만 정당한 것들은 아니었다.

먼저 이론적 문제제기부터 살펴보자. 최장집은 촛불항쟁에 깊이 공감하면서도 그것이 한계를 가졌다는 점을 일찌감치 지적하고 나섰다. 신문과 토론회 그리고 자신의 정년퇴임 강연 등에서 그는 현대 민주주의는 대의제 민주주의이며 민의에 대해 책임성과 반응성을 지닌 정당체제에 의한 제도적 실천임을 단언했다. 그리고 한국처럼 정당체제가 허약하고 대의제가 제대로 작동하지 않을 때 촛불항쟁이 구원투수 역할을 할 수는 있지만, 이런 운동정치는 대안 형성이 어렵고, 이슈의 위계질서를 세워 일상적으로 정책을 추구하는데 어려움이 있으며, 정책이 문제될 때마다 거리시위에 나설 수는 없고, 장기적으로 유지되기 어려우며, 시민사회 내의 갈등을 유발할 가능성이 크다는 점에서 근본적 한계를 가진다고 지적했다. 따라서 필요한 것은 촛불집회에서 발현된 긍정적 힘을 정치적 대표체제를 강화하는 방향으로 이끄는 일이라는 것이다.[11]

이런 주장은 몇가지 점에서 동의하기 어렵다.[12] 최장집 그리고 같은 논지의 주장을 펴는 박상훈(朴常勳)은 현대 민주주의가 무엇보다 대의민주주의라고 주장한다. 정치적 리얼리즘의 입장에 설 때 이런 주장은 옳다. 하지만 민주주의에 대한 규범적 이론의 입장에 선다면, 민주주의는 직접민주주의 오직 하나뿐이다. 인민의 자기통치가 아닌 한 대의민주주의든 다른 무엇이든 그것은 민주주의가 아니며, 대의민주주의가 민주주의일 수 있는 것은 기능의 측면에서 그것이 인민의 의지를 대의하고 제도적인 측면에서 직접민주주의적 계기를 적합하게 수용하는 한에서이다. 그런데 최장집과 마찬가지로 정치적 리얼리즘의 견지에서 본다면, 대의민주주의는 대의기능을 잘 수행하지 못하는 경우가 훨씬 많다. 따라서 직접민주주의적 계기에 의해서 항상적으로 제어되어야 하는 것이 대의제 민주주의라고 할 수 있다.

물론 현대 민주주의의 현실적 조건을 염두에 둘 때, 정당체제가 중요하다는 점에는 이론의 여지가 없다. 하지만 최장집과 박상훈의 정당체제에 대한 강조는 여타 중요한 요소를 가릴 정도로 지나치다. 대의민주주의가 제대로 작동하기 위해서는 활성화되고 건강한 공론장, 다양하고 힘있게 조직되어 있는 시민사회의 자율적 조직 또한 정당체제만큼, 아니 그 이상으로 중요하다. 촛불항쟁은 이런 요소들을 창출하는 긍정적 에너지를 가지고 있으며, 이런 요소들은 단지 정당체제의 대표성과 책임성이 강화된다고 해서 충족될 수 있는 것이 아니라 시민사회 내부에서 항상적으로 타오르는 열정적 참여를 통해서만 충족될 수 있다.[13] 더구나 87년체제를 통해서 줄곧 그래왔듯이 허약한 정당체제와 왜곡된 공론장으로 인해 대의제가 잘 작동하지 못하는 상황에서 시민사회 내부의 운동정치 말고는 정당체제와 공론장을 혁신함으로써 대의제를 강화할 길이 전무하다고 할 수 있다.

마지막으로 맥락적인 수준에서도 최장집과 박상훈의 주장은 문제가 있다. 왜냐하면 이들의 정당체제 강화론은 장기적 과제와 단기적이고 임박한 과제를 준별하지 않기 때문이다. 촛불항쟁 이전 87년체제의 민주세력이 최대로 결집해 단호하게 투쟁했던 96년 노동법 파동에서도 그랬지만, 촛불항쟁이 그토록 뜨거웠던 것은 쇠고기 수입개방을 비롯하여 이명박정부가 시도하고 있는 물, 의료, 방송의 민영화 같은 것은 대단히 비가역적인 정책들이고 따라서 지금 막지 않으면 몇년 뒤에 정권이 교체된다고 하더라도 되돌리기 극히 어려우며 그때까지 일상적 삶 또한 견디기 힘든 것이 되리라는 대중의 판단 때문이다. 이런 임박한 의제들의 해결에 나선 대중에 대의제와 정당체제 강화 같은 장기적인 과제의 이름으로 촛불항쟁의 한계를 강조하는 것은 자신의 담론의 환류효과를 생각하지 않는 정치적으로 무책임한 행위이다.

최장집이나 박상훈의 논의와는 전혀 다른 각도에서 촛불항쟁의 한계를 논하는 입장이 있다. 촛불항쟁이 근본적으로 중산층적 의제를 중심으로 하며, 어둠을 밝히는 구실을 해야 할 촛불이 의도했든 의도하지 않았든 그늘을 드리우고 있다는 주장이 그것이다. 예컨대 이랜드 김경욱 노조위원장은 "우리는 관심 밖으로 밀려났다. 촛불은 거대했지만 이슈는 잠식당했다"고 말했다.[14]

필자 역시 촛불항쟁이 에둘러간 비정규직 문제, 남북문제, 한미 FTA 같은 의제들에 대해 말한 적이 있다.[15] 촛불항쟁이 제기한 의제들은 더 확장되고 심화되어야 하며, 촛불항쟁에 어른거리는 대안적 사회를 향한 비전을 가다듬기 위해서도 그래야 한다. 그런 관점에서 볼 때, KTX 여승무원, 이랜드 노동자 그리고 기륭전자 노동자들이 의당 받아야 할 주목을 받지 못한 것은 매우 안타까운 일이다. 그럼에도 불구하고 촛불항쟁을 대하는 노동자들의 태도에 어린 한계 또한 지적하지 않을 수 없다. 청소년들이 처음 저항의 깃발을 들었을 때, 그들은 곧장 쇠고기 문제와 더불어 자신들의 의제를 거기에 결합시켰다. 의료인들도 그랬고 언론인들의 일부도 그랬다. 촛불항쟁에 참여한 사람들이 쟁점에 집중하기 위해 의제설정에서 신중하게 자기한정을 한 것은 맞지만, 무엇이 의제가 되는가는 열린 문제이기도 했다. 이는 촛불항쟁 과정에서 있었던 화물연대 파업에서 잘 드러난다. 화물연대는 자신들의 의제를 유가인상으로 인한 보편적 고통에 접맥시켰고, 수입쇠고기 운송거부를 통해서 촛불항쟁에 접속했다. 그리고 대중에게 높은 지지를 받았고 화주들과의 협상에서 상당한 성과를 거두었다. 하지만 애정어린 고언을 하자면, 비정규직 법안으로 큰 피해를 보았던 이랜드 노동자나 KTX 여승무원들은 촛불항쟁에 너무 늦게 도착했고 자신의 의제를 촛불항쟁에 녹여넣지 못했다.

확실히 촛불항쟁의 의제들은 중산층적인 면이 있다. 더구나 온라인과 오프라인이 결합된 이 운동에서 인터넷에 들어가볼 시간조차 없이 노동에 시달리고 해고에 내몰린 노동자들과 촛불항쟁 사이에는 거리가 존재했다. 하지만 모두가 주인이 되는 감수성에 충만한 운동에서 유효한 존재가 되기 위해서는 제약된 환경에서도 주인이 되는 참여의 길을 찾는 것이 필요했다. 그리고 필자는 아직 그 공간은 닫히지 않았다고 생각한다. 촛불항쟁의 자기성찰은 아직 계속되고 있기 때문이다.

## 7. 87년체제의 극복으로 승화되어야 할 촛불

교과서적 논의를 따른다면, 권위주의적 정부의 전복은 통상 다음과 같은 씨나리오를 따른다. 먼저 광범위하게 축적된 불만이 존재한다. 정당성을 결여한 정부는 통상 경제적 수행성을 통해서 이 불만을 극복하려고 하지만 그것에 실패한다. 그런 과정에서 특정한 의제를 중심으로 불만이 조직된다. 조직된 불만이 항의와 집회로 발전하고, 이로 인해 정부와 대중 사이에 물리적 충돌이 발생한다. 정부의 무리한 진압은 대중의 투쟁을 더욱 고양하고, 이제 정부는 유화책을 시도한다. 하지만 이번엔 너무 많은 양보가 두려워 너무 적게 양보하려고 한다. 실망한 대중의 투쟁은 더 격화되고 전면화된다. 이렇게 투쟁에 나선 대중 앞에서 경찰과 군대는 자신의 친지와 이웃이 어른거림을 발견한다. 진압명령이 작동하지 않고 권위주의 정부는 급격히 몰락한다.

하지만 촛불항쟁은 발생시점 때문에 이런 씨나리오를 따르기 어려우며, 이 시점은 매우 중요한 함의를 가지고 있다. 비록 대중이 항의를 통해 당장 중지시켜야 할, 더구나 대단히 비가역적인 정책들이지만 정부가 이런 정책들을 결코 간단히 포기하지 않을 것이 명백하기 때문에 정부의 교체를 이뤄야만 말끔히 해결될 수 있는 의제들이 존재한다고 해도, 민주적 절차에 따라 선출된 정부를 출범 직후에 교체하는 것은 대중적 설득력이 없다. 더구나 대안이 이념적인 수준에서 그리고 정치적인 수준에서 조직되어 있지 않기 때문에 이행의 비용은 상상하기 힘들다.

이것이 2008년 촛불항쟁의 아포리아이며, 지금까지 해방후 한국사회에서 존재했던 모든 대중적 항쟁과 결정적으로 다른 점이다. 4·19혁명에서 6·10항쟁 그리고 가까이는 노무현 대통령 탄핵 반대 시위에 이르기까지 많은 대중적 투쟁은 권력교체기 혹은 선거주기와 연계되어 있었다. 이로 인해 짧고 격렬한 투쟁에 이어서 정치사회의 민감한 반응에 매개된 성과를 이끌어낼 수 있었다. 하지만 촛불항쟁의 경우 석달 넘게 대규모 투쟁이 이루어졌으며, 의제가 확장되긴 했지만 여전히 중심에 미국산 쇠고기 전면개방이라는 단일의제가 자리잡고 있음에도 결정적 성과를 얻지 못한 것은 선거주기와 매우 멀리 떨어져 있기 때문이다. 하지만 오히려 이런 점 때문에 우리는 촛불항쟁 속에서 최장집이 반복해서 지적했던 민주화과정에서 나타났던 열망과 실망의 악순환, 즉 열정적인 운동의 정치가 제도적 보상으로 이어지지 못하는 악순환을 재발견하는 것이 아니라 그와는 다른 순환이 형성될 가능성을 조심스럽게 점쳐볼 수 있다.

대중의 격렬한 저항이 잦아들자 이명박정부는 경찰력과 행정적·법적 조치를 앞세워 여기저기서 참호를 파며 진지전의 태세를 취하고 있다. 그러나 대중에게 유신과 5공과 6공 공안정국의 기시감(déjà-vu)을 끊임없이 유발할 정도로 진행된 이명박정부의 비민주성은 민주적으로 선출된 정부라는 정당성을 침식하는 수준에 이르렀다. 이명박정부에 의한 이런 저강도 공안정국과의 길고 지루한

투쟁 속에서 대중이 단련되고 발전할 수 있을 것이다.[16]

그 연장선상에서 총선이나 지방선거처럼 큰 직접민주주의적 계기가 아니더라도 작은 수준의 직접민주주의적 계기들 하나하나가 전국적 쟁점으로 전환되고 하나씩 제도적 승리를 형성할 수 있으며, 이 또한 촛불항쟁의 새로운 발전을 자극할 것이다. 비근한 예로 촛불항쟁 와중에 있었던 재보궐선거의 여당 패배와 제주도 영리의료법인 설립이 주민 여론조사에 의해 무산된 것을 들 수 있다. 물론 이어진 서울시 교육감 선거에서는 근소한 차이로 '촛불후보'였던 주경복 후보가 낙선하긴 했으나, 주경복 후보가 촛불항쟁의 힘을 충분히 결집할 만큼 잘 준비된 후보는 아니었다는 점이나 그전의 서울의 대선과 총선 판도를 생각한다면 선거결과는 촛불항쟁에 힘입은 대단한 약진이었다고 할 수 있다.[17] 이런 힘은 이런저런 재보궐선거나 주민소환운동을 통해 더 잘 준비된 형태로 지속될 수 있다. 요컨대 작은 규모의 모든 선거들에 초점이 부여되고 그것들 하나하나가 현 정부의 실정과 무능에 도전하는 계기가 되는 동시에, 대안적인 조직과 인물을 형성할 기회가 될 수 있다.

다른 한편 주요 선거에 이르기까지 긴 시간이 남아 있기 때문에 촛불항쟁에 어른거리는 대안적 사회에 대한 비전이 가다듬어질 기회가 열려 있다. 이 기간에 촛불항쟁은 어떤 사회를 지향하는가에 대한 논쟁을 심화해나갈 수 있다. 6·10항쟁이 그랬고 탄핵 반대시위가 그랬듯이, 시민사회의 혁신의 힘이 선거를 계기로 정당체계에 투입되는 동시에 정당체계가 시민사회로부터 분리되어 재보수화되는 방식을 넘어서, 더 구체적인 수준에서 정치사회의 재구조화를 요구하는 이념과 정책들을 구성해나갈 수 있는 것이다. 촛불항쟁이 가진 급진적 탈중심성을 염두에 둔다면, 그것에 함축된 대안적 사회의 비전이 어떻게 가다듬어질지는 예단할 수 없다. 하지만 촛불항쟁이 생명의 의제로 출발하여 공생의 비전으로 나아갔다는 점은 분명하며, 이 공생의 비전이 제도적 모형과 그것을 향한 이행의 길을 구상할 수 있다면 한반도에 더 나은 사회를 만드는 일은 불가능하지 않을 것이다.

이와 관련해서 다시 한번 강조하고 싶은 것이 공적 대의와 사적 행복을 매개하는 제도적 비전이다. 앞에서 지적했듯이 87년체제는 사회 성원들의 개인적 합리성과 자기이익에 입각한 행동양식, 민주적 감수성 모두를 발전시켰다. 따라서 이 체제가 더 심화된 민주화로 가기 위해서는, 사회적 대안이 사회 성원들의 계몽된 자기이익 추구에 호소할 수 있는 동시에 그것이 현체제의 게임규칙을 바꾸는 실천과 매개될 수 있어야 한다. 요컨대 개인적 적응과 체제의 모순 극복을 동시에 가능케 하는 비전이 필요하다. 하지만 87년체제를 통해서 개혁진영은 보수적 헤게모니에 굴복하여 극복 없는 적응에 경사될 때가 많았고, 진보진영은 적응 없는 극복을 외쳤을 뿐이다. 그 결과는 대중을 극복 없는 적응의 길로 이끌었다. 이 궁지에서 벗어나 극복-적응의 이중과제를 구현하는 제도적 비전을 마련할 수 있다면,[18] 그리하여 대중이 모순적이고 갈등적인 이 체제와 그 체제의 환경 속에서 적응하면서 극복하는 길, 극복을 성취하는 적응의 길을 걸어갈 수 있다면, 촛불항쟁은 지금 그렇듯이 87년체제의 보수적 재편에 제동을 거는 것을 넘어, 87년체제를 민주적으로 재편함으로써 긴 교착의 상태를 끝내는 길로 나아갈 것이다. 그때 우리는 기쁘게 87년체제의 종언을 말할 수 있을 것이다.[*]

* 이 글은 계간 『창작과비평』 2008년 가을호에 발표된 원고를 이 책에 수록하기 위해 다소 손질한 것이다.

# 선진화 담론과 87년체제
## 2008년과 2009년

**백낙청** • 문학평론가, 서울대 영문과 명예교수

## 1. '선진화 원년'과 '잃어버린 10년'

2008년은 한국인에게 여러모로 획기적인 해였다. 어떤 점에서 그랬는지는 사람마다 생각이 다를 것이다. 아니, 같은 사람도 시간이 흐르면서 생각이 달라질 수 있다. 예컨대 이명박 대통령은 취임식에서 '선진화 원년'을 선포함으로써 이명박정부의 출범이 하나의 신기원임을 표방했다. 실제로 10년만의 정권교체가 대한민국의 역사에서 하나의 획을 긋는 사건임은 부인하기 어려운 사실이다. 하지만 채 1년이 못 된 지금 '선진화 원년'이라는 표현은 정부와 여당 인사들의 입에도 별로 오르내리지 않는다.

한국사회가 아직도 여러가지 후진적 증상에 시달리고 있다는 점에서 '선진화'는 다분히 매력있는 구호였다. 근년에 학계에서 논의되던 이른바 87년체제론 — 즉 1987년의 6월민주항쟁 이후 한국사회가 전보다 개선된 사회제도를 이룩하긴 했으나 이제는 그 약효가 다되어 새로운 돌파의 대상이 된 '87년체제'에 관한 논의 — 도 일종의 선진화 담론이랄 수 있다. 뉴라이트 지식인들이 주도한 이명박 진영의 '선진화 원년'론도 87년체제에 대한 그 나름의 인식을 전제하고 있었다. 즉 한국사회가 1960~80년대의 '산업화(=공업화)시대'와 87년 6월 이후의 '민주화시대'를 거쳐, '선진화시대'라는 87년체제 이후 단계로 넘어갈 전환점에 왔다는 것이다.

2008년은 또한 '건국 60주년', 좀더 엄밀히 말해 대한민국 정부수립 60주년이 되는 해였기에 '선진화 원년'이 더욱 빛날 소지가 있었다. 게다가 새로운 집권세력으로서는 10년간 잃었던 권력을 되찾은 기쁨의 한 해가 아니었던가!

그런데도 '선진화 원년'이 채 가기 전에 신기원으로서의 실감이 사라지고 만 것이다. 어쩌다가 이렇게 되었는지 현실적 진행의 차원에서도 경위를 밝혀볼 일이지만, 선진화 담론 자체가 내장한 문제점을 정직하게 대면하는 일도 중요하다.

앞서도 말했듯이 선진화 구호가 매력적일 수 있었던 것은 그것이 공업화와 민주화라는 한국현대사의 무시 못할 업적을 부각시키면서 이를 딛고 더욱 선진적인 사회로 나아가자는 호소를 담았기 때문이다. 더욱 선진적인 어떤 사회인가? 그 대목은 사실 처음부터 좀 석연치 않았다. 80년대 전두환정권의 구호만 해도 '정의사회 구현'이었고 노태우정권은 '보통사람의 시대'를 표방했던 데 비해 이명박진영은 온통 70년대식 경제성장의 구호가 넘쳐났기 때문이다. 그러나 국제경쟁력 문제는 어쨌든 엄연한 현실이고 개선된 경제체제가 공업화 달성 이후에 더욱 절실해졌으며 '민주화'도 원래의 동력을 거의 소진하여 교착상태에 빠진 형국이었기 때문에, 87년체제를 뛰어넘는 '선진화'는 상당한 호소력을 갖게 마련이었다.

문제는 이런 의미의 '선진화'라면 집권세력의 또다른 담론인 '잃어버린 10년'론과 양립하기 힘들다는 점이다. 김대중-노무현 정부가 잘못한 일이 물론 많지만, 지난 10년을 온통 잃어버린 시기로 간주해서는 '산업화와 민주화의 업적을 딛고 더 나아가는 선진화'를 이룩할 길이 없어진다. 아니, 그런 식으로 지난 10년을 부정하다 보면 민주정권들의 성취를 준비했던 김영삼정부의 개혁작업이나 노태우정부에 의한 대북화해작업의 성과마저 도거리로 부인하게 되는 것이다.

불행히도 '건국 60주년' 담론도 그러한 모순을 완화하기보다 강화하는 쪽으로 작용했다. 정부수립 60주년을 계기로 대한민국의 역사를 차분하게 되돌아보며 그 정당한 성취를 기념하는 일은 나라의 선진화를 위해 반드시 필요한 작업이었다. 그런데 우리 사회의 의식을 실질적으로 선진화하는 대신 느닷없는 광복절 폐지, 건국절 제정 논의로 분란을 자초하는가 하면, 최근 교육과학기술부가 제작 배포했다가 회수소동을 벌인 '기적의 역사' 다큐멘터리처럼 4·19는 '데모'요 6·15공동선언은 없었던 일인 양 넘기는 식의 무리수를 연발하다 보니, '건국 60주년'이 '선진화 원년'에 힘을 실어줄 수 없었다.

## 2. 세계적 요인과 한반도적 요인

정권의 '선진화 원년' 구상이 뜻대로 안된 것을 이론상의 문제로만 볼 수는 없다. 집권세력의 역량과 그때그때의 대응방식 또한 당연히 따져야 한다. 다만 그 자체로 심각한 자가당착을 내포한 구상이었기에 현실의 저항에 부딪힐 때 더욱 허약할 수밖에 없었다는 것이다.

현실적인 저항이라면 무엇보다도 지난 2008년 5월초부터 약 3개월간 지속된 촛불시위를 들 수 있다. 그러나 촛불시위가 일단락된 뒤에도 계속해서 이명박정부의 선진화 구상을 파탄시키고 있는 세계적 요인도 있다. 누구나 알다시피 미국 금융시장의 위기에서 비롯된 세계적인 경기침체다. 경제성장을 최고목표로 삼았던 정권으로서는 뜻밖의 거대한 복병을 만났다고 비명을 지를 만도 하다.

그러나 '복병'이란 표현이 과연 적절한가? 위기의 정확한 규모와 양상은 외국의 한다하는 전문가들도 대부분 예견 못했으니 그런 의미로는 분명히 복병이다. 하지만 미국 금융회사들의 부동산담보대출 문제가 2007년에 이미 불거졌는데도 이른바 '747'을 비롯한 허황된 성장주의 공약을 성안한 것은 매복에 걸렸다기보다 적의 대군이 포진해서 북소리가 울리고 연기가 피어오르는 곳으로 자진해서 달려간 행위에 가깝다. '선진화'가 '잃어버린 10년 되찾기'와 동일시되어 민주화의 성취를 후퇴시키는 역주행이 되었듯이, 산업화＝공업화의 업적도 이를 바탕으로 변화된 세계정세에 적합한 창의적 경제모델을 개발하기보다 이미 과거지사가 된 70년대식 성장모델과 파탄에 직면한 미국의 금융모델을 재연하려는 또하나의 역주행이 벌어진 것이다.

한국사회 선진화 구상의 순조로운 진행을 위해서는 이렇듯 국내 요인뿐 아니라 세계적 요인에 대한 그야말로 선진적인 인식이 필요한데, 그에 못지않게 긴요한 것이 한반도적 요인을 감안하는 능력이다. 대한민국이 남쪽만의 단독정권으로 출범했다고 해서 이후 60년 역사의 성취를 부정하거나 폄하해서는 안되지만, 지금도 분단된 한반도의 반쪽에 해당하고 그에 따른 온갖 질곡에 시달리고 있다는 사실마저 부인해서는 적절한 현실대응이 힘들어진다. 아니, 이런 분단현실이 오랫동안 자리잡다보니 그것이 일종의 '분단체제'에 해당하는 자기재생산 능력을 갖게 되고 그 체제에서 혜택을 입는 기득권세력을 남북 양쪽에 보유하게 되었다는 인식으로까지 나아가지 않으면 안된다.

이러한 분단체제에 변화의 계기를 마련한 것이 2000년의 남북정상회담과 6·15공동선언이었다. 이로써 남북대결이 아니라 이명박정부도 표방하는 남북의 상생과 공영을 향한 길이 열렸고 한반도와 동북아시아에 평화체제를 구축할 기반이 조성되었다. 그리고 이것이야말로 대한민국이 경제성장과 민주화를 동시에 달성했기에 가능했던 일이며, IMF위기를 거치면서 흡수통일의 비현실성을 깨닫게 된 국민적 성숙의 소산이기도 했다. 이렇게 대한민국의 성취를 딛고 나온 6·15선언은 다시 한국사회에 수많은 혜택과 전진을 선사했다. 한반도의 긴장이 완화되고 한국경제의 국제신인도가 올라갔을 뿐 아니라, 이산가족들의 한이 다소나마 풀리고 휴전선 너머로의 왕래가 잦아지는 등 삶의 질에 직접적인 향상이 일어났다. 나아가 정부가 '남침위협'을 내세워 국민들의 정당한 요구를 '안보 차원'으로 다스리기 어려워졌다는 점에서 사회 전반에 걸쳐 인권과 민주주의의 신장을 가져왔다. 한마디로 한국사회가 후진성을 탈피하고 선진화하는 중대한 계기가 되었던 것이다.

하지만 바로 이런 성과들도 '선진화 원년'과 더불어 거의 원점으로 되돌아가는 또하나의 역진현상이 펼쳐지고 있다. 물론 그동안 남북관계에서 남측 정부가 성급했거나 서툴렀거나 국민들 앞에서 진솔하지 못했던 점에 대한 당연한 반발도 있다. 그러나 6·15공동선언에 대한 일부 국내세력의 터무니없는 비난을 대할 때, 분단체제의 흔들림 자체가 자신의 특권적 위치를 위협하는 것으로 느끼는 사람들의 두려움을 읽게 되고 한국의 선진화 과정에 한반도적 요인이 차지하는 비중을 다시금 실감하곤 한다.

정작 공동선언문에는 대한민국 자체에 위협이 될 내용이 없다. 오히려 부담을 느껴야 하고 실제로 느끼는 쪽은 북한이다. 이산가족상봉 같은 인도적 조처만 해도 북으로서는 꺼려지는 일이며 대부분의 사회문화교류도 마찬가지다. 경제협력의 경우는 경제적 실리가 따르므로 한결 적극적이지만, 체제에 대한 잠재적 위협으로 받아들이기 때문에 항상 내부반발에 시달리는 형국이다. 남쪽의 보수세력이 집중공격의 대상으로 삼는 제2항의 합의, 즉 "남측의 연합제 안과 북측의 낮은 단계의 연방제 안이 서로 공통성이 있다고 인정"하는 조항의 경우도 '북의 고려연방제를 수용했다'는 비난은 무지의 결과가 아니면 의도적 왜곡이다. 이 조항이 노태우정부 이래 남측이 주장해온 남북연합 구상을 북측이 실질적으로 수용한 결과라는 점은 문안작성에 직접 참여한 임동원(林東源) 전 통일부장관이 그의 회고록 『피스메이커』(중앙북스 2008)에서 소상하게 기록하고 있기도 하다. 그 조항의 탄생배경보다 더 중요한 것은 북측이 보여주는 현실적 자세다. 평양 당국은 자주통일의 원칙을 선언한 제1항에서 뽑아낸 한 대목을 '우리민족끼리의 리념'으로 확대하여 그 자체가 해결책인 듯 내세우고 있을 뿐, 연합제건 낮은 단계의 연방제건 제2항에 대해 별다른 관심을 보이는 바 없는 것이다.

'선진화 원년'은 바로 이러한 6·15공동선언 — 그리고 당장에 실행하기 힘든 합의가 적지 않다 해도 6·15선언과 남북기본합의서의 실천강령을 처음으로 마련한 10·4정상선언 — 을 계승하면서 경제협력의 확대뿐 아니라 북측이 꺼리는 남북연합의 결성을 향한 힘찬 재출범을 하는 계기가 되었어야 한다. 더구나 이 경우는 세계적 요인이 매우 유리한 대목이다. 10·4선언 자체가 미국의 부시 대통령이 6년에 걸친 대북강경정책을 포기한 덕에 가능했거니와, 새로 당선된 오바마는 더욱 적극적인 대북외교를 펼칠 것을 다짐하고 있다. 그런데 여기서도 선진화 담론의 내용을 '잃어버린 10년'론으로 채우는 바람에 6·15선언 및 이명박정부 스스로 표방한 '상생과 공영' 정책이 설 자리가 좁아지고, 실제로 '건국 60주년'을 기념한 예의 다큐멘터리에서는 6·15가 자취를 감추기에 이르렀다.


## 3. 촛불과 촛불 이후

출범 직후, 아니 인수위 시절부터 비롯된 이명박정부의 질주를 일찌감치 가로막은 것은 2008년 5월초에 시작하여 8월까지 지속된 대규모 촛불시위였다. 사람에 따라서는 이 촛불시위야말로 2008년을 획기적인 해로 만든 최대의 사건으로 규정할 것이다.

실제로 그렇게 볼 소지가 많다. 우리 사회에 대규모 촛불시위가 처음 발생한 것은 아니지만 규모 면에서도 여중생 추모시위나 노무현 대통령 탄핵반대시위를 능가했을뿐더러, 시민참여의 폭과 자발성, 창의성과 발랄함, 그에 따른 축제적 분위기 등에서 한국은 물론 세계적으로 유례없는 장관을 연출했다. 물론 대중의 반정부 또는 반체제 시위가 민중의 잔치마당을 이루는 예는 일찍이 프랑스 대혁명 때도 있었고 가까이는 1968년 프랑스의 5월에서 재연되기도 했다. 하지만 그때와 달리 2008년 한국의 시위와 축제는 인터넷 강국이라는 새로운 '물적 토대'를 갖고 벌어졌기에, 온라인과 오프라인을 넘나드는 참여자를 대량 확보했고 이에 힘입어 자발성의 아름다움에 수준높은 질서의식과 합리적인 의사결정 능력을 더함으로써 유례없는 시위문화를 창출할 수 있었다. 수많은 시민들의 의식을 일거에 바꾸고 새로운 희망을 체험케 했다는 점에서 그 어떤 권력이 동이나 정책변화보다 획기적이었다고 할 만하다.

다른 한편 대선 결과에 직접적인 영향을 미친 2002년의 촛불집회나 대통령 탄핵을 막아내고 민주개혁세력의 17대국회 장악을 이끌어낸 2004년에 비할 때, 2008년의 촛불이 눈에 띄는 성과를 거둔 것은 많지 않다. 한때 '뼈저린 반성'을 공언했던 대통령 이하 집권세력 전원이 오히려 촛불의 악몽을 지우고 이른바 MB정책을 밀어붙이기 위해 다시금 돌진하는 형국이다. 이를 두고 촛불의 패배를 말하고 이명박정부가 촛불을 거치면서 더욱 강해졌다고 판단하는 것은 지극히 근시안적인 발상이지만, 촛불시위가 지녔던 그 나름의 문제점과 자기모순도 냉정하게 짚어볼 필요가 있다.

시위의 직접적인 계기가 된 미국산 수입쇠고기의 광우병 위험에 논의를 한정한다면 그 개연성에 관한 확실한 과학적 자료가 부족한 상태에서 군중이 과잉반응을 했다는 주장도 얼마든지 가능하다. 그러나 이명박정부의 대응은 문제가 광우병 쇠고기에 머물 수 없게 만들었다. 위험이 얼마간이든 있다는데도 없다고 얼버무리는 무성의와 무감각, 국민이 싫다는 일을 굳이 서두르는 오만과 독단, 게다가 설혹 광우병이 발생할 경우에도 대응을 못하게 검역주권을 미리 포기한 무능과 무책임 등이 건강권과 생명권에 새롭게 눈뜬 대중들로 하여금 민주주의라는 해묵은 표제를 다시 꺼내들게 한 것이다. 그리하여 '미친 소 반대'가 곧바로 '대한민국은 민주공화국이다'라는 표어로 이어졌다.

다른 한편 민주주의가 문제될수록 촛불의 딜레마가 부각되었다. 경위야 어떠했건 지난 20년간 한국 민주주의의 전진에 힘입어 또 한번의 정권교체가 이루어지면서 압도적인 표차로 당선된 지 몇달도 안된 대통령을 어찌 할 거냐는 문제였다. 억지로 밀어낼 실력이 모자랐던 것만이 아니다. 우리 국민은 명분이 뚜렷할 때면 막강한 권력도 무너뜨린 전력을 지니고 있다. 하지만 '우리가 합법적으로 뽑은 대통령인데……', 그리고 '취임한 지 몇달이나 됐다고……'라는 성찰 앞에서 '이명박 OUT'의 구호는 나는 MB가 싫다는 정서적 표현에 머물 수밖에 없었다.

촛불집회에서 별로 주목받지 못한 우리 사회의 중요 과제에 대한 성찰도 시간이 지날수록 더 많이 나온다. 예컨대 실직자나 비정규직 노동자의 아픔이 화려한 축제 분위기 속에 묻혀버리기 일쑤였으며, 안전한 쇠고기는커녕 변변한 옥수수죽도 못 먹는 북녘 동포의 고난과 이에 대한 이명박정부의 무관심도 쟁점이 되지 못했다.

특히 후자의 경우는 촛불집회의 '배후'를 들먹이는 당국의 의도를 알기에 사람들이 조심한 면도 있지만, '북녘 동포의 고난'이라는 표현 자체가 촛불군중의 감수성과 다소 어긋나는 바 없지 않다. 전세계와 소통하는 데 익숙하면서 정작 북녘 동포들과는 단절된 채 살아온 인터넷세대의 관점에서는 북녘 동포를 굳이 지구촌 다른 곳의 난민과 구별해서 특권화하는 것이 낡은 민족주의로 비칠 수도 있겠다. 반면에 민족주의를 넘어선 보편적 인도주의 문제라면 그것이 당장에 촛불을 들어야 할 만큼 절박하게 다가오기는 힘든 것이다.

이런 실감이 틀린 것만은 아니다. 동포애와 인도주의적 감정이 선진사회 시민에게 필요한 덕목임이 분명하지만, 그것 자체가 항쟁의 주요쟁점이 되기는 어려운 일이다. 동족이요 같은 인간일 뿐 아니라 동일한 분단체제에 얽혀든 한반도 주민으로서의 동류의식, 그중에서도 남녘 민중보다 더욱 절박한 궁핍에 시달리는 북녘 주민들에 대한 책임감, 장차 분단체제보다 나은 사회를 한반도에 함께 건설해야 할 잠재적 동지들에 대한 연대의식, 그리고 남북 민중의 이런 동류의식과 연대감을 저지하는 데 열중하는 정부에 대한 분노와 질책 — 이러한 차원의 인식에 도달했을 때 비로소 남북관계가 민주주의 문제, 국민의 건강과 자존심을 지키는 대미협상 문제 등 촛불군중의 화급한 관심사와 별개가 아님을 실감할 수 있을 것이다.

## 4. 2009년을 내다보며

2009년은 어떤 해가 될까? 민주주의와 경제발전, 남북관계 등 모든 분야에서 참된 선진화에 역행하는 자세를 보여온 이명박정부는 그러한 행보를 계속할 것인가? 2008년의 촛불은 2009년에 다시 타오를 것인가?

다른 건 몰라도, 만약에 정권의 역주행이 계속될 경우 언젠가 대규모 촛불시위가 또 벌어질 것만은 분명하다. 문제는 어떤 촛불이며 그 성과가 무엇이냐일 따름이다.

2008년에 시작된 세계경제의 위기가 어디까지 가고 그 와중에서 한국경제의 침체가 얼마나 심각할지는 내가 말할 수 있는 사안이 아니다. 다만 2009년의 대부분 기간에 걸쳐 국민생활이 지금보다도 훨씬 더 힘들어지리라는 데는 국내외의 여러 기관과 전문가들이 동의하는 듯하다. 여기에 한가지 소견을 덧붙인다면, '잃어버린 10년' 동안 정권 말고는 별로 잃은 것도 없이 유형·무형 재산의 고도성장을 구가해온 집단이 자신의 잇속부터 챙기는 정치를 계속하는 한, 경제회복의 속도도 느려지려니와 거시경제 지표가 개선되기 시작하더라도 서민생활은 줄곧 더 곤궁해지리라는 것이다.

그렇다면 다음 촛불시위는 '안전한 먹거리' 이전에 '기본적인 의·식·주'와 '최소한의 안정된 일자리'를 요구하고 나올 공산이 크다. 하지만 이럴 경우 2008년 촛불의 자랑인 유쾌하고 평화적인 축제 분위기는 어찌 되는가? 더 절박하고 강렬한 투쟁력이 확보되는 대신 정부가 입만 열면 지탄하며 어느 면에서는 유도해온 '불법폭력시위'가 주류를 이루지 않을까?

유의할 점은 2008년과 달리 2009년에 가면 정부로서도 시위의 폭력화가 무난한 진압을 보장하지는 않으리라는 것이다. '취임한 지 몇달이나 됐다고……'라는 생각은 취임 1년 — 그것도 몇년이나 된 것 같은 느낌을 주는 1년 — 이 지나면서 약효가 다할 것이고, '우리가 합법적으로 뽑은 대통령인데……'라는 논거가 여전히 남기는 하겠지만 합법적으로 선출된 집권자라도 실정이 지속되면 정당성을 상실하게 마련이기 때문이다. 대규모 촛불이 대규모 횃불로 변하는 일은 경제위기 한복판의 국가에 위험천만의 사태임은 물론, 정권으로서도 극도로 불안한 상황이 될 것이다.

정권비판세력도 막연히 2008년 촛불의 재연에 기대를 걸 수는 없다. 어차피 그런 꿈같은 잔치마당은 '리바이벌'을 할 때 제맛이 안 나게 되어 있다. 더구나 아름다운 축제만으로 정부를 움직이지 못함을 실감한 시민들이 별다른 마련 없이 또 그런 일에 혼신의 힘을 다하지도 않을 것이다.

그렇다면 어떤 '마련'이 필요한가? 정부가 뒤늦게라도 촛불의 교훈을 되새겨 '선진화'의 방향을 올바로 잡는 것이 최선이지만, 그러지 못해서 국민들이 다시 촛불을 들어야 할 경우를 위해 어떤 대비를 해야 하는가?*

어떤 경우에든 2008년 촛불의 평화적이고 축제적인 기조는 유지할 수 있어야 한다. 나는 무조건적인 비폭력주의자는 아니지만, 폭력보다 비폭력이 원칙적으로 바람직할뿐더러 현시점의 한국사회에서는 그것이 강력한 시민행동의 최선책이라는 생각이다. 그런데 대중의 생활고가 극심해지고 정부에 대한 시민들의 반감이 고조된 상황에서 촛불의 기본정신이 유지되려면, 첫째 시위군중의 자발성과 창의성이 여전히 존중되면서도 그들의 합리적인 판단을 유도하고 지원할 수 있는 일정한 지도력이 확보되어야 하며, 둘째로 시위가 시위로만 끝나지 않고 구체적인 정책과 제도의 조정으로 연결되리

---

* 이 문제에 관한 필자의 후속논의로 「거버넌스에 관하여」(창비주간논평 2008.12.30) 참조.

라는 전망이 서야 한다.

그 어느 한가지도 지금은 마련되지 않은 실정이다. 야권의 정당들과 시민사회가 연대를 모색하고는 있지만 일시적이고 불안정한 어울림 이상을 가능케 해줄 합의점을 못 찾은 상태다. 대선과 총선에서 대패한 충격도 충격이지만 참여정부와 17대국회의 '호시절'에 오히려 지리멸렬해진 바가 컸기 때문에, 분단체제의 변혁이라는 이 시대의 원대한 과제를 중심으로 폭넓은 연대를 가능케 할 중도노선을 정립할 겨를이 없었던 것이다. 다른 한편 이른바 보수진영은 보수진영대로 오랜만의 선거승리에 도취해서인지, 정권의 합리적 행보를 유도하고 중도주의적 국민통합에 기여하기는커녕 어쩌면 지난날의 진보개혁세력보다 더욱 급속히 국민적 신뢰를 잃어가고 있는 것 같다.

이래저래 2009년은 세계의 다수대중에게나 한반도와 한국의 주민들에게나 만만찮은 시련을 준비하고 있는 것으로 보인다. 하지만 2008년에 이미 큰 공부를 했고 아직도 향상심을 놓지 않고 있는 우리 국민이 2009년의 시련도 헛되이 흘려버리지 않을 것만은 믿어도 좋을 것이다.*

---

* 이 글의 원제는 「2008년과 2009년」이다. 『월간중앙』 2009년 1월호에 게재되면서 「'선진화 원년'과 '잃어버린 10년'」으로 제목이 바뀌었는데, 이 책에 싣기 위해 필자가 부분적으로 문장을 손질하고 제목을 고쳤다.

87년체제의 정치·경제학

# 민주화 이후 정당체제의 구조와 변화

박상훈 • 정치학 박사, 후마니타스 대표

## 1. 민주화 이후의 한국정치

이 글의 목적은 정당체제의 차원에서 민주화 이후 한국정치가 갖고 있는 구조적 특성과 변화의 동학을 분석하는 데 있다. 이를 통해 민주화 이후의 정당체제를 '유권자의 지역주의 투표 혹은 지역당의 지역주의 동원 때문'으로 치환해 설명하고 이를 도덕적·이데올로기적으로 문제삼는 기존의 지배적 접근이 왜 잘못된 것인지를 따져보고자 한다.

정당체제란 '사회적 갈등과 균열의 기반 위에서 전략적으로 행위하는 정당들간 상호작용의 특정한 패턴 내지 양식'을 가리킨다. 거기에는 ① 유권자와 정당, 정당과 정당, 정부와 정당이라는 관계의 차원이 있고, ② 그 상호작용의 과정에서 동원되는 선호와 요구, 권력과 영향력, 행위 목적과 수단을 연결짓는 전략의 차원이 있으며, ③ 선거제도나 정부 형태, 헌정체제와 같은 다양한 제도적 맥락, 그리고 ④ 개별 정당 내부의 조직구조가 갖는 또다른 차원이 있다.[1] 어느 정치체제든 이 복잡한 구조와 다차원적 상호작용 속에서도 일정한 질서가 존재하는데, 넓은 의미에서 정당체제란 바로 그런 '질서의 체계'를 가리키는 것이다. 이런 체계 안에서 '민주적으로 제도화된 계급투쟁' 혹은 '균열의 제도화'를 통해 사회적 변화와 요구가 일정정도 정치적으로 대표되고 통합되지 않는 한 민주주의는 유지·작동·지속할 수 없다. 요컨대 정당체제에 대한 이해 없이 특정 국가의 정치와 민주주의를 설명한다는 것은 불가능한 일이다.

한국은 1987년 6월 이른바 '운동에 의한 민주화'를 통해 권위주의에서 벗어났고, 같은해 12월의 대통령선거와 이듬해 4월의 국회의원 총선으로 이어진, 두번의 민주주의 정초 선거를 통해 경쟁적 정당체제로 전환했다. 싸르토리(Sartori)[2]나 파네비안코(Panebianco)[3] 등 정당체제의 고전 이론가들이 강조하는 '형성기 정당체제의 유형적 특성이 갖는 지속성'을 고려할 때, 이 시기에 형성된 정당체제를 비교의 준거로 이후 정당체제의 구조와 변화를 분석하는 것은 경험 연구를 조직하는 데 있어 매우 경제적인 출발이라 하겠다. 분석의 편의를 위해 민주화 이후의 정당체제를 '87년체제'라고 정의하기로 하자. 비록 1988년 총선을 통해 권위주의에서의 비경쟁적 정당체제를 대체하는 새로운 경쟁적 정당체제가 공식적으로 구현되었지만, 그 결과는 1987년 대통령선거에서 나타난 특성을 그대로 재현했다는 점에서 87년체제가 좀더 현실적인 개념이라 할 수 있다.[4] 그렇다면, 87년체제는 어떤 구조와 특징을 갖는가? 민주화 이후 대통령선거, 국회의원 총선, 지방자치체 선거 등 20차례 가까운 전국적 선거경쟁을 거치는 동안 87년체제는 어떤 변화를 보였나? 오늘의 한국 정당체제를 여전히 87년체제로 정의하는 것은 가능한가?

민주화 이후 한국정치의 가장 중요한 특징은 동원과 탈동원, 열망과 실망이 매우 짧은 주기로 반복해왔다는 것이다. 광범한 대중적 동원을 통해 어떤 변화라도 가능할 것 같은 집합적 열망의 분출이 일순간 국면을 휩쓸다가도, 어느 순간 상황은 종결되고 탈동원화와 일상화의 주기로 돌아가버리거나, 반대로 어떤 변화도 불가능할 것 같은 교착국면이 지속되다가도 갑작스럽게 상황이 급변하는 현상이 자주 나타났다. 이런 순환구조에서 우연히 동원과 열망의 주기를 목격하게 되면 한국정치는 '변화와 역동성'의 상징처럼 인식된다. 하지만 탈동원화와 실망의 주기로 돌아선 상황을 경험하게 되면 한국정치는 '정체와 퇴행'을 특징으로 하는 것처럼 보인다. 뭔가 커다란 변화가 도래할 것 같은 상황은 어느 순간 포말처럼 사라지고, 대안 부재의 지지부진한 상황이 지속되다가도 갑작스럽게 또다시 새로운 가능성이 분출하는 이런 사태전개의 반복을 '열망—실망의 순환적 싸이클'[5] 혹은 '변화—정체의 이중구조적 순환'이라고 표현할 수도 있겠다.

민주화 이후 한국정치가 끊임없는 변화와 정체 상태를 반복해왔다면 87년'체제'라는 개념을 사용할 수 있나 하는 의문을 제기할 수 있다. 체제(system)라는 용어 자체가 반복적으로 나타나는 일정한 패턴의 지속성을 전제한 개념이기 때문이다. 만약 안정된 정당체제를 갖고 있는 선진 민주주의 국가들과 비교하거나, 기존 정당체제 이론들에서 사용된 지표와 기준을 엄격하게 적용한다면 민주화 이후 한국 정당체제를 제도화(institutionalization) 혹은 공고화(consolidation) 나아가서는 결빙(freezing) 등과 같이 어떤 고정된 패턴을 갖는 것으로 개념화하기는 불가능하다. 그러나 중요한 것은 개념 그 자체가 아니라 현실에 대해서 개념이 갖는 도구적 가치이다. 근본적으로 개념이란 현실을 좀더 선명하게 포착하기 위해 만들어진 일종의 작위적 산물이기 때문이다. 마이어(Mair)는 정당체제의 유형을 정의하는 데 있어 가장 중요한 기준을 '예측성'에 둔다.[6] 나라마다 정당체제의 제도화 정도는 동일할 수 없는바, 문제의 핵심은 정당체제를 구성하는 여러 요소들간의 상호작용이 일정한 체계의 논리(systemic logic)를 갖느냐 하는 것이다. 어떤 경우든 이런 체계의 논리를 전제하지 않는 한 일정한 설명의 틀을 발전시키기는 불가능할 것이다. 그리고 그런 체계의 논리에 기초하여 87년체제를 정의하려면, 민주화 이후 한국정치가 보여준 변화와 정체, 열망과 실망의 주기적 반복 역시 87년체제가 갖는 어떤 구조적 특성 내지 일정한 규칙성을 갖는 운동의 논리를 반영하는 현상으로 설명할 수 있어야 하며, 다른 우연적 변수의 개입이 없다면 앞으로 정당체제의 전개에 대해서도 일정한 예측성을 가져야 할 것이다. 가능한 일인가?

이런 걱정이 무색하게도 한국 정당체제에 대한 기존 연구에서의 지배적 설명은 아주 확실한 '체계의 논리'를 전제한다. 즉 민주화 이후 한국 정당체제란 '지역주의라는 단일 균열에 기반을 둔 지역당들간의 경쟁체제', 달리 말해 '주요 광역지역이 각기 다른 지역당들에 의해 분할되어 지배되고 있는 정당체제'라는 것이다. 인과적 비중을 유권자의 지역주의적 선호에 두느냐 아니면 정당들의 지역주의 동원에 두느냐의 차이는 있지만 지역주의가 정당 경쟁과 유권자 편성을 지배했다는 논리구조에서 기존 연구들간의 차이를 발견하기는 어렵다. 다시 말해 정당구도는 지역정당으로 고정되었고, 지지기반은 지역주의로 결속됨으로써 정당체제는 일종의 지역분할체제로 결빙 혹은 공고화되었다는 것이다. 이런 설명은 마이어의 개념으로 말한다면[7] 정당, 유권자, 정당체제의 세차원 모두에서 결빙 내지 공고화된 것으로 제도화의 수준이 가장 높은 단계에 있다는 주장과 다르지 않다.

이 글에서는 기존의 지배적인 접근과는 다른 관점, 다른 설명을 발전시키고자 한다. 분석의 초점은 두가지이다. 하나는 지역주의 중심의 기존 해석이 이론적으로나 경험적으로 잘못된 이유를 밝히는 것이다. 이를 통해 민주화 이후 갑작스럽게 등장한 지역주의가, 문제의 원인이라기보다 거꾸로 87년체제의 형성과정이 갖는 어떤 구조적 특성 때문에 결과적으로 만들어지게 된 측면을 강조하고자 한다. 이는 한국의 지역주의 문제에 대한 기존의 논의와는 근본적으로 다른 접근이다. 기존 연구는, 삼국시대에 그 기원을 두는 것이든 아니면 권위주의 산업화시기 때 만들어진 것이든, 민주화 이전에 존재했던 지역주의가 민주화를 기점으로 표출되어 지역정당체제를 만든 것으로 이해한다. 이에 반해 이 글은 한국의 지역주의 문제를 민주화 이행기 정치적 대표체제의 여러 제약 조건 때문에 정치적으로 만들어진 '새로운 문제'로 정의하게 될 것이다. 지역주의를 문제의 원인이 아니라 결과로 이해하기 때문에, 대안을 추구하는 데서도 '지역주의 극복'에 집착하는 기존의 접근과는 달리 지역주의 문제를 만들어낸 정치적 대표체제의 구조 변화에 초점을 두어야 하는 합리적 근거를 설명하게 될 것이다.

두번째 분석의 초점은 기존의 정태적 설명모델과는 달리, 끊임없는 변화를 동반하면서도 특정한 유형의 정당체제가 계속해서 재생산되는 87년체제의 동태적 구조를 밝히는 것이다. 87년체제를 '지역주의적 선호를 갖는 유권자와 지역당적 구조를 갖는 정당들이 만들어낸 지역정당체제'로 이해하는 기존의 지배적 설명모델에서는 사실 변화를 설명할 수 없다. 기존 설명이 겨우 이끌어내는 변화의 논리는 지역주의적 선호가 약한 신규 유권자의 유입 같은 세대 변인에 의존하는 것이거나 아니면 지역당을 이끈 3김의 청산 같은 외재적 변인의 개입 이상일 수가 없었다. 엄밀히 말해 그것은 합리적인 설명이 아니라 민주화가 만들어낸 변화를 부정적으로 묘사하고 싶은 욕구를 드러내는 이상은 아니다. 문제의 핵심은 단기적 국면에서의 잦은 변화와, 냉전 반공주의에 기반을 두고 만들어진 과거 정치구조의 강한 지속성이 병행되는 현상을 논리적 모순 없이 설명하는 문제이지, 뭔가 획기적인 충격이 주어지지 않는 한 지역주의 때문에 아무것도 안된다는 식의 비이성적 설명을 강요할 일이 아니다.

87년체제의 문제를 다른 사례들과 비교 가능하고 인과적 요소의 분리가 가능한 방식으로 다루려면 무엇보다 정당체제의 유형적 특징을 분석하는 일반 지표들을 통해 사태의 경험적 기초를 객관화하는 것에서 출발할 필요가 있다. 정당의 수와 경쟁의 양식에 초점을 둔 현대정당론의 교과서적 접근으로부터 논의를 시작해보자.

## 2. 87년체제의 형성

### 1) 87년체제의 경쟁양식

정치체제의 차원에서 민주화란 비경쟁적 정당체제에서 경쟁적 정당체제로의 전환을 그 핵심으로 한다. 한국의 민주화도 마찬가지였다. '유정회'나 '전국구' 같은 다양한 방식의 승자 프리미엄 제도를 통해 인위적으로 만들어졌던 우위정당(predominant party)은 소멸했다. 여소야대의 분점정부 상황이 일상적인 것이 될 만큼, 민주화 이후 정당간 경쟁은 강렬했다. 나아가 야당은 집권을 위해 실질적으로 경쟁하고 연합할 수 있었고, 실제 87년체제를 구성했던 4개의 정당 모두 이후 선거에서 차례로 집권할 수 있었다. 승자가 될 수 있는 가능성이 얼마나 불확실하고 불확정적이었나 하는 기준이나 야당의 집권기회가 얼마나 열려 있느냐 하는 기준에 따르면,[8] 민주화 이후 한국의 정당체제가 매우 경쟁적이고 매우 개방적인 체제로 전환한 것이 된다. 민주화 이후 국회의원 총선 결과를 요약하고 있는 〈표 1〉은 이런 특징을 잘 반영하고 있다.

〈표 1〉 민주화 이후 선거 결과(요약, 단위: %)

| 선거시기 | 정당별 득표율 | | | | | | | 투표율 |
|---|---|---|---|---|---|---|---|---|
| 13대 | 민주정의당 | 통일민주당 | 평화민주당 | 신민주공화당 | 신한민주당 | 기타 | 무소속 | 75.8 |
| 88.04.26 | 34.0 | 23.8 | 19.3 | 15.6 | 02. | 2.3 | 4.8 | |
| 14대 | 민주자유당 | 민주당 | 통일국민당 | 신정당 | 공명민주당 | 민중당 | 무소속 | 71.9 |
| 92.03.24 | 38.5 | 29.2 | 17.4 | 1.8 | 0.1 | 1.5 | 11.5 | |
| 15대 | 신한국당 | 새정치국민회의 | 자유민주연합 | 통합민주당 | 무당파국민연합 | 기타 | 무소속 | 63.9 |
| 96.04.11 | 34.5 | 25.3 | 16.2 | 11.2 | 0.9 | 0.1 | 11.8 | |
| 16대 | 한나라당 | 새천년민주당 | 자유민주연합 | 민주국민당 | 민주노동당 | 기타 | 무소속 | 57.2 |
| 00.04.13 | 38.9 | 35.8 | 9.8 | 3.6 | 1.1 | 1.1 | 9.7 | |
| 17대 | 열린우리당 | 한나라당 | 민주노동당 | 민주당 | 자유민주연합 | 기타 · 무소속 | | 60.6 |
| 04.04.15 | 38.3 | 35.8 | 13.0 | 7.1 | 2.8 | 4.0 | | |

논의를 이어가기 위해 〈표 1〉을 자세히 보자. 우선 민주화 이후 한국 정당체제는 4당체제로 출발했음을 알 수 있다. 뒤에서 보겠지만 민정계와 김영삼, 김대중, 김종필로 대표되는 이 네 정당은 일정한 역사성을 갖고 있다. 문제는 그 다음이다. 정당간 경쟁의 체제가 제도화되려면 최소한 정당체제를 구성하는 개별 정당들의 분포와 구성이 안정되어야 한다. 그러기 위해서는 정당의 수와 크기가 유지되어야 한다. 표가 보여주는 것은 그와 거리가 멀다. 양당제로의 경향과 다당제로의 경향이 혼재한다고 말할 수도 있으나 두 경향 사

이에 일정한 패턴이 있는 것도 아니다. 더 중요한 것은 정당의 불연속성이다. 복잡한 정당 명칭, 그나마도 두번 이상 유지된 사례도 별로 없는 것에서 알 수 있듯이, 정당간 상호작용의 체계가 제도화되었는지 따지기 이전에 개별 정당 자체가 제대로 유지되지 못했기 때문이다. 이런 불연속성의 이면에는 정치 엘리뜨와 유권자의 선택을 분기시키는 강한 분산적 계기가 있고, 또 거기에는 승자독식의 대통령제와 이념적 정체성이 약한 정당조직들의 특성이 만들어내는 제도 효과나 기회구조의 유동적 변화 등의 요인이 있을 것이다. 이 복잡한 인과구조를 어떻게 설명할 것인가의 문제는 별도로 하고, 우리의 논의에서 중요한 사실은, 적어도 정당간 경쟁의 체제라는 차원 혹은 정당조직의 안정성이라는 기준에서는 87년체제를 정의하기가 어렵다는 것이다.

물론, 전국적 차원에서 살펴본 이상의 특징들과 달리, 지역의 차원으로 분해해보면 사태는 매우 다르게 보일 수도 있다. 〈표 2〉는 선거에서 몇개의 정당이 경합했는가를 나타내는 유효정당 수를 기준으로 민주화 직후의 선거 결과를 전국과 지역 차원에서 비교하고 있다.[9]

〈표 2〉는 전국적 차원에서는 4당체제에 가까운 지수를 보여주는 것과 달리 지역차원에서는 정당간 경쟁성의 정도가 매우 약함을 보여준다. 이런 특징은 〈표 3〉과 같이 민주화를 전후한 선거에서 제1당이 차지한 지역별 의석점유율을 보면 더욱 분명하게 나타난다.

지역별로 특정 정당의 독점적 대표성은 별도의 설명이 필요하지

〈표 2〉 전국/지역별 유효정당 수 지수 대비: 13대 총선(의석점유율 기준)

| | 전국 | 지역 | | | |
|---|---|---|---|---|---|
| | | 경북 | 경남 | 호남 | 충청 |
| 유효정당 수 | 3.4 | 1.3 | 1.9 | 1.04 | 2.4 |

* 유효정당 수 = P/ΣSi²(Si는 i 정당의 의석점유율, P는 0.5% 이상 득표한 정당의 의석점유율 합).

않을 만큼 분명하게 나타난다. 흥미로운 것은 〈표 3〉에서 보듯 민주화 이전에는 전국적 제1당이 지역에서도 제1당이었지만, 민주화 이후에는 지역별로 서로 다른 정당들이 각 지역을 대표하는 지배정당이 되었다는 사실이다. 전국적으로 매우 경쟁적인 정당체제가 등장한 것과는 달리 지역적 차원에서는 패권 정당체제에 가까운 비경쟁적 정당체제가 나타난 것이다. 그렇다면, 지역내 지배정당은 안정적으로 유지되었나? 적어도 지역차원에서 정당체제는 제도화 혹은 공고화되었다고 말할 수 있나?

분명, 기존의 지배적 설명모델은 87년체제를 4개의 정당이 서로 다른 지역의 지지시장을 지배하는 강한 지역주의 정당체제로 본다. 그리고 이들 지역주의 정당과 지역 유권자 사이의 결속구조는 거의

〈표 3〉 지역별 제1당의 의석점유율: 12~13대 총선(단위: %)

| | 12대(1985년) | | 13대(1988년) | |
|---|---|---|---|---|
| | 의석점유율 | 제1당 | 의석점유율 | 제1당 |
| 경북 | 46.2 | 민정당 | 86.2 | 민정당 |
| 경남 | 40.6 | 민정당 | 62.2 | 통일민주당(김영삼계) |
| 전라 | 50.0 | 민정당 | 97.9 | 평화민주당(김대중계) |
| 충청 | 50.0 | 민정당 | 55.6 | 신민주공화당(김종필계) |

* 표에서 경북은 대구를 포함하고, 경남은 부산을 포함하며, 전라는 전라남북과 광주를 포함하고 충청은 충청남북과 대전을 포함한다.

변화될 수 없는 절대적인 균열로 이해한다. 그런데 자세히 들여다 보면 이 네 정당은 이후 선거를 거치면서 차례로 소멸했다. 민정당 은 민주자유당, 신한국당을 거쳐 한나라당으로 이어졌지만 민정계 로 범주화할 수 있는 정치세력은 계속 축소되어 현재는 한국정치를 설명하는 독립변인으로서의 영향력을 상실했다. 경남지역을 지배 한 것으로 간주되었던 김영삼계는 그야말로 완전히 사라졌다. 호남 을 지배했던 김대중계는 김대중이라는 정치지도자 개인만 남았을 뿐, 독자적 정치세력으로서의 잠재력을 유지하기는 어려운 상황이 다. 충청권을 지배했던 김종필계 역시 이미 오래전에 아무 의미 없 는 군소정당으로 퇴락했다. 최초 87년체제를 구성했던 이들 정당의 소멸은 여러가지 복합적 원인이 작용한 결과이지만, 적어도 분명한 것은 한국에서 지역주의든 지역당이든 그렇게 절대적인 변수가 아 니며, 따라서 기존의 지배적 설명과 달리 지역차원에서조차 87년체 제를 안정적으로 정의하기 어렵다는 사실이다. 그렇다면, 87년체제 의 체제적 특성은 어떻게 정의할 수 있는가? 정당체제에 접근하는 또다른 고전적 관점이라고 할 수 있는 '유권자 속의 정당'의 차원, 다시 말해 정당체제가 그 기반을 두고 있는 사회적 차원에서 문제를 생각해보자.

## 2) 87년체제의 사회적 기반과 지역주의

많은 사람이 강조하듯이, 한국 정당체제의 특징 가운데 하나는 경쟁에 참여한 정당들의 계층적·이념적 분화가 매우 약하다는 것이다. 그리고 이런 현상의 다른 짝은 유권자의 투표 결정을 분기시키는 요인으로서 계층적 차이가 뚜렷하지 않다는 사실이다. 한국갤럽의 투표자 의식조사 자료를 바탕으로 작성한 〈표 4〉는 주요 정당의 사회경제적 기반이 얼마나 취약한가를 보여준다.[10]

립셋－로칸(Lipset & Rokkan)의 관점에서 보면,[11] 지역 이외에 지지집단이 특정화된 양상은 주목되지 않는다. 정치경쟁에 동원되는 이념의 내용 역시 차별화하기 어렵다. 특정 계층의 이해와 관심을 조직하려는 시도들은 적어도 2004년 17대 총선에서 민주노동당이 의석 획득에 성공하기 이전까지 번번이 좌절되었다.

그렇다고 해서 정당간 지지기반의 차이가 전혀 없다고 말한다면 그것은 사실이 아니다. 어느 정당체제에서든 유권자 개인 단위로 투표가 이루어진다 할지라도 그것의 거시적 결과에는 '집단으로 투표'하는 특성이 존재한다. 다시 말해, 정당별 지지기반의 집단적 특성을 갖지 않는 정당체제란 없다. 이는 개별 유권자의 투표행태가 갖는 지속성 혹은 반대로 유동성 정도로 포착 가능한데, 그간의 유권자 의식조사 자료들은 유권자 대부분이 매 선거에서 매우 일관된 투표결정을 해왔음을 보여준다. 그만큼 정당 투표의 경향은 강하고 투표 행태 내지 패턴은 안정적이었다고 할 수 있다. 〈표 4〉에서 볼 수 있듯이, 그간의 투표 패턴에서 두드러진 집단적 특성은 지역이다. 그렇다면, 지역으로 나타난 집단적 특성을 어떻게 정의할 수 있을까? 기존의 지배적 설명이 강조하듯 한국사회의 강한 지역주의

| | 정당 | 성(性)<br>균열지수 | 연령<br>균열지수 | 교육수준<br>균열지수 | 계층<br>균열지수 | 지역<br>균열지수 |
|---|---|---|---|---|---|---|
| 13대<br>총선 | 민정 | 2.8 | 14.0 | 11.1 | 6.9 | 25.1 |
| | 통일민주 | 1.5 | 4.7 | 14.7 | 11.9 | 42.9 |
| | 평민 | 0.9 | 5.5 | 2.4 | 14.3 | 78.5 |
| | 공화 | 3.1 | 4.7 | 2.8 | 4.2 | 50.1 |
| 14대<br>총선 | 민자 | 5.6 | 15.1 | 17.0 | 11.5 | 20.3 |
| | 민주 | 0.4 | 10.3 | 5.4 | 7.2 | 46.9 |
| | 통일국민 | 1.1 | 13.4 | 2.5 | 3.9 | 25.6 |
| 15대<br>총선 | 신한국 | 1.5 | 9.4 | 3.4 | 4.3 | 22.9 |
| | 국민의회 | 2.6 | 3.9 | 0.9 | 3.8 | 54.9 |
| | 자민련 | 1.1 | 6.3 | 8.5 | 3.3 | 22.6 |
| | 민주당 | 0.2 | 0.98 | 4.3 | 1.5 | 8.0 |

* 균열지수는 알포드(Alford)의 계급 균열지수를 원용, 사회인구학적 특성별로 가장 표를 많이 획득한 집단의 득표 크기에서 여타 집단에서의 평균 득표 크기를 뺀 것이다. Alford, R, *Party and Society : The Anglo-American Democracies*, Rand McNally 1963.

때문이라고 할 수 있을까?

비교정치학에서 말하는 지역주의란 직업이나 계급과 같이 사회의 기능적 분화에 의해 분할될 수 없는 하위문화적 실체로서 지역의 존재를 가리키는 개념이다. 다시 말해, 엘리뜨 충원 같은 지위재나 경제적 자원 등 도구적 가치의 재분배를 통해 대체 혹은 해체될 수 없는 문화공동체로서 지역에 대한 충성심을 의미하는 것이다. 마찬가지로 지역주의 정당이란 이들 지역공동체의 이익과 열망을 실현하고자 하는 정치조직으로, 지역공동체의 구성원이 사회 전체적으로는 항상 소수자의 위치에 있으므로 이들이 추구하는 정치적 대안은 다수결 민주주의를 거부하는 내용을 갖는다. 가장 일반적인 대안은 분리독립과 자치, 분권이며 그밖에도 미국의 예에서 볼 수 있듯이 작은 주들에 부여된 비토권, 스위스같이 정부 형성에 소수 정파도 공동 통치자로 참여하는 협의체주의(consociationalism) 등이 있다. 한국의 지역주의가 이런 다문화국가에서 볼 수 있는 지역주의와는 근본적으로 다른 내용을 갖는다는 사실은 별도의 설명이 필요하지 않다. 그렇다고 민주화 이후 투표에 나타난 지역적 차이를 혈연-지연 같은 일차적 유대의식 혹은 전통적 귀속가치의 표현이라고 말한다면 그것은 더더욱 사실이 아니다. 한국에서 지역간 투표행태의 차이는 권위주의의 경험에 대한 평가, 경제발전의 분배 효과 및 엘리뜨 충원구조에서의 차별에 대한 날카로운 인식을 반영한다는 점에서 대단히 근대적인 정치의식에 기초를 둔다. 그러나 지역차별을 둘러싼 유권자들의 인식이나 선호의 체계가 존재한다 해도 그것 때문에 지역정당체제가 나타났다고 말하는 것은 충분한 설명이 되지 못한다.

선호는 기회의 함수이다.[12] 다시 말해, 유권자가 어떤 선택의 기회를 갖느냐 하는 차원을 고려하지 않는다면, 인종이든 언어든 그어떤 문화적 갈등이나 균열이 거의 없는 한국과 같이 동질적인 나라에서 어떻게 지역정당체제가 나타났는지, 그것도 왜 그 이전 선거에서가 아니라 민주화 정초 선거에서였는가 하는 문제를 이해할 수 없다. 립쎗-로칸 등 정당-유권자 결속구조에 대한 고전이론들이 강조하듯이 "유권자보다 정당이라고 하는 대안들이 먼저 존재한다." 다시 말해, 유권자의 선호나 의식이 먼저 있고 이것이 투표행위를 통해 정당체제를 만드는 것이 아니라, 그와는 반대로 유권자의 선호와 투표 결정은 정당 혹은 정당으로 조직될 잠재력이 있는 정치적 대안들이 어떤 분포를 갖는가 하는 것에 의해 만들어진다는 말이다.[13] 요컨대 집합적 차원에서 볼 때 투표 결과는 해당 사회가 발전시켜온 정당 대안의 역사를 반영하는 것이다. 그렇다면, 1987년 한국사회에서 권위주의에 반대하며 민주화를 요구했던 다수의 시민은 민주화 정초 선거를 통해 어떤 정당 대안과 대면했으며, 결국 어떤 유권자로 투표할 수 있었는가?

### 3) 87년체제의 정당구도: 보수독점적 정당체제의 복원

87년체제를 구성하는 네 정치세력은 나름대로의 역사성을 갖고 있다. 제1당이 된 민정당은 제5공화국의 권위주의 국가에 그 기원을 둔다. 거의 비슷한 의석을 차지한 평화민주당(김대중계)과 통일민주당(김영삼계)은 한민당이라는 한국에서 가장 오래된 정당이자 지주계급의 이익과 열망을 대표했던 정당에 역사적 기원을 두고 있다. 이들은 권위주의 집권당에 맞서는 야당의 위치에 서게 됨으로써 정치적으로 반권위주의 민주정당의 이미지를 발전시키게 되었고, 그 과정에서 김대중계와 김영삼계라는 두 정치세력을 파생시켰다. 네번째 크기의 정당이 된 민주공화당(김종필계)은 제3공화국에 그 기원을 둔다.

결국, 정당체제의 이 네 구성요소에 초점을 두고 본다면 87년체

〈그림 1〉 87년 4당체제의 전사(前史)

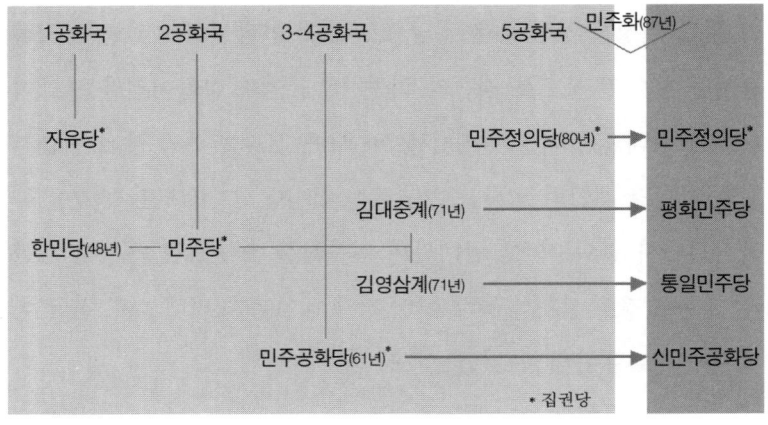

제는 새로운 것이 아니라 그 이전 정당 대안들의 복원이라는 특징이 있다. '냉전 반공주의 범위 안에서의 다원주의'를 특징으로 하는 한국 초기 정당체제 즉 '48년체제'의 연장이라고 볼 수도 있고, 중간파 내지 소장파 정치세력이 모두 소멸되고 권위주의 집권당과 보수적 야당 간 협애한 이념적 대표체제 아래 경쟁의 체제를 확립했던 '58년체제'의 연장이라고 볼 수도 있겠다.[14]

87년체제의 등장은 분명 운동에 의한 민주화라고 요약되는 혁명적 정치변화로부터 촉발되었다. 그것은 유권자에게 강한 참여의 욕구와 변화에 대한 열망을 불러일으키기에 충분했다. 그러나 선거에서 이들이 선택할 수 있는 정당 대안의 구성은 구체제의 정당체제가 복원된 것을 의미했다. 다시 말해 민주화의 결과로 선거제도가 변화되고 정당간 경쟁성이 강화되었지만, 기본적으로 권위주의 시기와 비교할 때 선거경쟁의 구도는 동일했다. 이 상황에서 민주화운동의 분열과 유권자의 분열은 불가피했다. 반권위주의 민주화연합에 참여했던 야당이 두명의 대선후보를 중심으로 분열되었을 때, 그리고 그 두 정치엘리뜨가 민주화라는 동일한 목표를 제시하며 지지를 호소했을 때 민주화운동 및 그 지지자들이 직면하게 된 혼란과 갈등은 엄청난 것이었다. 한국의 87년체제를 특징짓는 한 요소로서 한국의 지역정당체제는, 경쟁성은 거의 폭발적으로 증가했지만 대표성의 범위는 기존의 협애한 구조를 그대로 유지하게 될 때 어떤 결과가 나타나는지를 보여주는 대표적인 사례라 하겠다. 지역적으로 분절화된 정당체제를 정당간 이념적 거리가 좁거나 혹은 계층적·이념적 갈등이 배제된 경쟁구조가 만들어내는 결과로 설명하는 싸르토리나 샤츠슈나이더 등의 고전적 정당이론이 한국의 경우에도 큰 설명력을 갖는 것이다.[15]

이상의 논의에서 주목해야 할 것은 한국정치에서 지역주의 혹은 지역주의와 관련된 현상들은, 어떤 결과를 만들어내는 독자적 원인이라기보다는 다른 원인들 때문에 만들어진 결과의 측면이 더 크다는 사실이다. 다시 말해, '지역주의 때문에'라는 설명모델보다는, 민주화 이후 경쟁적 정당체제로의 전환과정이 갖는 여러 특징 때문에 '결과적으로 지역주의적 현상'이 부각되었다는 설명이 좀더 현실적일 뿐만 아니라 분석적인 가치도 높다는 것이다.[16] 이는 정치상황이 변하고 정당 대안의 구조가 달라지면 지역적으로 분절화된 투표 성향도 달라진다는 것을 함축하는 것이며, 그간의 여러 선거에서 실제로 나타났던 사실이기도 하다.[17]

사실, 문제를 좀더 거시적이고 구조적인 관점에서 본다면, 냉전과 분단, 권위주의 산업화를 거치면서 형성된 한국 정당체제의 특성이 그대로 복원된 상황에서 치른 민주화 정초 선거에서, 지역적 차이와 무관하게 계층적 이해관계나 이념적 선호에 따라 투표 결정이 이루어지고 자연히 지리적으로 표가 균등하게 분포되기를 기대하는 것 자체가 신화가 아닐 수 없다. 근본적으로 선거란 기능적 대표체제이면서 동시에 지역적 대표체제의 성격을 갖는다. 다시 말해, 한 사회의 노동분업 구조가 만들어내는 집단적 갈등과 균열을 대표하는 기능적 대표의 채널이면서 동시에 공적 자원이 분배되는 광역의 행정구역 혹은 일정한 문화적·공간적 일체감의 단위로서 지역을 대표하는 채널의 역할을 하기 마련이다. 적어도 전국을 단일선거구로 하지 않는 한 선거가 갖는 지역대표적 효과를 완전히 통제할 수는 없다. 이런 지역대표적 성격은 계층, 이념 같은 기능 이익의 대표체제가 억압되는 데 비례하여 더욱 커지는 것이기도 하다. 따라서 지역적으로 분절화된 투표 패턴이 나타났다고 해서 지역주의 때문이라고 말하는 것은 지나치게 순진한 설명이 아닐 수 없다.

　지금까지의 논의는 정당체제 분석에 동원되는 몇가지 형식적 지표를 중심으로 '왜 지역주의 때문이 아닌가'의 문제에 맞춰져 있었다. 이 과정에서 과거 권위주의시대의 정당체제가 복원된 사실과 계층-이념적 대표체제의 협애성을 강조했다. 그러나 그것만으로 '그럼에도 불구하고 왜 지역으로 귀결되었는가'라는 문제가 충분히 설명된 것은 아니다. 87년체제를 특징짓는 한 요소로서 지역이라는 정치적 단위는 어떻게 형성되었는지, 그것은 왜 영남과 호남이라는 공간적 단위로 나타나게 되었는지, 민주화운동의 영향력이 왜 정초 선거에서는 발휘되지 않았는지, 민주화운동 과정에서 형성된 이념이나 계층 같은 요인들은 87년체제의 구조적 특성에 어떤 영향을 미쳤는지 등의 문제를 설명하는 것은 아니기 때문이다. 이를 위해서는 한국의 민주화를 추동했던 여러 힘간의 동태적 상호작용과 그 결과를 살펴보지 않으면 안된다. 그런데 한국의 민주화 이행이 갖는 특성 때문에 그 핵심은, 운동의 요소가 민주화 정초 선거과정에서 어떻게 표출 혹은 배제되었는지 하는 문제로 집약될 수밖에 없었다. 다시 말해 기성 정당체제를 복원하려는 힘과 운동의 힘이 어떻게 만났는가 하는 문제가 87년체제의 구조와 동학의 중심적 특성을 만들어낼 수밖에 없었다는 것이다.

## 3. 87년체제의 구조와 동학

### 1) 87년체제의 동태적 구조: 제도권−비제도권의 이중구조

정당 구도와 이념적 대표체제의 측면에서 87년체제가 과거 정당체제의 복원 내지 지속의 성격을 갖는다는 것은 앞서 지적한 바 있다. 그러나 그렇다고 해서 그 정당체제가 안정될 수 있는 것은 아니었다. 87년체제의 구조와 역동성을 이해하려면 그것이 제도권과 비제도권 혹은 선거정치와 사회운동이라는 두 차원으로 이루어진 이중구조의 불안정한 균형 위에서 형성되었다는 사실에 주목하지 않으면 안된다.

한국에서 민주화는 기성 정당이 아니라 거리의 운동에 의해 추동되었다. 야당이 '거리의 의회'로 특정지어지는 민주화운동에 참여한 것은 1987년 4월 중순 이후 짧은 기간이었다. 그럼에도 민주화 이행의 제도적 틀을 주조한 것은 권위주의 집권당, 그리고 김대중계와 김영삼계가 중심이 된 기성 정당이었다. 권위주의 체제의 해체를 주장했던 운동세력은 완전히 배제되었다. 기성 제도권 정치세력들 사이에서, 개헌협상이라는 이름으로 그 논의와 협상의 내용이 공개되지 않은 채, 정치경쟁의 틀이 일방적으로 완결되었던 것이다. 이로써 6월항쟁을 전후한 짧은 시기에 결합했던 제도권과 비제도권은 다시 분리되었고 민주화의 제도화 과정은, 기성 정당들 사이에 상호 공존을 전제로 한 제한적 경쟁의 틀을 복원하는 차원의 변화로 국한되었다. 운동의 개입이 없었더라면 아마도 이들 기성 정당으로 제한된 경쟁의 체제가 안착되었을지도 모른다. 그러나 민주화라는 변화를 이끈 사회적 힘이 배제된 채 복원된 기존의 정치적 대표체제가 사회를 안정적으로 통합할 수는 없었다.

1987년의 시점에서 볼 때 한국사회에서 운동의 힘은 크게 세가지 내용을 갖는다. 하나는 지역이다. 1979년의 부마항쟁, 1980년의 광주항쟁으로 상징되듯이 1980년대를 전후해 한국 민주화운동은 강한 지역기반을 갖게 되었고, 이는 1987년 6월항쟁 기간에 민주화운동이 지방의 대도시와 중소 도시를 거의 모두 동원했던 전국적 양상으로 나타나게 만들었다. 여기에는 매우 중요한 요소가 결합되어 있었다. 그것은 지역의 운동적 요소가 김대중과 김영삼이라고 하는 정치지도자의 대중적 기반과 결합되어 있다는 사실이다. 대표적으로 1979년 부산·마산 지역의 대중항쟁과 1980년 광주의 대중항쟁은 그 시작뿐만 아니라 결과에서 각각 김영삼, 김대중과 짝을 이루어 깊은 심리적 유대감을 갖게 했다. 한국현대사에서 지역이 정치적 내용으로 형성된 대표적 사례는 분단으로 말미암은 남한과 북한, 1948년의 제주, 1960~70년대의 불균등 산업화가 가져온 개발지역과 낙후지역이 있었다. 특히 산업화 과정에서 대구-경북이 권위주의 국가와 인적·물질적·심리적 연계를 발전시켰다는 사실은 중요하다. 여기에 특정 정당 혹은 특정 정치엘리뜨를 매개로 차별과 저항이라는 집단적 경험을 공유하게 된 지역의 형성은 부산-경남과 호남으로 이어졌다.[18] 1990년 3당합당으로 김영삼계가 대구-경북을 지역기반으로 하는 민정계와 통합될 때까지 부산-경남은 민주화운동의 중심지 가운데 하나였다.

둘째는 이념적 요소이다. 한국에서 민주화운동의 지도부는 학생운동이었다. 1980년대를 거치면서 학생운동은 전국적 조직으로 성장했고 폭넓은 대중 기반과 함께 강한 이념지향성을 발전시켰다. 1980년대 이전의 민주화운동이 대체로 소시민적 반독재 자유주의를 지배적 정향으로 했다면 1980년대를 거치면서 한국 학생운동은 맑스주의의 강한 이념적 영향 아래에서 한국사회의 지배 헤게모니

구조 전반에 도전하기 시작했다. 이른바 '이념서적'과 '이념써클'은 이 시기 대학사회를 지배하는 문화와 같은 것이었다. 이들의 이념적 지향이 그 내용에서 얼마나 구체적이고 현실적이었는가 하는 데 의문을 가질 수도 있다. 그러나 중요한 것은 그 지향과 목적의 추상성에도 불구하고 기존 체제의 한계를 이념적으로 뛰어넘고자 하는 그들의 열망이 강렬했다는 사실이다. 한편으로 그 결과는 기성 질서, 제도권에 대해서만이 아니라 정당 나아가 정치에 대해서도 부정적인 인식을 갖는 것으로 나타났다. 그리고 이런 반정치주의적 경향, 반정당적 경향은 민주주의라는 정치제도의 효과를 초월하는 도덕적 우위나 규범적 순수성을 더욱 부각시키는 효과를 낳았다. 따라서 민주화 이후 선거정치와 정당정치의 영향력이 지배하게 됨에 따라 운동의 이념적 요소가 일상의 현실에서 빠르게 약화되는 것을 막을 수는 없었지만, 반대로 그것은 기존 정당체제 밖에서 사회운동이나 시민운동의 자원으로 기능하면서 특정 국면에서 대규모 대중동원으로 그 위력을 드러내는 에너지로 기능했던 것은 분명한 사실이다. 정당정치의 퇴행적 양상이 정치세계를 지배할 경우 특정 국면에서 운동의 힘이 주기적으로 분출하는 한국정치의 패턴은 이렇게 만들어졌다. 1991년 5월 정국, 1997년 총파업, 2000년 총선시민연대 등에서 나타난 정당체제 밖의 대중적 동원력은 그 대표적인 사례라 할 수 있다.

셋째는 계층적 요소이다. 한국의 빠른 자본주의 산업화는 계급구조 역시 고도화시켰는데, 1980년대는 그 기반 위에서 노동운동과 농민운동, 도시빈민운동 등 사회 하층계급에 초점을 둔 대중운동적 조직화가 발전한 시기였다. 1980년대 중반을 전후해 이념으로 무장한 학생운동 출신이 이들 계층운동에 대거 투신한 것도 큰 영향을 미쳤다. 1987년 6월의 민주항쟁이 곧바로 7·8·9월의 이른바 '노동자대투쟁'이라는 2단계 국면으로 급격하게 발전한 것도 이런 조건에서 가능했다. 사회의 계층구조가 갖는 특성과 민주화 이행기 동안 대대적으로 동원된 노동운동의 경험은 정당체제와 관련해서도 매우 중요한 의미를 갖는다. 무엇보다도 민주화 이후 한국 정당체제가 통합력을 갖는 대표와 경쟁의 체제로 발전하는 문제는 곧, 이들 계층적 요소 특히 노동의 이해와 열망을 정당체제 안으로 들어오게 하는 문제라고 해도 틀린 말이 아니게 되었기 때문이다.

그러나 1987년 10월 이후 선거국면이 본격화되었을 때 이 세가지의 운동요소 가운데 정치적으로 표출된 것은 '지역'뿐이었다. 이념과 계급의 요소는 정치경쟁의 장에서 표출되지 못했다. 전체적으로 볼 때 1980년대 민주화운동은 빠른 성장에도 불구하고 여전히 사회운동으로서만 존재하고 막연한 사회혁명을 지향했을 뿐 독자적인 정치적 전망을 제시하지 못했다. 따라서 대중동원의 중심적인 장이 선거로 옮겨 가면서 기존 정당의 영향력은 압도적이 되었던 반면 사회운동세력의 영향력은 최소화되는 상황으로 전환되었다. 당시 제도권 밖의 운동진영에서 독자적 정당 대안을 지향하는 세력이 매우 소수에 불과하고, 대다수가 '비판적 지지' '후보단일화' 등의 이름으로 기성 야당의 두 후보를 대안으로 선택하고자 했다는 사실은 이를 잘 보여준다.

누가 대통령이 되어야 하느냐를 둘러싼 이슈가 정치의 모든 것이었던 당시의 상황에서, 이념과 계층적 요소가 새로운 대안정당의 형태로 조직되었어야 한다거나 혹은 기존 정당들이 이념과 계층적 요소를 통합했어야 한다고 말하는 것은 다소 비현실적인지도 모른다. 그리고 이념과 계층의 요소를 조직하기 전에 민주화와 정권교체가 우선이었다고 생각해볼 수도 있다. 그러나 그렇다고 해도 문제는 당시 민주화를 선호한 유권자들이 투표결정의 딜레마를 해결할 수 없었다는 사실이다. 집권여당도 민주화를 공약할 만큼 모든 정치세력이 민주화를 강조하는 상황에서, 나아가 반권위주의 저항연합에 참여했던 야당의 후보가 분리된 상황에서 누가 더 민주적이냐 하는 기준이 선거경쟁을 지배할 수 없었던 것은 당연한 일이다. 결과적으로 사태는, 누가 대통령이 되어야 하느냐를 둘러싸고 "해결할 수 없는 윤리적 딜레마와 이데올로기적 혼돈에 직면"하면서 "희망적 사고와 자기기만"이 지배하는 상황으로 나타났다.[19] 지역이라는 요소가 부각되고 그것이 쉽게 이데올로기적 효과와 결합될 수 있었던 것은 바로 이런 상황 때문이었다.

1987년 대선과 1988년 총선을 거쳐 등장한 87년체제의 핵심은, 민주화운동 과정에서 제기되었던 사회적 요구와 갈등이 대표되고 통합된 것이 아니라 배제되었다는 점, 따라서 기성정당이 중심이 된 보수독점적 엘리뜨 카르텔의 구조가 복원되었다는 점이다. 정치적 대표체제에 통합되지 못한 운동의 요소는 제도권 밖에서 다시 결집하게 되었다. 이들은 기성정당들이 동원하지 못했던 계급·민족·통일 등 한국사회 헤게모니의 근간을 이루는 균열을 중심으로 체제 전체에 도전하는 방향으로 급진화되었다. 정초 선거가 정치사회의 보수적 싸이클로 종결되었다면, 그후는 다시 시민사회의 급진화 싸이클로 이어졌다. 따라서 이런 구조 위에 서 있는 87년체제는 안정된 정당체제를 상징하는 것이 아닌 불안정한 정당체제의 출현을 의미했다. 집권에 실패한 야당은 이들 사회운동의 영향력에 의존하려 함으로써 한편으로 지지기반을 넓히고 다른 한편 집권세력과의 협상력을 강화하려 했다. 권위주의 정권은 재집권에 성공했지만 의회 안에서 여소야대의 상황에 직면하고 의회 밖에서는 사회운동을 중심으로 한 광범한 대중동원이 계속됨에 따라 정당연합을 통한 정권 안정을 모색하고자 했다. 그 결과에 대해서는 잠시 후에 살펴보기로 하고, 지금까지의 논의를 요약하면 이렇다. 앞서 살펴본 87년체제가 갖는 여러 유형적 특징들 — 전국적으로는 경쟁적 정당체제이면서 지역적으로는 1당우위 체제, 계층과 이념의 차원에서 사회적 기반 없는 정당체제, 정당 구도의 차원에서 보수독점적 정당체제 — 은 운동에 의한 민주화와 기성정당에 의한 제도화가 서로 분리되어 전개되고, 정치적 동원과 경쟁이 제도권과 비제도권의 이중 구조 위에서 이루어졌기 때문에 그 자체로 안정화될 수는 없었다. 따라서 그 이중구조가 지속되는 한 정당체제는 끊임없이 해체와 재편의 위협에 노출되고 그것이 만들어내는 역동성이 87년체제 등장 이후에도 반복될 수밖에 없었다. 이제 정초 선거 이후의 상황을 소재로 87년체제가 갖는 구조를 좀더 살펴보자.

## 2) 사회운동과 정당정치 싸이클의 이중주

앞서 지적했듯이 87년체제의 등장 이후 우리가 발견하게 된 것은 정치체제의 안정이 아니라 제도권 밖 사회영역에서의 광범한 대중 동원이었다. 1980년대를 통해 성장한 계층과 이념의 운동적 요소는 정당체제 밖에서 영향력을 확대해갔다. 계층의 요소에서 가장 빠른 성장을 보인 것은 노동운동이었다. 이른바 민주노조운동은 업종과 지역을 넘어 전국적 차원의 조직을 발전시켰다. 운동으로 표출된 이념의 요소는 거의 모든 범위를 포괄했다. 과거 권위주의적 유산과 제도·기구에 대한 반대의 조직화는 민주적 시민권의 관점에서 전개되었다. 사회경제적 평등·분배 같은 이념적 가치도 광범하게 동원되었다. 재벌 경제체제와 성장 위주 경제정책에 대한 강한 개혁이 요구된 것도 당연했다. 또 다른 이념의 요소는 냉전반공 이데올로기와 대립하는 내용이었다. 북한에 대한 적대적 의식에 대항하는 다양한 형태의 운동이 조직되었고 학생운동의 차원에서 북한의 학생들과 직접 교류하려는 시도가 '통일운동'이라는 이름으로 계속되었다. 미국에 대한 비판과 항의운동도 계속되었다. 이런 계층적·이념적 요소들은 보수독점적 정당체제의 틀 안에서 수용될 수 없었고, 당연히 제도권 밖에서 반체제운동의 형태로 지속되었다.

그러나 다른 한편 87년체제가 어느 한 정당도 우위정당의 지위를 갖지 못한 4개의 정당으로 구성되었다는 사실은 곧 다양한 정당연합의 시도를 불가피하게 하는 효과를 가졌다. 집권당은 체제안정을 원했고 연합의 잠재적 파트너들인 세 야당은 집권기회의 확대를 원했다. 제도권 밖의 사회운동에 의한 대중동원이 계속되었고 제도권 영역에서도 여야간 갈등이 있었지만, 이것은 표면적으로 나타난 양상이었을 뿐 실제로 정당정치의 영역에서 일어나고 있었던 일은 다양한 정당연합의 거래와 협상이었다. 87년체제 등장 직후 연합의 게임은 1990년 집권당과 두 야당이 통합되는 것으로 종결되었다. '3당합당'에 의한 통합정당의 지지율 합은 무려 73.4퍼센트에 이르는 것으로 사실상 압도적 지배정당의 출현을 알리는 듯 보였다. 이것은 전후 일본 정치를 특징지었던 '55년체제'의 한국판이라 할 수 있는 시도였다. 아마도 87년체제가 이념적으로 충분히 개방된 조건에서 사회의 다양한 계층적 요소들이 동원되고 대표된 결과로서 형성되었다면 한국판 1.5당체제가 실현될 수 있었을지 모른다. 혹은 지배적 설명모델이 강조하는 것처럼 지역주의가 그토록 강한 것이었다면 호남을 제외한 나머지 지역간 연합에 기반을 둔 3당합당은 강력한 지배정당을 만들어냈을 것이다. 그러나 실제는 달랐다. 3당합당은 곧 제도권 밖 사회운동의 영역을 급격히 활성화시켰다. 3당합당에 소외된 정치세력을 중심으로 다시 운동의 조직화가 이루어짐으로써 정치동원의 경쟁구도는 한편에 제도권의 3당이 서 있고, 다른 한편에 나머지 한 당과 제도권 밖의 사회운동이 이에 대립하는 형태로 나타났다. 우리는 이 구도의 결과를 1992년 14대 총선에서 확인할 수 있다. 집권당은 과반수 의석 획득에 실패했다. 여소야대의 구도는 복원되었다. 정당체제의 구성적 특징을 나타내는 유력 정당의 수는 다시 4개로 늘었다. 1.5당체제로의 전환 시도는 완전히 실패한 것이다. 이것이야말로 제도권과 비제도권의 이중구조 위에선 87년체제의 동학을 보여준 가장 극적인 사례였다.

### 3) 제3정당의 잦은 출현과 빠른 엘리뜨 교체

87년체제가 제도권 밖의 운동적 요소로부터 일정하게 분리되어 형성된 기성정당들의 체제였다면 당연히 87년체제에 대한 비판과 실망은 클 수밖에 없을 것이다. 좌절감을 느낀 유권자들은 기권을 선택했고, 또다른 유권자들은 제3정당을 지지함으로써 정당체제 전체에 대한 부정적 평가를 표출하는 항의투표를 했다. 투표율의 하락은 매우 뚜렷했다. 13대 총선 75.8퍼센트였던 투표율은 16대 총선에 이르러 57.2퍼센트로 20퍼센트 가까이 하락했다. 15대 총선 이후부터는 기권자의 규모가 제1당을 지지한 유권자의 규모보다 커졌다.

정당체제 전체에 대한 항의를 제3정당에 대한 지지를 통해 표출하려는 경향은 반복되었다. 14대 총선에서 처음 등장한 통일국민당은 17.4퍼센트를 득표했다. 이 크기는 13대 총선에서 김종필의 신민주공화당의 득표(15.6퍼센트)를 넘는 것이었다. 한국의 대표적 재벌 소유주인 정주영이 주도한 통일국민당을 지지한 유권자 대부분은 이전 선거에서 김영삼을 지지했으나 3당합당에 실망한 유권자들

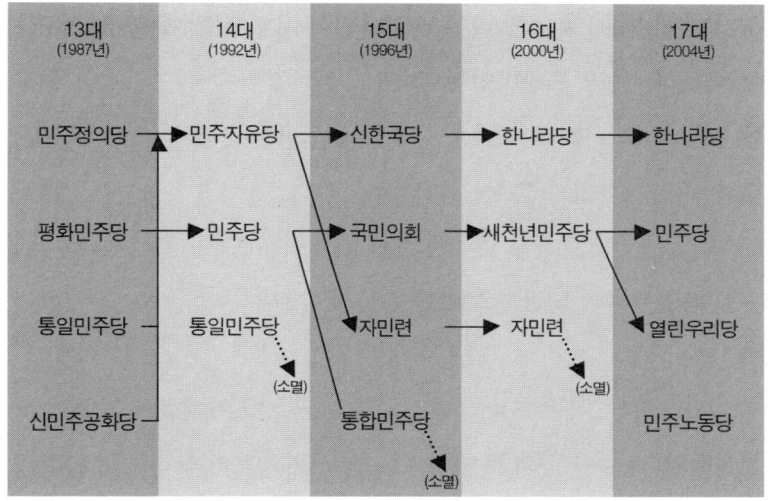

〈그림 2〉 민주화 이후 정당체제의 변화

| 13대<br>(1987년) | 14대<br>(1992년) | 15대<br>(1996년) | 16대<br>(2000년) | 17대<br>(2004년) |
|---|---|---|---|---|
| 민주정의당 | 민주자유당 | 신한국당 | 한나라당 | 한나라당 |
| 평화민주당 | 민주당 | 국민의회 | 새천년민주당 | 민주당 |
| 통일민주당 | 통일민주당 | 자민련 | 자민련 | 열린우리당 |
| 신민주공화당 | (소멸) | 통합민주당 | (소멸) | 민주노동당 |
| | | (소멸) | | |

이었다. 15대 총선에서 통합민주당 역시 전국적으로 11.2퍼센트라는 상당한 표를 얻었다. 2004년 17대 총선에서는 민주노동당이 13퍼센트의 득표와 함께 의석 수에서도 제3당으로 등장하면서 큰 주목을 받았다. 그러나 이렇게 등장한 제3정당들은 오래 유지될 수 없었다. 무엇보다도 이들 정당에 대한 지지의 상당 부분이 해당 정당에 대한 적극적인 선택이라기보다는 87년체제에 대한 실망과 항의를 표출하려는 측면이 컸기 때문이었다.

87년체제에 대한 대중적 불만을 보여주는 가장 극적인 측면은 인물교체로 나타났다. 적어도 현직 국회의원의 탈락률에서 한국 정치는 세계 최고 수준이다. 2004년 17대 선거에서는 무려 62퍼센트의 의원이 교체되었다. 전체 국회의원 중 초선과 재선이 80퍼센트를 차지한다. 헌정 중단의 사태를 경험하지 않는 한 이런 결과가 나타나기는 어렵다. 그만큼 현직 국회의원이 차기 선거에서 잇점을 갖는 이른바 '현직 프리미엄'은 적어도 한국정치에서 예외적인 상황에 해당한다. 사회적 기반과 유리된 정당체제는 분열과 통합을 반복할 뿐 안정화될 수 없는 것이었다.

### 4) 시민사회의 도전: '2000년 총선시민연대'

2000년 총선 이전까지 기성 정당들의 카르텔 체제를 유지했던 정치사회와, 운동과 항의를 중심으로 한 시민사회의 분리는 계속되었다. 오랫동안 정치적 반대당의 위치를 고수해왔던 김대중은 1997년 대선을 앞두고 박정희정권 시기의 공화당에 기원을 두고 있는 보수적 정치세력인 김종필과 이른바 'DJP 연합'을 통해 집권, 연합정권을 형성했다. 제도권 밖의 운동적 요구와 분리된 전형적인 보수적 싸이클로 회귀한 것이다. 이에 대한 강력한 도전은 2000년 총선에서 시민운동이 정당정치에 가한 충격이었다. 1990년대를 거쳐 성장했던 시민운동이 이른바 '2000년 총선시민연대'를 결성하여 정당의 후보공천에 본격적으로 개입하면서 매우 폭발적인 대중동원에 성공했던 것이다.

일반적으로, 시민운동은 정당이 중심이 되는 정치경쟁의 제도적 틀 밖에서 사회적 이슈에 대한 시민적 이해와 관심을 조직하여 정치영역에 압력을 행사하는 집합적 행위자로 나타난다. 유권자의 투표를 고려하지 않고 집권을 목적으로 하지 않기 때문에 규범적인 접근이 강조되거나, 환경의 보호와 개선, 소수자 지위 향상처럼 단일 이슈적 목표를 지향하는 경우가 많다. 1990년대 이후 빠르게 성장해 왔던 한국의 시민운동 역시 이러한 전형적인 시민운동의 범주와 크게 다르지 않았다. 이에 반해 2000년 총선에서 시민운동은 특정 정책사안에 국한된 압력이 아니라, 정책 결정 영역 전체 혹은 정치사회 전체에 대해 도전적 문제를 제기하고 나섰을 뿐만 아니라 광범한 대중적 지지를 얻었다는 점에서 그것이 미친 충격은 컸다. '정치 불개입' '비당파성'을 특징으로 하는 시민운동이 '총선'이라는 가장 정치적인 국면에 개입을 선언하고 여기에 1천여개에 가까운 시민운동단체들이 결집한 것 자체가 주목할 만한 일이었고, 실제로 이들이 '부적격' 판정을 내린 정치인들 상당수가 공천과정에서 탈락했다.

홍미로운 것은 이 운동이 각 정당의 후보공천 과정에서는 큰 영향을 미쳤지만, 정당체제의 구조 변화에는 그다지 큰 영향을 미치지 못했다는 사실이다. 무엇보다도 그것은 이들의 활동방식과 목적이 '정치성'을 배제하고 '도덕성'을 중시하는 특징이 있었던 데 기인하는 바 크다. 물론 시민운동 내부에서 새로운 정당을 창당하자는 주장도 있었고, 기존 정당 중에서 지지할 정당을 선택하자는 주장이 있었지만 반향을 얻지 못했다. 결국, 본격적인 선거국면에 들어가자 이들 시민운동의 영향력은 갑자기 사라졌다. 정당체제 밖으로부터 운동의 개입이 가져온 변화는 제한적이었다는 것이다. 물론 정치에 대한 시민운동의 문제제기가 엄청난 대중적 반응을 획득했다는 사실은 그만큼 한국 정당체제의 대중적 통합력이 약하다는 것을 반증한다. 그럼에도, 총선 결과는 87년체제의 내구성, 즉 선거에서는 여전히 기성정당이 중심이 되는 보수적 싸이클이 지배적인 영향력을 갖는다는 것을 증명했다. 요컨대, 정당체제는 체제 밖 운동에 의해 끊임없이 도전받았고 인물과 세대교체는 계속되었지만 그 기본 구조나 틀은 매우 완강한 복원력을 보였다. 반면 한국의 시민운동은 국면적으로 강했지만 대안적 체제를 만들어내는 구조적 힘으로서는 그렇게 강력하지 못했다.

### 5) 노무현정부와 열린우리당

분명 노무현과 그의 세력은 정치엘리뜨 세계의 주변부에 있던 매우 미미한 존재에 불과했다. 따라서 그가 당내 경선에서 대통령 후보가 되고, 선거에서 승리할 수 있었다는 사실 역시 정당체제의 구조적 취약성을 반영하는 것이 아닐 수 없다. 실제로 그가 후보로 지명되고 대통령으로 당선되는 데에는 인터넷과 젊은 세대로 상징되는 제도권 밖 운동적 요소의 동원에 힘입은 바 컸다. 특히 조선일보로 대표되는 한국의 대표적 보수신문과의 갈등은 운동적 요소의 동원을 더욱 강하게 만들었다. 집권 후 그는 자신의 정당을 원했고 집권당을 해체하면서까지 열린우리당이라는 새로운 당을 만들었다. 그것이 기성 정당체제에 미친 영향은 컸고 그 반작용 역시 컸다. 2004년 3월의 '탄핵사태'는 기성 정당체제로부터의 반격이라는 의미가 있었다. 놀랍게도 탄핵 시도에 대한 운동의 동원은 매우 큰 대중적 반향을 일으켰다. 이 과정에서 87년체제를 구성했던 기성정당들은 거의 궤멸상황에 직면하기도 했다. 이런 상황이 지속되었다면, 87년체제는 해체 위기에 직면했을 것이다. 87년체제의 복원력은 4월 총선국면을 통해 표출되었다. 운동의 싸이클은 급격히 소멸되었고 선거는 기성정당들 사이의 게임으로 귀착되었다.

2004년 4월 총선에서 열린우리당은 과반수 의석을 획득했다. 민주화 이후 한 정당이 과반수 의석을 획득한 것은 처음 있는 일이었다. 이로써 노무현정부는 대통령-행정부 권력과 함께 시민사회에서의 운동적 힘에 의존해 의회권력까지 장악하게 된 것이다. 번번이 좌절되었던 진보정당의 의회 진출 성공은 매우 인상적인 결과였다. 민주노동당은 비록 10석을 얻어 의석점유율은 4퍼센트에 미치지 못했지만 전국득표율은 13퍼센트에 이르렀다. 반대로 민주당은 군소정당으로 밀려났다. 외부자의 시각으로 본다면, 이로써 한국은 국가, 정치사회, 시민사회 모든 층위에서 강한 개혁과 변화가 추동되고 기존의 정당체제는 완전히 새롭게 재편되었어야 했을 것이다. 그러나 그것은 사태의 한 면에 불과했다. 권위주의에 기원을 두고 있는 보수정당인 한나라당은 기존의 영향력을 유지하는 데 성공했다. 득표는 16대 총선에 비해 3퍼센트를 상실했을 뿐이었으며, 과반수를 차지해 제1당이 된 열린우리당에 비해 2.5퍼센트 뒤지는 득표율이었다. 선거 이후 시민사회에서 여론을 주도한 것 역시 보수적 이념의 야당이었다. 집권당의 정당 지지도는 곧바로 야당에 추월당

했고 대통령에 대한 지지도 역시 탄핵 이전의 상태로 낮아졌다. 기존 체제가 복원됨에 따라 탄핵사태와 4·15 총선은 오히려 예외적인 단막극이 되어버렸다. 자연히 87년체제는 변화에 대해 강한 내구성을 보이며 여전히 유지되고 있는 것이다.


## 4. 87년체제와 한국 민주주의

정당체제의 유형을 비교의 맥락에서 탐구하고자 했던 싸르토리는 벨기에와 같이 지리적으로 분절화된 선거 결과의 원인을 문화, 언어, 민족, 종교적 차이를 갖는 복수의 지역공동체들 간의 갈등에서 찾는 접근에 대해 비판적이다.[20] 그러한 접근을 비판하면서 그는 표의 지리적 분절성은 유권자가 선택할 수 있는 유력정당 사이의 이념적 거리가 작기 때문에 나타나는 현상으로 설명한다. 다시 말해 표의 지리적 분절성은 지역주의 같은 하위문화간 대립 때문에 나타나는 것이 아니라, 이념이나 계층 문제 같은 기능적 균열이 정치적으로 대표되기 어려운 협애한 정치적 대표체제가 만들어내는 필연적 결과라는 것이다.

한국 정당체제의 구성적 특징이 집단적 채널과 대중적 기반을 갖지 않는 정당조직, 정치적 대표체제의 이념적 협애성, 보수독점적 엘리뜨 과두체제로 나타날 때, 정당간 정치경쟁이 사회 균열에 의해 제약되기보다 국가권력의 소유권 그 자체를 둘러싼 단차원적 갈등으로 표출되는 것은 당연한 귀결이다. 게다가 현대 한국사회에서 국가는 정치적 측면만을 갖는 것이 아니었다. 권위주의 산업화를 통해 국가는 현대 한국사회를 자신의 형태와 유사하게 주조했다. 생산적 자원의 분배와 할당은 위계적이고 관료적인 통제방식을 통해 이루어졌다. 그 결과 한국사회의 계층적 위계구조의 상층에는 국가가 존재하며, 그 영향력은 사적 영역에서 자원에 대한 접근을 통제하는 데까지 이른다. 이런 조건은 사회적 갈등을 국가로 응집하는 기능을 한다. 그리고 그것은 한국의 경우 유권자의 정치의식을 여당 성향, 야당 성향 같은 개념으로 포착할 수 있었던 근거가 되었다. 사실 민주화 이후 유권자의 투표 결정이 지역별로 특정 후보 대안에 대한 집중적 지지로 나타난 것은, 넓은 의미에서 여야균열의 다른 표현이라고 볼 수 있다. 무엇보다도 유권자가 갖는 선호와 욕구는 국가권력과의 거리감에 의해 압도된 것이기 때문이다. 유권자가 국가권력을 향한 상승의 경향을 강하게 갖고, 그러면서도 정당 대안이 이념적·계층적·정책적 차이에 의해 분획되지 않을 때, 정치경쟁의 결과가 지역·종교·인종·언어 같은 일차적인 균열 요인에 의해 분절화되지 않기를 기대하는 것은 어려운 일이다.

지역주의 극복이 사회적 합의처럼 주장됨에도 불구하고 지역정당체제가 지속되고 있는 것은 유권자가 지역주의적 투표 결정을 하기 때문이 아니라, 경쟁의 절차와 제도만 민주화되었을 뿐 오랜 권위주의 체제에서 주조된 정치적 대표체제의 구성적 특징들이 그대로 유지되고 있기 때문이다. 제도권 밖에서 운동적 동원이 강하게 나타나는 것 역시 같은 원인의 결과라 할 수 있다.

　경쟁하는 복수의 정치적 대안을 두고 인민이 선택하는 현대 민주주의에서, 정치의 언어를 보편주의적 체계로 조직하고 발전시키는 것은 정당의 역할이다. 이런 정당의 기능은 정당들이 사회적 기반을 갖고, 그 기반 위에서 자신을 지지하는 유권자들의 선호와 이해를 정당의 이념과 정책으로 조직하고자 하는 의지와 능력을 가질 때 발휘될 수 있다. 이것은 현대 대의제 민주정치가 정치엘리트(정당)들 사이의 경쟁을 중심적 요소로 하면서도, 여기에 그치지 않고 포괄적 대중 참여, 사회적 이해와 요구에 반응하는 정치의 책임성을 발전시키는 데 기여할 수 있다고 주장되는 근거이기도 하다. 유권자가 이런 정당 대안을 가질 수 없을 때, 그리고 이들에 의해 경쟁적으로 조직되는 보편적 정치언어를 선택적으로 수용할 수 있는 조건을 갖지 못할 때, 언론이든 지식사회든 이런 정당의 기능을 대체할 수 있는 시민사회적 요소가 제 역할을 하지 못할 때, 수천만 표 중의 한 표만을 쥐고 있는 유권자가 자신의 선호를 실현하고자 어떤 정보와 시각에 의존하게 될 것인가? 유권자가 이런 결정상황에 계속해서 직면하게 되는 한, 지역구도에 기반을 둔 정당체제의 재편을 기대하기는 어려울 것이다. 다시 말해 선거마다 지역구도로 특징지어지는 표의 지리적 분절성이 나타나는 것은 지역주의같이 문화적 균열이나 지역간 대립 때문에 나타나는 현상이 아니라, 지역을 가로지르는 선호와 정책적 요구가 정치적으로 표출되고 집약될 수 있는 투표 결정상황을 갖지 못했기 때문이다. 요컨대 한국의 지역문제는 지역간 대립과 갈등이 심한 사회적 문제 혹은 지역감정같이 비합리적 적대의식이 매우 강한 문화적 문제가 아니라, 민주화 이후 한국 정치의 구조적 특성을 포착하는 소재이자 정치적 대표체제의 민주화가 시급한 과제임을 말해주는 것으로 이해되어야 한다. 그렇지 않는 한, 다시 말해 한국의 정당체제가 사회의 다양한 이익과 갈등, 열정과 관심을 통합할 수 있는 방향으로 변화되지 않는 한, 87년체제의 보수적 편향성과 그것이 가져오는 불안정성은 계속될 것이다. '지역주의 때문'이라는 이데올로기적 편견을 제아무리 동원한다 해도 이 평범한 사실을 부정할 수는 없다.*

---

* 이 글의 원제는 「한국의 '87년체제': 민주화 이후의 정당체제를 어떻게 볼 것인가」이며, 『어떤 민주주의인가』(최장집 외 지음, 후마니타스 2007)에 수록된 원고를 이 책에 싣기 위해 다소 손질한 것이다.

# 동아시아 경제와 한국의 87년체제
## 교착과 혁신

**이일영** • 한신대 중국지역학과 교수, 경제학

## 1. 왜 87년체제인가

확실히 1987년 이후 한국사회는 크게 변화했다. 무엇보다도 헌정체제의 변화와 그에 따른 형식적 민주주의의 진전이 있었는데, 이러한 의미에서 우리는 지금 87년'체제' 속에서 살고 있는 것이다. 경제적 측면에서는 민간부문이 크게 늘어났으며 국가의 역할은 축소되었다. 민주화운동과 함께 성장해온 노동운동과 농민운동도 일정하게 시민권을 확보함으로써 이전과 같은 저임금–저농산물가격 체제를 유지하기는 어려워졌다. 그런데 더욱 중요한 점은, 이러한 국내의 세력재편이 글로벌화의 진전, 동아시아 경제의 발전, 사회주의권의 붕괴라는 세계사적 변화와 중첩되어 진행되었다는 점이다.

국내와 같이 확연하게 1987년으로 경계짓기는 어렵지만, 세계경제에는 1980년대 후반 이후 매우 중요한 변화가 있었다. 이러한 세계경제의 변화는, 국내에서 작동하고 있는 국가체제, 재벌체제, 노동체제, 농업체제와 교착하고 또 상충하고 있다. 경제'체제'는, 제도·조직 요소를 핵심으로 하되, 재화 고유의 특성이나 기술 요소가 포함되기도 하고, 나아가 가치·규범 요소까지도 포괄하는, 안정적이고 꽉 짜인 개념이다. 이러한 '체제' 개념을 엄격하게 사용하려 한다면, 1987년 이후의 한국경제는 '체제'라기보다는 '과도기'나 '이행기'로 표현하는 것이 덜 위험할 것이다.

그러나 국제환경과 국내체제가 잘 조응되지 않는 탈구(脫臼) 상태가 의외로 길어지고 있다. 또 변화의 내용에 생산기술, 생산조직 등 세계적 차원의 생산양식 문제가 포함되고 있으며, 지금까지의 운동방식과는 전혀 다른 새로운 대안문제를 제기할 수 있다. 따라서 '문제형성'과 '문제해결'의 관점에서라면 '87년체제'라는 개념이 유용하기도 하다.

그리하여 이 글에서는 1987년 이후의 경제씨스템 형성에 영향을 미치는 내외적 계기와 모순을 살펴보고 새로운 전화의 방안을 모색하고자 한다. 동아시아 차원의 새로운 생산네트워크의 진전과 이에 비한 국내 씨스템의 지체, 그리고 이러한 교착상태를 벗어나기 위해 필요한 과제를 살펴볼 것이다. 구체적인 논의를 위해 자동차산업과 농업을 관찰의 사례로 택한다. 자동차산업은 전후방 연관효과가 높고 주요 재벌기업과 민주노총의 핵심사업을 포함하고 있으며, 농업은 경제발전의 초기와 완성기에 중요한 산업이다. 이것들은 87년체제를 형성한 동력을 담지하고 있으면서 87년체제를 넘어서기 위한 사회경제적 대안이 필요한 부문이다.


## 2. 87년 이전과 87년 이후의 개관

### 1) 87년 이전: 국가단위의 추격체제

분단 이후 남북한에 형성된 두 개의 경제체제는 매우 이질적인 것이었으나, 다른 한편으로 남북한 발전전략에는 상당한 정도의 유사성이 존재했다. 정도의 차이는 있지만 1980년대에 이르기까지 남북한의 경제체제에 모두 선진국 또는 남북한 상대국을 따라잡겠다는 강력한 국가의지가 작동했다. 이러한 '추격·추월 전략'의 전제는 국가를 기본단위로 한다는 것, 경제발전의 중심을 공업화에 둔다는 것이고, 이를 뒷받침하는 씨스템은 가격을 왜곡하는 거시정책과 통제적인 관리체제이다. 즉 국가는 일정하게 이자율, 환율, 원자재가격, 농산물가격을 억제하고, 희소자원 분배에 개입한다. 종종 유치산업 보호를 위한 산업보호정책이 시행되고 무역장벽이 설치된다.[1] 국가 단위에서 공업화를 통한 급속한 경제성장으로 국력 강화를 시도하고 자원의 집중적 동원과 관리를 행하는 것은 역사상 새삼스러운 사례가 아니다. 선진국들도 절대주의 국가를 통해 상대적으로 강력한 산업정책을 실시했던 시기가 있었고, 스딸린시대의 소련에서도 공업화를 위해 국가가 적극 개입했으며 억압적 정치체제를 구축했다.

한국에서 일국적이며 폭력적인 스딸린식의 추격발전 전략이 채택될 수 있었던 것은 바로 자본주의 세계체제의 성격과 관련이 있다.[2] 먼저 제2차 세계대전 후 확립된 브레튼우즈 체제는 국가 단위의 정책적 자율성 공간을 일정하게 허용했다는 점을 지적할 수 있다. 브레튼우즈 체제는 자본통제와 고정환율제를 통해 각국 정부가 사회보장제도, 그리고 완전고용 및 성장과 같은 국내 목적을 달성하기 위한 거시경제정책을 희생하지 않으면서 전세계 무역을 자유화할 수 있도록 하는 체제였다. 선진국 내에서는 자유무역 옹호자들과 사민주의자들 간의 타협의 산물로 각국 정부에 자국 경제를 운용하는 데 상당한 자율성을 허용하는 체제가 등장했고,[3] 한국은 이에 편승하여 거시적 안정(물가 억압) 속에서 경제성장을 추구할 수 있었다.

그리고 1950년대 중반 이후에는 얄따(Yalta) 체제가 만든 분계선이 더욱 공고화되었다. 그때까지 미국은 자국의 영향권에 있는 개발도상국을 지원하는 수단으로 무역과 해외 직접투자를 중시하였으나, 1956년부터 분위기가 일전되었다. 흐루시초프의 대외적 경제공세, 세계 최초의 인공위성 스뿌뜨니끄의 성공적 발사, 소련의 제6차 5개년계획 등으로 '소련경제 위협론'이 제기되었고, 이로 인해 체제간 경쟁이 유발되었다. 개발도상국에서도 경제적 자유주의나 정치적 민주주의가 발전하는 것보다는 개발지상주의적 국가가 등

장하는 것을 용인하는 분위기가 형성되었다.[4]

## 2) 87년 이후: 교착(交錯)과 교착(膠着)의 체제

국가주도의 추격발전모델이 크게 타격을 받은 것은 1980년대 후반이다. 1985년 플라자합의 이후 크게 개선된 세계시장 여건에 편승하여 남한의 재벌체제는 그 외형을 크게 확대할 수 있었고 그에 대한 국가의 조정력은 상대적으로 약화되었다. 국가가 신용할당을 통해 투자방향을 정하던 방식에서 벗어나 점차 민간대기업 스스로 투자를 결정하게 되었다. 한편 민주화의 진전으로 자원 유출 또는 수탈의 대상이었던 노동·농업·환경 부문의 정치력이 크게 성장했다. 이에 따라 국가가 주도하여 저(低)요소가격의 투입조건을 만들어주고 자본–노동관계를 조정하던 종래의 체제는 한계에 부딪히게 되었다.

꾸준히 축적된 민주화운동의 힘으로 군사적 지배체제를 종식시킨 것이 직접적인 계기가 되었지만, 1980년대 후반에는 과거의 체제가 더이상 스스로를 조직할 수 없도록 하는 중요한 환경변화가 이루어지고 있었다. 첫째, 냉전체제의 이완이다. 얄따협정 이후 10년에 걸쳐 구체화된 냉전체제가 1970년대부터 느슨해져서 마침내 1989년 사회주의권 붕괴로 이어졌다. 동북아의 냉전구조는 유지되었지만, 강권적 위기관리체제의 존립 근거는 서서히 약화되었다. 둘째, 더욱 중요한 것으로, 1980년대 이후 무역·금융·생산에서의 글로벌화·지역화의 경향은 점점 더 국가주도의 추격전략과 조응하지 않게 되었다. 다국적기업의 발전에 따라 국가 단위의 '점진적 추격' 대신 특정한 가치사슬[5]에서의 '갑작스런 비약'이 빈번하게 발생하게 된다.

이렇게 87년체제는 '국가'의 능력과 '추격'의 가능성이 크게 감소한 조건에서 출범하였다. 국가가 주춤거리며 후퇴한 가운데 재벌은 활동공간을 확대했다. 국가와 기업 모두에서 외환 및 수지 관리의 실패가 계속되었고, 재벌기업의 신용독점과 국가의 금융관리의 비효율성이 누적되었다. 1997년 외환위기는 곧 경제 전반의 위기로 확대되었다. 위기를 계기로 글로벌 스탠더드가 급속히 도입되었다. 엄혹한 경쟁에서 승리한 일부 재벌은 독점성을 강화하면서 국가의 보호 없이 생존할 수 있는 기술적·금융적 기초를 마련했다. 구조조정의 압력을 뚫고 현장 통제력을 유지한 조합운동들도 정치적·사회적 역량을 일정하게 보존했다.

일국적 추격체제에서 잉태된 재벌체제와 운동세력은 87년체제를 떠받치는 주요한 지주가 되었다. 그런데 글로벌화가 진행되면서 동아시아에는 국제적 생산네트워크가 형성되었으며 한국도 이에 깊숙이 편입되고 있다. 점차 세계가 복잡해지면서 동아시아 경제와 국내 씨스템과의 교착(交錯)은 증가하고 있다. 그러나 87년체제의 미시경제조직은 — 재벌기업이든 운동조직이든 — 경직되고 폐쇄적인 조직형태에서 탈피하지 못한 교착(膠着)의 체제로 남아 있다. 환경이 복잡해질 때 씨스템은 스스로를 변화시켜 환경에 대한 대처능력을 높이지 않으면 안된다. 87년체제는 글로벌화·지역화 속에서 국경을 넘어 형성되는 수평적 네트워크와 조화되는 방식으로 스스로를 혁신해야 하며, 이를 기초로 동아시아 경제를 좀더 민주적이고 참여적인 씨스템으로 만들어가야 한다. 이러한 점에서 87년체제는 이전보다 진보된 체제이면서 새로운 진보를 필요로 하는 체제이다.

## 3. 동아시아 생산네트워크의 형성

### 1) 글로벌화와 동아시아 경제의 발전

브레튼우즈 체제에서 유지되었던 국경 조건과 정책적 자율성은 1970년대를 통하여 변화했다. 1950~60년대까지는 미국이 모든 부문에서 절대우위를 가졌으나, 1970년대 들어 일부 부문에서 우위를 상실하면서 국제무역도 급증하기 시작했다. 선진국 사이에서 진전된 자유무역화의 거대한 흐름은 1980년대부터는 대부분 개발도상국과 사회주의권에도 영향을 미치게 되었다. 국제적 유동성이 증가했고 국제자본시장은 확대되어, 개발도상국과 동유럽 국가들이 자본시장에 편입되었다. 또 세계적 차원에서 해외 직접투자가 1980년대 말 이후 크게 증가했고, 다국적기업은 가치사슬을 분할하여 활동을 초국적 차원으로 확장하였다.

이러한 조건에서 동아시아 경제의 팽창이 이루어졌다. 무역성장은 주로 미주, 유럽, 동아시아의 3개 블록에 집중되었는데, 동아시아 개발도상국들은 주로 OECD 국가에 제품을 수출함으로써 1980~90년대에 급속히 성장했다. 해외 직접투자는 동아시아에 새로운 생산네트워크를 창출했다.[6] 동아시아 신흥공업국들은 생산물과 투입요소 두 분야에서 모두 무역을 발전시켰고, 저임금 생산품은 다른 빈곤국으로 이전되었다.

동아시아 국가들이 다국적기업의 핵심시장이자 기술 및 숙련된 종업원을 조달하는 네트워크에 포함된 데는 새로운 산업의 태동이 계기가 되었다. 전자산업 안에서 새로운 산업의 태동은 새로운 형태의 경쟁방식을 낳았다. 미국에서 형성된 IT산업은 기존의 기업 가치사슬을 해체하였다. IT산업의 기술진보는 '개방하되 소유권을 갖는'(open-but-owned) 씨스템을 창출했고, 시장지배력은 수직적으로 통합된 전통 조립업체에서 기술·부품·기업지원써비스를 공급하는 협력업체로 이전되었다.

미국 기업들은 1980년대를 통해 동아시아 지역에 자동화 설비에 기초한 조립공정을 이전했고, 나아가 부품 및 반조립품의 조달을 현지 자회사에 위임했다. 1990년대 들어 생산망은 더 넓어졌고 이에 따라 동아시아 지역에는 지역생산체계가 형성되었다. 일본도 비교적 낮은 기술수준의 단계에서이지만 1980년대 중반 이후 해외투자를 확대하여 동남아에 생산네트워크를 형성했다.

타이완이나 싱가포르와 달리 한국은 1980년대 초까지 국내기업을 지원하고 외국기업 투자를 선별하는 산업정책을 실시하고 있었으며, 개방정책을 통해 미국이나 일본이 주도하는 동아시아 생산네트워크 안에 들어가서 첨단산업을 육성하는 전략을 채택하지는 않았다. 대신 국내기업들이 독자적으로 첨단기술산업에 진입을 시도했다. 삼성의 경우 1980년대 말 미국 벤처기업에 투자하고 이를 인수하여 미국내 R&D센터로 활용했다. 이후 삼성은 미국내 R&D센터와 한국의 생산능력을 결합하여 지속적으로 성장했다. 이는 기술력을 가진 미국 기업들이 동남아의 생산능력과 결합한 것과 동일한 원리였는데, 차이는 한국 기업이 이러한 네트워크를 기획했다는 점이다.[7]

### 2) 자동차산업의 생산네트워크

IT제품, 특히 PC가 모듈형 아키텍처 제품을 대표한다면,[8] 자동차는 통합형 아키텍처의 전형적인 제품이다. 자동차는 차종별로 핵심부품의 최적설계와 이들의 긴밀한 상호조정을 통해서만 요구되는 수준의 기능을 달성할 수 있다. 그래서 자동차산업에서는 완성품업체와 부품업체 사이에 설계와 생산 면에서 밀접한 연계와 조정이 필요하게 되고 양자간에 수직적 통합구조를 갖게 되는 경향이 있다.[9] 따라서 자동차산업에서의 해외투자는 제품의 특성, 산업구조의 변화 때문이 아니라 시장기회의 확대 차원에서 시작되었다. 포드, GM 등은 유럽시장 확보를 위해 유럽에 진출했지만, 유럽의 각국 정부가 지원하는 업체와 경쟁해야 했다. 1970년대에 일본 기업들이 혁신적 경영기법을 확립하면서 수출 중심으로 유럽과 미국 시장에 침투했다. 1980년대 후반에 들어서는 일본에서도 전문업체를 중심으로 분업체제가 재편되면서 폐쇄적이던 하청거래가 개방되기 시작했다. 이후 선두업체들은 해외생산을 확대하고 부품의 공용화와 글로벌 쏘싱을 추진하면서 폐쇄적 분업체제를 신차종 개발네트워크로 재편하기 시작했다.

그리하여 1990년대 중반에는 해외생산이 수출을 상회하게 되었다. 미국, 유럽 기업도 일본의 생산체제를 벤치마킹하면서 1990년대의 세계 자동차시장은 글로벌 생산과 과점적 경쟁이 격화되었다. 1998년 다임러벤츠가 크라이슬러를 인수함으로써 세계 상위 완성차업체들이 이합집산했으며, 상위 6대 그룹에 의한 과점체제가 형성되었다. 한편 IT산업의 발전에 따라 부품의 구매·판매씨스템이 획기적으로 변화하고 부품제조의 외주화, 부품의 모듈화가 급속히 전개되었다. 부품업체간 경쟁도 가속화되었고, 완성차업체와 부품업체 사이의 관계뿐만 아니라 부품업체간 네트워크 형성이 중요해진 것이다.

한국의 대기업은 현대자동차를 중심으로 가공조립 부문에서 시작하여 신차개발에서도 상당한 기술력을 축적하는 데 성공했으며, 일본에 비해 저렴한 인건비로 아시아시장에서의 중소형 신차개발의 지역거점으로 자리잡았다. 한편 자동차 생산국의 시장이 대부분 성숙기에 도달한 가운데, 중국시장은 1990년대 말부터 '자동차 붐'이 일어나 세계시장에서 위상이 크게 높아졌다. 이에 따라 세계 10

대 상위업체 모두 중국에 진출하게 되었고, 중국은 세계 4위의 자동차 생산대국이자 3위의 자동차 소비대국이 되었다. 폴크스바겐 등 독일계 기업이 일찍부터 중국 현지업체와 제휴하여 우위를 점한 상태에서, 일본·미국·한국 업체들이 그 뒤를 추격하고 있다.

중국 자동차산업의 부상으로 중국에 투자가 집중되어 동아시아에 새로운 자동차 생산거점이 형성될 전망이다. 아직 신차개발 부문에서는 기술격차가 있지만, 중국으로의 완성차 및 부품 수출이 증가하는 한편, 중국은 노동집약적인 부품공급의 새로운 거점으로 부상할 것이다. 중국산 부품은 동아시아는 물론 미국 등 역외시장으로 수출되어 부품업체간 경쟁이 격화될 전망이다.[10]

### 3) 농업의 무역·생산네트워크

농업도 글로벌 차원에서 급속히 시장화·네트워크화하고 있다. 선진국에서는 1930년대 대공황을 거친 이후 개별 국가의 사회적 안정을 우선시하여 '소득보상적 농업보호정책 체계'가 형성되었다. 이러한 틀 속에서 다른 부문에서는 자유무역이 진전되는 가운데 농업부문은 예외로 허용됐다. 그러나 미국과 서유럽의 여러 국가에서는 가격보조 및 수출보조 정책으로 인해 발생한 과잉생산과 재정부담 문제가 점점 누적됐다. 그리하여 1980년대에는 농산물무역을 자유화하여 국내가격과 국제가격이 직접 연계되는 자유경쟁시장을 형성하는 방향으로 전환했다. UR 농산물협상과 1995년 WTO의 출범으로 농업의 자유무역체제는 글로벌 차원에서 제도화됐다.

이후 농업부문에서도 새로운 경쟁방식이 도입됐다. 즉 국경조치나 국내보조가 점차 감축됨에 따라 농업무역은 크게 확대되고 농업생산은 중장기적으로 국가간 경쟁에서 경영체간 경쟁으로 전환하게 되었다. 농업무역의 전개는 여타 생산활동과 더욱 깊숙이 연계되어 교역재와 비교역재의 연결을 강화하고 농산물과 연관된 산업의 융합을 촉진한다.

농업의 무역망이 획기적으로 넓어지고 있으나 농산물 가격에서 차지하는 유통·비용의 비중, 소비문화의 중요성 등을 감안할 때 지리적 거리는 아직도 중요하다. 따라서 농업무역의 지역화는 지역간 무역에 보완적이거나 지역간 무역과 함께 성장하는 경향을 보인다. 특히 동아시아에서는 인구와 농업생산량이 압도적인 중국이 국제무역에 적극 참여하게 된 것이 지역시장 형성의 또 하나의 직접적 계기가 되었다.[11]

현재 한국·중국·일본 사이에는 토지·노동력·자본·기술 등 생산요소의 부존(賦存) 차이에 따른 특화가 진행되고 있고 이러한 추세는 장기간 계속될 것이다. 즉 중국은 토지사용적·노동집약적인 곡물과 채소를 한국과 일본에 더 많이 수출하게 될 것이다. 한국은 자본·기술집약적인 일부 신선채소와 고품질 가공농산물을 일본으로, 그리고 고급 과일과 가공식품을 중국으로 수출하게 될 것이다. 일본은 채소종자 등 기술집약적인 농자재와 고급 가공식품의 수출을 확대할 것이다.

게다가 동아시아 농업의 역내 분업은 최종재의 무역에만 국한되어 진행되고 있는 것이 아니다. 동아시아에서도 식료씨스템(food system), 즉 농업·식품공업·식품유통업·외식산업 등 다양한 산업의 연관에 의해 성립하는 다단계산업의 연쇄가 형성되고 있다. 동아시아에서의 식료·농업씨스템을 추동하는 주요한 계기는 소비자의 변화, 기술진보, 국제화 등이다. 첫째, 영양, 편리성, 입맛 면에서 차별화된 기호를 추구하는 소비자가 등장했다. 이는 대규모 대중시장이 축소되고 여러개의 분할된 소비시장이 형성되는 것을 의미한다. 둘째, 바이오테크와 IT의 발달에 따라 농민·식품기업 등에 변화의 압력이 가해지고 있다.[12] 바이오테크는 더욱 자동화된 생산으로의 이행을 촉진하는 한편, 식료생산을 한층 확대된 산업구조의 일부로 재편성한다. 셋째, 식품·유통기업이 국제화를 추구하면서 중국이 동아시아 차원의 식료·농업씨스템에 주요한 요소가 되었다. 한국과 일본 모두에서 중국 농산물 수입의 증대는 유통·가공·외식업체의 활동과 관련이 있다.[13]

## 4. 87년체제의 산업씨스템

### 1) 자동차산업

1980년대 후반의 호황으로 한국경제는 크게 팽창했다. 1990년대

들어서 재벌들은 경쟁적으로 자동차산업에 뛰어들어 외환위기 직전까지 5개 그룹 8개 완성차업체가 난립하는 가운데 과잉투자가 이루어졌다. 그러나 외환위기를 전후하여 모든 업체가 경영위기에 봉착했고 이는 한국경제 전체의 위기로 전화됐다. 격렬한 구조조정 과정이 진행됐는데 이는 재벌체제의 대규모 재편을 의미했다.

자동차산업 구조조정의 결과 현대자동차그룹이 출현했다. 고유모델 개발을 통해 상당 수준의 기술능력을 보유하고 있던 현대자동차는 기아를 인수하여 국내에서 확고한 위치를 차지했다. 동시에 그룹 분리를 통해 현대자동차는 선단식 경영에서 벗어나 자동차 전문그룹으로서의 성격을 분명히했다. 또 주가관리를 중시하는 주주자본주의적 경영방식을 강화하고 있다. 그럼에도 3세로의 경영 승계가 쟁점이 되는 것에서도 알 수 있듯이 가족기업으로서의 성격을 유지하고 있다고 할 수 있다.

기업 내부에서는 생산합리화가 진행되고 있다. 생산합리화의 핵심은 국내외 환경 변화에 대응하여 유연성을 증가시키는 것으로서, 생산기술 측면에서는 플랫폼 통합과 모듈화로 집약된다. 현대·기아자동차는 종래 20여개에 달했던 플랫폼을 6~7개로 줄여 신차모델 개발비용을 크게 절감했다. 또 10% 내외에서 시작된 모듈 생산의 비율을 35~40%까지 높이는 계획을 실행중이다. 그러나 완성차업체의 부품업체에 대한 하청지배구조는 더 강화되었는데, 이는 현대자동차그룹의 규모 확대와 관련이 깊다. 즉 완성차업체의 시장지배력이 강화되면서 부품업체에 일방적 단가인하, 임률고정 등 저임금을 강화하고 있다.

자동차산업에서 기술요인이 가장 중요한 경쟁력 요소로 꼽힌다
는 것이 최근의 변화된 양상이다. 따라서 고급 R&D 역량을 갖춘 인
력의 양성과 작업자들의 숙련 향상이 중요한 과제다. 그러나 대립
적 노사관계 때문에 R&D에 대한 투자와 작업자의 숙련 향상에 대
한 투자가 제한되고 있다. 경영진은 노동자들에 대한 교육훈련 투
자를 회피하고 설비자동화와 조직개편을 중심으로 생산합리화를
추진하고 있다. 노동조합은 숙련 형성이 단결력을 약화한다고 판단
하고 직무규제 등 작업장 내의 권력에 더 많은 관심을 갖고 있다.[14]

자동차산업에서의 치열한 경쟁은 계속적인 구조조정의 압력을
가하고 있다. 국내 완성차 업계의 과잉공급 상황은 1990년대말 외
국계 업체가 국내에 대거 진출하는 결과를 가져왔다. GM, 르노, 상
하이자동차가 각각 대우자동차, 삼성자동차, 쌍용자동차를 인수했
으며, 외국계 기업은 완성차업체뿐 아니라 부품업체도 상당수 인수
하여 전자제어기·에어백·전장부품·베어링 등 핵심부품을 담당하
게 되었다. 그러나 외국업체의 진입에도 수직적 하청구조는 근본적
으로 변화하지 않았으며, 국내외에서의 수요 감소에 따라 계속적인
구조조정 압력에 부딪히고 있다.[15]


2) 농업

한국에서는 식료소비가 선진국의 형태로 전환되고 있다. 즉 소비

의 물량적 변화, 질적 변화가 이루어지고 있다. 식료소비의 주체인 가계의 특성이 변화하여 맞벌이부부의 증가, 독신가계의 증가, 가계 규모의 축소 등이 진전되고 있다. 그 결과 식품소비구조는 더 고도화·외부화되고 있다.[16] 또한 유통부문에서도 생산자와 소비자의 거리가 점점 멀어지고 있으며, 대형할인점·식자재업체·외식업체 등 구매자가 점점 대형화되고 있는데, 이들 대형 구매자들은 소비자들의 기호를 반영하여 탄력적으로 구매성향을 변경하고 있다. 이들은 시장 수요를 반영하여 글로벌 쏘싱을 더욱 강화할 것이다.

그러나 한국농업은 이러한 추세에 대응하는 씨스템을 갖추지 못하고 있다. 1980년대 들어 식량생산은 정체·감소하고 우등재인 과일·채소·축산의 비중이 증가하는 구조 변화가 급속히 진행되었다. 이는 식료의 대량소비와 소득상승에 따른 우등재 소비 증가에 꾸준히 대응해온 결과라고 할 수 있다. 그러나 1990년대 후반 이후 그간 농업성장을 주도하던 과일·채소·축산의 성장이 정체하고 있으며, 그 결과 2000년대 들어서는 전체 농업성장이 둔화되고 있다. 1990년대 이후 쌀 소비는 급감하고 있고, 1990년대 말부터 과일·채소 소비도 안정기에 접어들었는데, 이에 대응하지 않고 계속 요소를 투입할 경우 경영조건은 크게 악화될 것이다.

문제는 농업 경영주체이다. 그동안 호당 경영규모와 함께 2ha 규모 이상의 대농경영층 비율은 증가해왔지만, 0.5ha 이하 규모의 경영층은 의미있는 감소세를 보이지 않았다. 결과적으로 영세농 비율은 더 증가했다. 영세농은 농업으로 소득문제를 해결하기 어렵고

신기술 수용을 통한 경영혁신에도 소극적이다. 또 65세 이상 고령 농가 비율이 1/3을 차지하고 있는데, 이들의 농가소득은 전체 농가 평균소득의 절반에 지나지 않는다. 적극적으로 경영혁신을 주도해야 할 30세 미만 청년층 노동력은 전체의 2.4%에 불과하다.

쌀을 포함하여 전품목으로 과잉생산이 확대되고 있는데, 경영구조를 바꾸지 않는다면 농가경제는 위기에 빠질 수밖에 없다. 그러나 농가경제에서 쌀이 차지하는 비중이 매우 높기 때문에 농민운동은 쌀 농업에 대한 국가보조를 강화할 것을 계속 주장하고 있다. 지방정부와 생산자조직이 연대하여 새로운 생산—마케팅 씨스템을 모색하는 모습도 나타나고 있지만, 아직은 주요한 흐름이 되지는 못하고 있다.


## 5. 87년체제의 혁신을 위하여

1987년 이전의 국가주도 추격모델이 작동하게 된 배경에는 2차대전 이후 형성된 세계체제가 있다. 개발독재를 지지하던 얄따 체제와 브레튼우즈 체제가 약화된 것은 1970년대이다. 1980년대 이후 무역과 생산이 더욱 국제적인 차원에서 이루어지게 되었으나, 글로벌화를 통해 선진 블록에 집중되는 정도는 더욱 높아졌고, 특히 동아시아에는 국제적 생산네트워크가 형성되었다. 이러한 가운데 수명을 연장하고 있던 한국의 군사적 개발주의체제는 1987년에 붕괴되었다.

한국의 87년체제는 글로벌화·지역화와 나란히 출범했지만, 87년체제는 과거 체제에서 형성된 폐쇄적·경직적 요소를 완전히 해소하지 못한, 과도적이고 불안정한 체제이다. 대기업은 하청부문에 대한 수직적 지배력을 강화하고 비정규직부문을 확대하여 수량적 차원의 유연화에만 집중했다. 해외공장에서도 같은 방식으로 가격경쟁력 제고에만 골몰한다면 그것은 종래의 외연적 규모 확대의 방식을 되풀이하는 것에 지나지 않는다.

산업차원에서 보면, 유연한 생산기술의 도입에도 불구하고 작업자들의 다기능화와 숙련 형성이 제대로 이루어지지 않고 있다. 능력있고 혁신적인 인력이 산업에 지속적으로 유입되는 흐름이 약화되고 있다. 평균적인 품질의 생산에만 익숙할 뿐 부가가치가 높은 고급품을 생산하는 데 필요한 숙련 형성과 참여는 부족하다. 여기에는 고용조정을 둘러싼 대립적 노사관계, 시장개방과 보조금을 둘러싼 국가와 농민의 대립구도가 크게 작용하고 있다.

87년체제는 진보의 교착상태이다. 재벌체제는 세계시장·국내시장의 사다리에서 몇걸음 올라섰으며, 노동운동과 농민운동 모두 일정하게 현장통제력을 유지하고 있지만, 이러한 상태가 안정적으로 지속될 수는 없다. 동아시아에서 무역·투자 자유화를 제도화하려는 움직임은 비가역적으로 진행될 것이다. 제조업에서는 모듈화와 적기조달 씨스템으로의 진전이 계속될 것이고, 농업·식료부문에서는 소비의 고급화, 생산·유통·가공의 씨스템화가 진행될 것이다.

이러한 흐름은 경쟁과 이동성을 증대시키고 불확실성을 확대한다. 절대적 불확실성은 경제주체의 독립성과 시장원리를 강화하지만, 상대적 불확실성은 상호의존성과 위계·조직 원리를 강화한다. 절대적·상대적 불확실성이 함께 증가하면 시장도 위계·조직이 아닌 네트워크로 대응하는 것이 유리해진다.

재벌 대기업이 밖으로는 글로벌 쏘싱을 추구하면서 안에서는 수직적 위계를 강화하는 것은 장기적으로는 양립할 수 없다. 또 노동운동이나 농민운동이 동아시아 차원에서 형성되는 생산네트워크를 저지하겠다는 것은 가능하지도 않고 바람직하지도 않다. 기존의 기업이나 운동조직이 적응력이 떨어지는 과거의 기술·자산을 지키려고만 하면 그것은 단순히 '분배동맹'이 되고 만다. 새로운 진보를 위해서는 교육훈련을 강화하고 품질경쟁력을 높이는 경영능력 혁신이 이루어져야 한다. 또 유연한 기술과 생산조직, 그리고 수평적 네트워크로 구성된 공급씨스템, 생산조직과 지자체의 네트워크에 의한 생산—마케팅 씨스템이 발전해야 한다. 복잡해진 환경에 대처하는 마법적 해결책은 '혁신동맹'으로 씨스템을 다시 복잡화하는 것이다.

과거의 시장에서는 기업간·국가간에 경계선이 필수적이었으나, 동아시아 생산네트워크 안에서 그 경계선은 더 유동적으로 변해가고 있다. 동아시아 생산네트워크는 경쟁의 성격과 협력의 성격이 혼재되어 있으며, 불신과 신뢰가 교차하고 있다. 따라서 국경을 가로질러서, 또 국경 아래에서, 혁신과 창의, 호혜와 신뢰에 기초한 네트워크 모델로 전화하는 힘을 강화하는 것이 매우 중요하다. 87년 체제가 개방형 네트워크 경제로 발전할 수 있다면, 그것은 동아시아 생산네트워크를 좀더 민주적으로 교화된 씨스템으로 진화시킬 수 있는 동력이 될 것이다. 87년체제의 혁신은 동아시아 경제를 다시 혁신한다.[17]*

* 이 글은 『창작과비평』 2005년 가을호에 발표된 원고를 이 책에 수록하기 위해 다소 손질한 것이다.

# 80년대 후반 이후 경제구조 변화의 의미

유철규 • 성공회대 교수, 경제학

## 1. 87년체제가 제기하는 문제의식

1987년 6월항쟁의 결과로 성립되어 지금까지 유지되고 있는 87년 헌정질서를 경제구조의 변화라는 측면에서는 어떻게 볼 수 있고, 또 그 경제구조의 변화는 우리 사회를 어디로 끌고 가고 있는가? 이것이 이 글에서 다루고자 하는 주제이다.

'87년체제'라는 표현은 최근 정치계나 사회학계에서 자주 사용되지만, 헌법체제를 의미하는지, 사회경제적 씨스템을 의미하는지, 아니면 사회이념이나 시대정신 혹은 이를 담고 있는 특정 민주화세대에 공통적인 어떤 것을 의미하는지는 사람에 따라 편차가 있을 수 있다. 그러면서도 현 사회체제를 민주화체제라고 부르는 데는 상당한 공감대가 형성되어 있다. 1987년 시민항쟁과 노동자대투쟁의 결과로 민주화시대가 열렸고, 현시점에서도 민주개혁이라는 과제가 여전히 우리 사회의 지배적 가치라고 보기 때문이다. 일제로부터 해방을 통해 '건국'하는 것이 시대정신이었던 시기, 잘살아보세의 산업화시대, 그리고 지금의 민주화시대로 우리 현대사의 시대정신을 나누는 데는 큰 무리가 없어 보인다.

87년체제라고 부르든 민주화체제라고 부르든, 최근 현재의 우리 사회체제를 극복해야 한다는 의견들이 나오고 있다. 그것이 정략적인 것이 아니라면, 어느정도는 공통적으로 한국 민주주의의 장래에 대한 우려를 배경으로 한다. 우리 사회가 반독재투쟁을 통해 형식상의 민주주의는 얻어냈지만, 실질 내용상의 민주주의는 요원하고 시간이 갈수록 오히려 후퇴하는 것 같기 때문이다. 형식적 민주주의가 정치절차상의 민주주 핵심을 일컫는다면, 실질적 민주주의는 경제적 민주주의이다. 실제 사회구성원 대다수의 경제적 삶이 어느정도 이상의 수준에서 평등성을 확보하지 못한 사회에서는 민주주의란 사상누각이 되기 쉽다. 재벌과 외자(外資)가 주도하는 독과점 구조의 고착화는 경제적 양극화를 심화시키고 이에 따른 배제와 차별현상은 이제 상식이 되었다. 뿐만 아니라 민주화운동의 한 주체였던 노동계의 분열은 비정규직 노동자를 필두로 해서 절대 다수 노동자의 이해를 배제하는 상황에 이르렀다. 한편 민주화 이후 사회적 갈등이 엄청나게 분출하는데 우리 사회에는 이를 해결할 의사도 능력도 없는 것 같다는 한탄도 민주주의에 대한 또다른 회의를 불러일으킨다.

현재 우리 사회가 직면하고 있는 사회적 양극화를 극복하는 동시에 새로운 세계경제질서 속에서 지속가능한 경제체제를 창출하고 한반도에 평화롭고 정의로운 사회체제를 만들어가기 위해서는 87년체제의 문제점을 극복하는 것이 필요하다. (김종엽)

2005년 7월에 개최된 창비·시민행동 공동 심포지엄 '87년체제의 극복을 위하여'에서 나온 말이다. 하나의 문장이지만 여기서 생각해볼 점은 많다. 약간 자의적으로 풀이해보자면, 우선 오늘날 우리 사회의 정치·사회적 틀이 1987년 이후의 민주화체제에 속해 있다는 것이고, 이 체제는 사회경제적 양극화와 함께 폭발하듯 터져나오고 있는 사회적 갈등에 대한 책임이 있는데 그것들을 관리하고 처리해갈 능력은 제한적이라는 것이다. 그리고 통일된 한반도를 이끌어가고 탈냉전 이후 무한경쟁의 세계경제질서에 대응할 수 있는 좀더 보편적인 사회이념이 부재하다는 것과, 민주화가 반드시 사회정의를 보장하지는 않는다는 등의 내용을 담고 있다. 이렇게 해석해본다면 87년체제의 극복이란 우리 사회의 새로운 시대정신과 이념, 사회적 과제를 모색하자는 제안이다.

현재의 우리 사회체제를 극복하자는 표현이, 1987년 민주항쟁과 노동자대투쟁을 분기점으로 이전과 구별되는 시대적 과제로 '민주화와 그것에 부합하는 사회개혁'이 제기되었다는 점을 인식하고, 그 연장선에 있는 2005년 지금 민주화와 사회개혁이 여전히 우리

시대의 과제인지를 다시 묻는 것이라면 그 의미가 크다. 이는 '민주주의의 위기'와 '노동의 위기' 그리고 민주주의의 경제적 기초인 '국민경제의 위기'에 대응하기 위해서도 필요한 일이다. 이렇게 보면 대통령이나 국회의원의 임기를 다시 조정해야 한다는 식의 논의는 부차적인 문제일 수 있다.

아래에서 차례로, 시대적·사회적 과제의 변화와 연관지어 1980년대 후반에 일어난 경제구조상의 중요한 변화들을 살펴보고, 1997년 경제위기를 계기로 민주화체제와는 잘 어울리지 않는 금융자본의 세계화 이념 — 흔히 '신자유주의'라고 불린다 — 이 놀랄 만큼 빠른 속도로 우리 경제에 파고들게 된 내부적 조건을 점검해볼 것이다. 그리고 IMF 구조조정을 거치면서 양극화·파편화된 경제체제를 재구축하기 위해 필요한 것들을 생각해보기로 한다.

## 2. 1980년대 후반의 경제·제도적 변화

정치적 측면에서 한국사회를 이전 시기와 구별짓는 결정적 계기로 1987년 6월 민주항쟁과 7·8월 노동자투쟁을 설정하는 것에는 어느정도 합의가 이루어진 것 같다. 그러나 경제분석의 영역에서 이 시기를 이전과 다른 경제체제를 형성시킨 기점으로 설정하는 데는 합의가 이루어지기 어렵다. 경제변수의 시계열 분석이 갖는 성격상 시기구분점으로 통상 산업순환의 공황기 혹은 불황기가 선택되게 마련인데, 1987년을 전후한 시기는 당시 '단군 이래 최대 호황'이라고 불렸던 1986~88년의 이른바 '3저호황' 시기에 속한다. 1987년은 경기순환에서 통계청 기준에 따른 제4순환기(1985년 9월~1989년 7월, 정점 1988년 1월)의 확장기 중간에 위치하는 것이다.

이 때문에 경기순환상의 공황 혹은 경제위기를 시기구분의 중요한 조건으로 생각한다면 1987년을 기준으로 삼기 어려울 것이다. 오히려 1979~80년이 더 중시되는 경향이 있는데, 이는 박정희(朴正熙)의 사망이 정치적으로 중요한 사건으로서 이전 시기의 마감이라는 상징성을 갖고 있으며 경기순환 측면에서도 당시의 경제공황은 대단히 심각했기 때문이다. 그럼에도 불구하고 오늘날 우리 사회의 '사회적' 과제와 갈등 그리고 위기의 근원을 좀더 체계적으로 분석하기 위해서는 정치체제 측면에서 관찰되는 1987년 이후의 변화를 경제구조 측면에서는 어떻게 설명할 수 있을지, 또 후자로부터 발생해서 지금까지도 한국경제의 '위기구조'에 강하게 작용하고 있는 '문제'는 무엇인지를 중요하게 생각해볼 필요가 있다.

한국경제의 사회적 과제가 변화했는가에 초점을 맞출 때, 1987년을 이전 시기와 구분하는 기준점으로 삼는 것이 의미를 지닌다. 연속된 사회발전 과정을 시기별로 구분하는 일에는 여러 목적이 있을 수 있지만, 일차적으로는 사회발전의 과제를 포착하려는 목적이 중요할 것이다. 즉 이전 시기를 평가하고 그때 제기되었던 사회적 과제가 여전히 유효한지, 또 새로이 제기되는 과제는 무엇인지를 파악하는 일이다. 이런 의미에서 보면 1979~80년을 시기구분의 경계로 삼는 것은 한계가 있다. 당시의 경제위기와 이를 계기로 촉발된 노동계의 반발에 대해 이전 시기와 동일하게 국가가 우위를 차지하는 '노동배제적 국가-재벌체제'를 더욱 강화하는 방식으로 대응했기 때문이다. 계급관계에서도 70년대의 사회적 과제가 유지되고 온존되었다. 1987년을 시기구분의 기점으로 삼고자 하는 것은 개발독재기 외형적 산업화의 성과를 인정하여 1987년 이전을 산업화시기로 그후를 산업화이후 시기로 보자는 제안이며, 이는 그전을 민주화시기로 그후를 민주화이후 시기로 보는 정치적·사회학적 견해에 조응하려는 것이다.

1980년대 후반, 1987년을 전후한 시기에 한국경제에 일어난 무수한 사건과 변화들 가운데 '민주화'라는 새로운 시대적 과제와 짝이 맞는 변화는 '자율화' 혹은 '민간화'였다. 그전의 경제개발과 산업화시기를 움직인 제도적 틀의 핵심이 노동억압적인 정부-산업(재벌) 관계였던만큼, 자율화 혹은 민간화는 정부가 이 관계에서 빠져나오는 것 그리고 재벌이 정부규제에서 벗어나는 것을 의미했다. 그리고 동시에 동전의 양면처럼 노동이 정부로부터 풀려나 시장으로 나오는 것이기도 했다. 물론 그것은 불완전했다. 노동에 대한 독재적 억압체제가 약화되어 노동운동이 정치적·조직적으로 발전할 수 있는 조건이 만들어졌지만, 노조의 정치활동 금지, 기업별 노조체제의 유지, 3자개입 금지는 여전히 족쇄로 남았다. 또한 자본의 경우도 정부주도의 경제개발 5개년계획의 실효성은 현저히 약화되었지만(그후 경제개발 5개년계획은 김영삼정부의 출범과 함께 폐기된다), 정부의 산업통제의 핵심인 금융규제가 제도적으로 풀린 것은 1996년 OECD 가입 이후였다.

노동조합은 정치적 민주화와 함께 한국경제에 대한 영향력이 확대되어 87년 이후 민주화체제를 구성하는 한 축이 되었지만, 재벌에 대한 정치적 관리와 규제의 고삐가 풀려 이후 재벌도 민주화체제의 다른 한 축이 되었다. 노무현정부 초기에 외교통상부 장관을 지낸 윤영관(尹永寬)의 『21세기 한국정치경제모델』은 노무현정부의 핵심에 많은 영향을 준 책으로 알려져 있다. 이 책의 부제가 '좌, 우 그리고 집중구조를 넘어서'이다. '좌'는 대기업 노조의 강화된 영향력을 의미하고 '우'는 재벌의 집중된 권력을 의미하는 것이므로, 이는 곧 '민주화체제를 넘어서(=87년체제를 넘어서)'로도 읽힐 수 있다. 물론 노무현정부가 과제를 인식했다 하더라도 실제로 정당한 방식으로 과제풀이에 도전할 것인가, 또 그것이 성과를 보일 것인가는 완전히 다른 문제이다.

87년 민주항쟁의 성과가 시장에서 자본의 권력을 강화하는 결과를 동반한 것에 대해 민주화운동의 한계, 또는 절반의 성공이라고 평가할 수는 있겠지만 정확한 것은 아니다. 오히려 민주화가 정부의 후퇴를 의미하는 방식으로 진행되는 한, 민주화와 시장화는 동전의 양면처럼 분리될 수 없는 것이었다. 이 둘이 분리될 수 있으려면 정부 역할의 축소가 아니라 정부 기능의 재조직화라는 길로 가야 했는데, 노동과 자본 공히 정부의 축소를 지향했던 것이다.

경제체제를 구성하는 제도의 측면에서 보면, 87년 이후 체제의 과제는 과거의 정부-산업(재벌) 관계의 단순 제도에서 벗어나, 정부-노조, 정부-재벌, 대기업노조-재벌, 금융-재벌, 정부-금융 관계라는 훨씬 다양한 제도들을 형성하고, 이 제도들이 각각 자율적으로 움직이면서도 전체로는 일정한 방향성을 갖는 경제체제가 되도록 묶어내는 일이었다. 그러나 경제체제의 재구축 과제는 달성되지 못한 채 1997년 외환위기가 닥쳐왔다. 이 과제가 실패한 핵심에는 금융제도 구축의 실패가 있으며, 금융제도 구축이 실패한 주된 이유는 재벌문제 때문이다. 재벌문제가 해결되지 않고는 정부가 빠진 상태에서 금융(은행)과 산업(재벌) 간에 안정적인 제도적 관계가 형성될 수 없었다. 시장에서 힘의 차이가 너무나 크기 때문이다.

87년을 지나면서 한국경제에는 이전의 산업화체제에서는 볼 수 없는 다양한 현상들이 나타났다. 1988년은 산업화 이래 지속적으로 증가해왔던 제조업 비중이 정점에 달해서 하락하기 시작하는 때이다. 또한 1980년대 후반은 임금이 획기적으로 증가하고 노동자의 소득안정성이 높아지면서 '폭발적 대량소비'가 시작된 시기이다. 이것만으로도 내수는 현저히 확장되었고, 저임금에 기초한 국내소비시장 억압이라는 이전 산업화시기의 성격은 빠르게 약화되었다.

'폭발적 대량소비'의 주요 대상은 내구소비재로서, 서구적 대중소비사회가 현실로 다가왔다. 독재하에서 산업화시기를 지탱해온 경제적 비전은 아파트, 가전제품, 자동차를 하나의 묶음으로 하는 중산층 가정의 표준적 소비틀로 그 구체적인 모습을 드러냈다. 박정희시대 산업화의 비전 혹은 대중동원 이념인 '잘살아보세'가 이런 모습으로 실현된 것이다. 일단 비전이 실현된 것이 각 계급간에 공히 인식되는 순간, 우리 사회는 비전의 공백기로 들어섰다. 민주화체제의 비전은 '민주화'이지만 민주화는 가시화할 수 있는 물질적인 것이 아닌 가치의 문제이고 추상적이어서 구체적 비전으로 확정되기 어렵다. 어느 사회세력이라도 사회적 합의를 도출할 수 있는 좀더 보편적이고 구체적인 사회가치를 제시하지 못하는 한, 민주화체제는 사회적 가치, 미래의 사회상, 사회적 게임의 룰을 둘러싼 계급·계층간 갈등의 체제가 된다. 더구나 우리의 민주화체제는 밑으로부터의 6월항쟁과 위로부터의 6·29선언이라는 상반된 힘의 결합물이 아닌가.

그럼에도 불구하고 1980년대 후반의 사회적 격변 당시에는 성장과 효율을 최우선의 사회경제적 가치로 삼아 구성되고 작동해온 구(舊)경제체제의 작동원리를 다른 무엇인가로 대체·전환해야 한다는 요구가 관철될 조건이 충분했다. 왜냐하면 1987년의 민주항쟁은 특정 계급이나 계층의 운동에서 벗어나 전사회적 계층을 포괄하는 운동으로, 협의의 경제적 이해관계를 넘어 사회체제의 변화를 요구한 운동으로 이해할 수 있기 때문이다. 그러나 실현가능성이 높았던 분배와 형평, 그리고 경제민주화의 가치는 연대임금제·사회복지체제·산업민주화로 승화되어 제도화되지 못하고, 개별적 임금인상의 형태로, 그것도 노동계급의 물적 조건을 노동계 내부에서 분단시키고 이원화시키는 방식의 차별적 임금인상이라는 형태로 왜곡되었다. 사회안전망의 구축이냐 기업별 개인별 임금인상이냐라는 갈림길에서 어떤 선택을 하느냐에 따라 민주화체제의 이후 발전방향이 결정될 수 있었다. 즉 사회적 연대를 중시하는 사회로 나아갈 것인가, 아니면 소득불균형을 정당화하는 사회로 나아갈 것인가 하는 문제였다. 1988년 국민연금제의 도입은 그나마 빼놓을 수 없는 성과지만, 그 실체는 민주화체제가 내건 가치에 비해 당장에는 초라했다.

## 3. 외환위기와 민주화체제 내부의 신자유주의 도입 조건

1997년 외환위기와 경제위기로 한국사회는 경제체제(system)의 전환이라는 상황에 직면했다. 그해 12월 3일 경제부총리와 IMF 총재의 협약에서 IMF가 구제금융의 조건으로 내건 구조조정 방안은 사회경제적 이념, 정책이념, 법제도의 변화와 아울러 각 경제주체의 행동방식과 상호관계의 설정을 바꾸는 문제까지 포함하고 있어서, 예상되는 구조조정의 효과가 '체제전환'(system transition)에 비견될 정도로 전면적이었기 때문이다. 정규직 중심의 고용관행, 강하게 억제된 주주권한, 은행을 중심축으로 하여 간접금융을 중심으로 운영되던 금융씨스템, 국적기업에 의한 산업육성 등을 과거 한국 경제씨스템의 외형이라고 한다면, IMF가 요구한 노동시장의 유연화, 주주권의 급진적인 강화, 주식시장을 축으로 하는 직접금융 씨스템으로의 전환, 산업과 금융 소유의 대외 개방과 외자의 적극적인 도입 등은 87년 민주화체제 전반에 걸쳐 온존되었던 과거 경제씨스템을 거의 완전히 해체해야만 가능한 것이었다.

이후 8년이 지난 지금까지도 외환위기의 원인을 둘러싼 논쟁이 지속되고 있으며, 오히려 더 치열해지기까지 하고 있다. 초기에는 학술적 시각과 이론의 차이, 그리고 그것에 기초한 예측과 전망의 차원에 머물렀지만, 시간이 갈수록 계급간·계층간에 구조조정 비용과 혜택의 불일치가 인식되고 이들간의 엇갈린 이해관계가 점점 분명히 드러남으로써 현실의 문제로 바뀌고 있기 때문이다. 그러나 이러한 논쟁과 저항이 강하기는 하지만, 동시에 놀랍도록 빠르게 신자유주의 이념이 우리 사회에 내재화되고 있는 것도 사실이다.

한국 내부에서 신자유주의를 가장 적극적으로 도입한 세력은 재벌이다. 기존체제의 최대 기득권자가 기존체제의 개혁을 앞장서 요구하는 형상인 것이다. 이를 민주화체제의 성격과 관련시켜 이해하기 위해서는 97년 경제위기의 원인으로 위기 직전 일정기간 지속되었던 계층·계급 구조의 교착상태에 주목할 필요가 있다. 민주화체제에서는 산업화체제에 있었던 국가주도의 사전적·사후적 투자조정이라는 안정화 요소가 해체되었으면서도, 그것을 대체할 수 있는 경제체제의 안정화 및 조정장치가 형성되지 못했기 때문에 위기 직전 정책의사결정기구가 사실상 전면적으로 마비되는 상황이 발생했다. 국가에 의해 육성되던 독점재벌과 노동세력이 동시에 국가로부터 자율성을 획득했고, 이 두 세력은 어느 쪽도 새로운 체제의 주체가 되지 못한 것이다.

독점재벌과 노동대중의 이해관계가 어떻게 달랐는가를 검토해보는 것은 한국 신자유주의의 특수성을 찾아내는 실마리가 될 것이다. 산업화체제의 성과를 바탕으로 노동대중은 산업화시기에 뒤로 미루어졌던 민주주의와 실질적 분배를 요구했고, 산업화의 성과 때문에 독점재벌은 이에 대응할 만한 논리를 갖지 못했다. 국가권력도 구독재권력의 연장선에 있는 한 노동대중의 요구를 억압할 논리를 찾기 어려웠다. 결과적으로 노동운동은 1986~89년간 연평균 15~20%를 넘어서는 실질임금률의 급상승을 쟁취했다. 3, 4년이 채 안되는 기간에 실질임금의 2배 상승을 허용할 수밖에 없었던 독점자본은 기꺼이 새로운 이데올로기, 즉 신자유주의의 '창조적 수입'에 적극적인 입장을 취하게 된다. 그리고 이런 대응은 민간정부의 등장과 함께 본격적으로 추진된다.

　역사적 맥락에서 한국에서의 신자유주의는 두가지 의미를 갖는다. 하나는 경제개발의 성과로 인해 노동계급에 대한 정치적 대응능력이 약화된 국가를 뒤로 물러나게 한 것이고, 다른 하나는 동전의 뒷면이지만 탄생의 원죄로 인해 국가와 함께 책임을 분담해야 했던 사적 대기업에 대해 사회적 책임과 부채의 면죄부를 부여한 것이다. 이렇게 보면 독점재벌에 있어서 미국식 사적 소유권의 확립은, 그 자체의 순수한 의미가 아니라 조세와 강제저축에 의해 육성된 사적 대기업의 출생에 대한 대중의 불온한 기억을 지우는 기능을 담당하는 것이다. 제도적 차원에서 구체제의 해체가 시작된 80년대 후반 이래 모든 제도개편의 밑바닥에 깔린 문제는 바로 이 재벌의 사적 소유권의 범위와 근거에 관한 문제였다. 독점재벌의 입장에서 보면 단순히 축적률을 몇퍼센트 더 올리는 것보다는 자산에 대한 소유권의 정당성을 확보하는 문제가 훨씬 더 중요했을 수 있다.

축적체제의 관점에서 볼 때 민주화체제에서 국가의 후퇴는 또다른 문제를 초래했다. 바로 노동을 규율해왔던 핵심기제가 상실된 것이다. 구체제의 노동규율은 정치적 권력에 의해 지탱되어왔기 때문이다. 국가의 표면적 후퇴를 통해 지배계급의 정치적 부담을 완화하고, 역사로부터 단절된 사적 소유권을 확립하면서, 동시에 실업과 불안정 고용을 통해 노동규율을 유지할 수 있다는 것이 적극적으로 신자유주를 도입한 이유라고 할 수 있다.

독점재벌과 노동대중의 상이한 지향과 이해관계는 1996년 노동법 파동을 중심으로 정면 충돌했고, 그 결과는 지배연합의 패배로 나타났는데, 뒤이어서 지배연합의 해체와 정치적 의사결정의 일시적 마비가 일어났다. 노동을 배제한 채 정·재계가 야합하듯이 밀어붙인 노동법은 즉각 격렬한 사회적 저항에 부딪혀 법안을 도로 물리는 웃지 못할 사태를 초래했던 것이다. 민주화체제의 시대정신과 사회경제적 구조, 사회세력관계를 인식하지 못한 지배블록의 참담한 패배였다. 노동계와 재계 어느 쪽도 적극적인 비전을 제시할 능력은 없었어도 진행되는 일을 막을 수는 있는 역관계에 있었다. 이것이 위기를 목전에 둔 상황에서 지배블록의 분열과 결과적으로 정책적 무력함을 초래한 사회적 교착상태였다.

이렇게 본다면 씨스템의 총체적 부정을 수반한 1997년 경제위기는 산업화체제에서는 뒤로 미루어놓았고, 민주화체제에 들어서는 형식만 갖추어놓았던 실질적 민주주의와 성장과실의 공평분배 요구에 대해 여전히 배제의 방식으로 대응하려 했던 자본의 계급적 배신에 기인한 것이다. 독점재벌은 정치적 제약 때문에 국가를 통해 계급적 이익을 관철하기 곤란해지자 국가 자체의 해체와 후퇴를 도모한 것이고, 경제위기는 그 해체과정에서 의도와 다르게 체제 자체가 통제불능의 상태에 빠졌다는 것을 의미한다.

반면, 노동대중의 이해는 국가의 해체 자체에 있는 것이 아니라 어떻게 정치민주화를 달성하고 이에 근거한 비시장적 권력을 통해 경제민주화를 관철시키느냐에 달려 있었다고 할 수 있다. 민주화의 주체였던 노동대중의 입장에서는 사적 소유권의 범위를 사회적 책임의 범위 내로 제한하면서, 자본에 대한 사회적 통제제도를 구축하는 것이 민주화체제를 뒷받침할 수 있는 경제체제를 만들기 위해 필요한 과제였던 것이다.


## 4. 민주화체제에 조응하는 경제체제의 재구축 과제

87년체제에 신자유주의 이념과 구조조정이 조응하지 못하는 것은 분명하며, 이것이 초래하는 제도간 마찰(부정합성)은 끊임없이 민주주의의 물질적 기초인 국민경제를 파편화함으로써 민주주의 자체를 공격하고 침식시키고 있다.

OECD 가입을 위한 제도정비와 1997년 경제위기 구조조정과정에서 배제되었던 것은 노동계급과 민중의 삶이다. 위기관리를 위해 노동은 자본에 협조했다. 또 국민은 공적 자금의 형태로 엄청난 규모의 자금을 사적 자본에 공여했다. 그러나 그 모든 혜택은 내외 자본의 사적인 수익으로 바뀌고 있다. 사적 자본의 비용을 사회 전체가 부담해주는 것이야말로 신자유주의 세계화의 조건이라고 한다면, 이런 의미에서 구조조정은 신자유주의적으로는 '성공적'이었다. 그러나 민주화체제의 기준에서 보면 노동대중의 보상 없는 희생을 댓가로 자본의 수익성을 회복시키는 구조조정은 민주화체제의 불안정성을 증가시켰다.

구조조정의 이념과 실행정책을 주도한 것은 IMF의 구조조정 프로그램들이었지만, 그것은 동시에 90년대 중반까지 한미금융협의회나 OECD 가입협상 등을 통해 한국의 독점재벌과 국가기구 그리고 국제자본 간 합의의 형태로 마련된 경제개방안과 성격상 동일한 것이었다. 다시 말해 순전히 가상이지만 IMF위기 이전에 만들어진 경제개혁안이 원안 그대로 실행됐다면, 아마도 본질적으로 현재와 동일한 제도개혁과 구조조정이 취해졌을 것이다. IMF 이전의 개혁안과 이후의 개혁안 간에 차이가 있다면, 그것은 96년말부터 97년초에 걸친 노동법개정 파동에서 드러나듯이 실행될 수 있느냐 없느냐 하는 점과 국제자본의 몫이 어느 정도인가 하는 점일 것이다. 대자본과 재벌의 입지는 강화되고 노동계급의 이익은 결정적으로 침해되는 과정이 지금도 계속되고 있다. 취업의 질은 유례없이 악화

됐으며, 국민경제의 잉여는 노동소득에서 자산소득으로 이전됐다.

민주화체제를 잠재적으로 부정하는 신자유주의 구조조정은 우선 경제개발기에 국민의 호주머닛돈과 국가를 담보로 한 외채를 기반으로 성장한 독점자본가의 오랜 소원, 즉 부(富)의 정당화 작업에 기여하고 있다. 더이상 부는 매판의 댓가나 정경유착의 결과가 아니며, 이 땅에 착취는 없다. 이제 고용자는 구직자에게 개별계약을 통해 자기 몸값을 정할 수 있는 기회를 주므로, 고용계약은 불평등하지도 불공정하지도 않게 되었다. 빈곤과 실업은 당사자의 무능과 선택의 결과일 뿐이다.

한국민중의 역사적 경험 속에 명확하게 드러났던 부의 기원, 그것과 관련된 불공정과 불평등 그리고 지배계급의 부패와 유착을 청산하지 않은 채, 한국의 신자유주의 개혁이 현실과 역사를 거짓 정당화하고 있다는 점을 지적해야 한다. 신자유주의 정책처방은 기껏해야 적대적인 국제환경에 개별 국민경제가 어떻게 순응할 것인가를 제시하고 있다. 따라서 민주화체제의 가치를 버리고 '자본의 독재'에 투항할 것을 요구한다.

이제 우리 사회는 민주화 이후에 민주주의가 후퇴하는 것처럼 보이는 현상을 두고 87년 민주화체제의 한계를 선언할 것인가, 아니면 민주화체제의 가치를 옹호하고 그것을 통일된 한반도를 이끌어가고 무한경쟁의 세계경제질서에 대응할 수 있는 좀더 보편적인 사회이념으로 발전시켜서 이에 조응하는 경제체제를 구축해갈 것인가 선택해야 한다. 전자는 민주주의를 포기하는 일이므로 선택할 수 없다. 후자를 위해서는 국내 계급간 대타협이 이루어져야 한다. 그러나 현재 계급타협의 조건은 전혀 형성되어 있지 않다. 무엇보다 외부 금융자본과 재벌의 결합이 진행되는 동안은 결코 계급타협에 기반한 사회적 합의가 형성되기 어렵다. 일단 초국적 금융자본과 국내 산업재벌 간에 이해관계가 어긋나는 국면이 발생해야 한다. 이 국면은 정부정책과 규제에 의해 어느정도는 조성될 수도 있다.

그러므로 국가의 역할이 대단히 중요하고 어렵다. 사회적 타협의 조건을 만들기 위해서는 민주주의 국가만으로는 충분하지 않고, 자본주의 국가로서의 역할이 함께 강화되어야 하기 때문이다. 국민경제 차원의 자본주의 체제를 적절히 관리하고, 그것을 민주주의와 결합함으로써 한층 높은 수준의 자본주의 발전을 이루어내는 것이 자본주의 국가의 역할이다.

한편 국제 금융자본의 지배에 단순히 편승하는 것은 국내 독점자본에도 한가지 중요한 딜레마를 제기한다. 국민경제의 건설과 세계경제에서의 지위 상승이라는 표어가 담당한 이념적 역할을 폐기하고, 국가의 공권력과 공적인 이데올로기에 기초해서 유지되던 노동규율 방식을 버리고, 이것들을 대체할 새로운 노동동원과 노동규율의 이념을 어디에서 찾을 것인가. 노동자의 창의와 자기계발과 적극적인 참여 그리고 주인의식을 필요로 하는 '지식기반경제' 시대에 실업과 고용불안이라는 시장의 채찍만으로는 자본과 우리 사회가 공통적으로 필요로 하는 노동자의 헌신과 참여를 이끌어낼 수 없다. 만약 노동자의 배제를 지속하고 실업의 위협을 통해서 국민을 자본의 이해에 종사시키려 한다면, 이미 스스로 폐기한 낡은 국민경제의 이념을 기업의 국제경쟁력이라는 이름으로 포장을 바꿔, 자본간 경쟁전의 논리에 계급간 갈등과 모순을 복속시키는 방법밖에 없다. 바로 이 지점에 국내 독점자본과 다국적 자본의 공통이익이 자리잡고 있다.

'신자유주의' 개혁의 대안을 고민하는 일은 민중의 역사적 경험에서 출발해야 한다. 재벌문제는 그 형성의 역사적 과정에서 해결의 실마리를 찾아야 하는 것이다. 국민의 부담과 세금에 의존해서 형성된 역사적 사실을 무시하는 어떤 해결책도 민주화체제와 조응할 수 없고 체제불안정을 해소할 수 없다. 사회적 타협을 가능하게 할 물질적인 조건, 즉 소득재분배와 투자결정의 민주화가 실질적으로 이루어질 수 없기 때문이다. 경제민주화가 진정한 구조조정과 개혁의 내용이 되어야 하는 이유가 여기에 있다.

민주화체제를 극복하자는 주장이 우리 사회의 새로운 시대정신과 이념, 사회적 과제를 모색하자는 제안이라면 필자도 공감한다. 그러나 동시에 약간은 조심스러운 부분이 있다. 그것은 민주화체제의 한계를 논하는 것이 정치적 극우의 입장에서도 제기되고 있기 때문이다. 1987년 헌법의 경제조항들은 많은 부분에서 시장근본주의에 입각한 이른바 신자유주의 이념과는 어울리지 않는다. 대표적으로 헌법 제119조 2항은 "국가는 균형있는 국민경제의 성장 및 안정과 적정한 소득의 분배를 유지하고, 시장의 지배와 경제력의 남용을 방지하며, 경제주체간의 조화를 통한 경제의 민주화를 위하여 경제에 관한 규제와 조정을 할 수 있다"라고 되어 있다. 이 규정은 우리 시대 민주주의의 진정한 위협요인이 되고 있는 자본의 독재를 단호히 거부하고 있는 것이다. 따라서 여기에 신자유주의 이념의 주창자가 헌법개정에 쉽게 동의할 유인이 있다.

새로운 비전의 제시로 1987년 헌정질서를 극복하는 것이 중요한 만큼, 이 헌법조항에 반영된 사회적 가치를 지키고 확대발전시키는 일이 중요하다. 헌정질서의 극복을 헌법개정으로 두루뭉술하게 엮고자 하면 그것은 자본독재의 길을 명시적으로 열어주는 일이 될 것이다. 여러 방식으로 제기되는 민주화체제의 극복론 가운데, 경제민주화의 가치를 핵심으로 유지한 구상만이 미래지향적인 입장이라고 할 수 있다. 지금까지의 역사에서 확인된 바에 따르면 자본주의의 지속적 발전은 민주주의와 더불어 나아갈 때만 가능했다. 자본주의의 효율성만을 추구하고 무한경쟁과 이윤추구를 위해 제반 사회적 가치와 민주주의를 희생한 경우는 전쟁이나 자기파괴의 길을 갈 수밖에 없었기 때문이다. 더구나 경제민주화는 한국 자본주의의 대외적 확장과정을, 억압과 분쟁과 갈등으로 점철된 서구나 일본의 대외진출 과정과 다르게 만들 수 있는 희망의 고리가 될 자격이 있는 우리 사회의 시대적 가치이다. *

* 이 글은 계간 『창작과비평』 2005년 겨울호에 발표된 원고를 이 책에 수록하기 위해 다소 손질한 것이다.

## 서장: 87년체제론에 부쳐 · 김종엽

1 쟁점을 명확히하기 위해서 손호철과 김호기를 모두 97년체제를 강조하는 입장에 위치시켰지만 양자간에는 이 점을 빼면 상당한 차이가 존재한다. 손호철이 87년체제의 97년체제로의 대치를 주장하는 반면, 이미 언급했듯이 김호기는 두 체제가 겹쳐진 형태로 존재한다고 파악한다. 정치적으로도 전자가 현재의 주요한 실천적 과제를 반신자유주의투쟁 내지 반세계화투쟁의 결집에 있다고 보는 반면, 후자는 세계화의 흐름에 동참하되 지속가능한 세계화의 방안을 모색하는 것에 있다고 본다.

2 조희연의 논의에서도 97년체제는 외환위기를 사회변동의 매우 중요한 계기로 받아들이는 것 이상의 개념적 의의가 뚜렷하지 않아 보인다. 그는 "87년체제가 시대적 과제로 부여했던 민주(주의)개혁은 97년체제의 새로운 '가능성과 제약' 속에서 전면화하지 못하고 97년체제의 제약 속에서 전환을 맞게 된 것"(본서 81~82면)이라고 진단한다. 이런 식의 서술에서 97년체제라는 말은 외환위기라는 사건과 거의 동일시된다.

3 PD와 NL은 각각 '민중민주'와 '민족해방'을 변혁운동의 주요 과제로 내세우는 정파 또는 그 입장을 의미한다. 전자가 한국사회를 자본가 대 노동자의 대립구도로 인식하는 반면 후자는 외세 및 매판세력 대 민중의 대립구도로 이해한다.

## 제1부 분단체제와 87년체제 · 김종엽

1 최장집은 해방 60주년을 회고하며 우리 사회의 현재적 과제를 논하는 최근 글에서

이렇게 쓰고 있다. "오늘의 남한사회는 분단시대라는 정의가 함의하듯 불안정하고 불완전한 반쪽의 정치체제가 아니라, 근대화되고 자족적으로 완성된 사회이자 국가이며, 체제라고 할 수 있다"(「해방 60년에 대한 하나의 해석: 민주주의자의 퍼스펙티브에서」, 참여사회연구소 『해방 60주년 기념 심포지엄 자료집』, 21면). 나는 그의 글의 다른 많은 논지들에 대해 찬성하지만, 이런 주장은 분단시대론 전반을 자기 방식으로 정리한 다음 그것을 비판한다는 점에서 문제가 있다. 설령 그의 이해방식을 따른다고 해도 그의 주장은 분단시대라는 역사인식이 야기할 수 있는 난점과 위험을 지적하는 것을 넘어서 그것에 내포된 정당한 통찰조차 회피할 위험을 가지고 있다.

2 내 경우 '87년체제'라는 개념은 노중기가 처음 제시하여 노동연구자들 사이에서 쓰이게 된 '87년 노동체제' 개념에서 영감을 얻은 것이다. 그가 주장하는 87년 노동체제는 그것을 포함하고 있는 한국사회 전체의 특징을 통해서 해명되어야 하며, 그런 한국사회의 구조적 특징을 '87년체제'라고 명명할 수 있다고 생각했다. 이 개념은 『당대비평』 2003년 겨울호에서도 쓰였던 개념임을 나중에 알게 되었는데, 『당대비평』에서는 이 개념이 그리 분명하게 정의되지는 않았다. 유철규와 조석곤 등은 '87년이후체제'라는 표현을 쓰기도 했는데, 개념의 의도는 유사하지만 '87년체제'라는 표현이 더 명확하다고 생각한다.

3 이런 상황이 개념 사용자들에게는 어려움을 야기하겠지만 개념의 확산과 사회적 착지라는 관점에서 보면 그렇게 나쁜 것만도 아니다. 어떤 개념의 사회적 착지는 그 개념이 매우 쓸모있고 정확히 정의되어 있을 때 가능하지만, 서로 모순적인 의미로 사용하는 사람들까지 끌어들일 만큼 충분히 모호할 때도 가능하기 때문이다.

4 유철규 「1980년대 후반 경제구조 변화와 외연적 산업화의 종결」, 유철규 엮음 『박정희 모델과 신자유주의 사이에서』, 함께읽는책 2004; 유철규 「1987년 이후 경제체제의 한계와 경제위기」, 『당대비평』 2003년 겨울호 참조.

5 아마도 우리의 영화산업은 이런 문화적 변화가 얼마나 급속하고 강력한 것이었는지 잘 보여주는 예일 것이다. 유신시대에는 한해에 외화 20편이라는 수입제한으로 인해 영화적 교양의 심각한 실추를 겪었던 사회가 87년 이후 비디오플레이어와 비디오숍의 확산을 통해 전국민적으로 영화적 교양을 만회할 수 있었고, 그것에 기초한 영화산업이 90년대 중반에 이미 할리우드와 경쟁할 수 있는 상당한 자생력을 갖추었으니 말이다.

6 이런 사회문화적 변화 또한 역전될 수 없는 성질의 것이다. 박정희 씬드롬에서 보듯이 오늘날 젊은 세대 중에도 박정희를 좋아하는 사람은 많다. 그러나 그들의 육체와 사유는 박정희체제 아래서의 삶을 단 하루도 견딜 수 없을 것이다.

7 이 점은 구체제 아래서 야당이 완전히 파괴되지 않고 존속하면서 민주화투쟁을 통해

사회적 정당성을 축적해온 과정이 민주화 이행기에 매우 중요한 변수로 작용함을 보여준다. 이에 대해서는 윤상철 『1980년대 한국의 민주화 이행과정』, 서울대출판부 1997 참조.

8 이런 대표성의 위기에 대한 사회의 반응이 바로 낙천·낙선운동인 동시에 참여연대처럼 독특하고 강력한 시민운동단체가 출현할 수 있는 배경이었다고 할 수 있다.

9 87년 헌정체제에 대해서는 최장집 「한국어판 서문 ── 민주주의와 헌정주의: 미국과 한국」, 로버트 달 『미국헌법과 민주주의』(박상훈·박수형 옮김, 후마니타스 2005)를 참조할 것.

10 같은 글 52면.

11 헌정주의와 민주주의의 관계는 매우 복잡하다. 전자는 후자를 가능하게 하는 측면과 통제하고 억제하는 측면을 모두 가지고 있다. 여기서 상론할 수는 없지만 나는 87년 헌법이 우리 사회의 민주화의 진전에 일정한 족쇄가 되는 지점에 이르렀다고 생각한다. 그러나 이 문제가 더 좋은 헌법을 마련함으로써 해결될 수 있다거나 그럴 수 있는 조건이 우리에게 있다는 것을 함축하는 것은 아니다. 논의가 심도를 지니기 위해서는 어디까지를 헌정주의의 영역으로 포괄하는 것이 우리에게 적합한가 하는 근원적인 문제를 다뤄야 할 것이다. 이 문제에 대한 좀더 상세한 논의는 Elster, Jon & Slagstad, R. eds., *Constitutionalism and Democracy*, Cambridge Univ. Press 1988; Elster, Jon, *Ulysses Unbound*, Cambridge Univ. Press 2000, Part 2를 참조할 것.

12 이일영 등은 신진보주의의 경제이념을 개방─혁신─연대의 한반도경제라는 개념으로 포착하고 있다(이일영·이남주·이건범·전병유 「한국형 신진보주의의 경제이념 개방─혁신─연대의 한반도경제」, 『동향과 전망』 2005년 여름호 참조). 필자는 이들이 제시한 세가지 이념, 그리고 그것을 구현하는 한반도단위 경제라는 아이디어에 찬성한다. 하지만 세가지 이념의 제시 순서가 은연중에 어떤 중요성에 대한 판단, 또는 논리적 전개의 틀을 함축하는 면이 있다고 생각한다. 이점을 고려할 때, 필자는 이들의 진보적 의도가 더 잘 구현되는 방식의 표현은 연대─혁신─개방의 한반도경제라고 생각한다.

13 혹자는 외환위기 이전의 자본자유화가 매우 한정된 것이었다고 주장할 수도 있다. 그러나 그것이 "아무리 제한적이고 부분적인 것이었다고 해도 이행경제의 내적 능력과 필요를 넘어서 진행되었을 뿐만 아니라 그 부작용에 대한 대책도 허술했다"고 평가할 수 있다. 조영철 「위기 이후 구조재편의 문제점과 대안적인 정책방안」, 전창환·김진방 엮음 『위기 이후 한국 자본주의』, 풀빛 2004 참조.

14 시장 메커니즘과 정부 메커니즘 사이의 정책적 선택에서 시장을 택하는 것 자체가 정부의 행위이다. 외환위기 이전의 자본자유화는 그런 의미에서 정부의 잘못된 선택

이기는 하다. 하지만 정책적으로 선택된 시장 메커니즘의 실패도 정부의 실패라면 모든 실패가 정부의 실패일 것이다.

15 이런 사태는 물론 객관적 강제와 압력이 주관적 위기로까지 심화되는 현상이라고 진단할 수 있다. 그러나 이런 주장이 노동계 내부에서 등장하는 현상과 관련해서는 두가지가 지적되어야 한다. 하나는 주관적 위기의 원인을 외부로만 돌릴 수 없는 주체의 탐닉, 그러니까 이 경우 핵심부문 노동자들의 연대를 망각한 자족적 생활양식의 차원이 존재한다는 점이다. 다른 하나는 그런 위기에 처한 주체 자신이 그 원인을 분석한다는 점에서 성찰적이지만 그 성찰이 자기혁신을 유도하기보다는 외부의 책임으로 전가된다는 점에서 병리적 성찰성이라는 점이다. 그것은 소년원에 끌려온 비행청소년이 상담가에게 자신의 비행의 원인을 근대화된 사회의 가치혼란, 가족해체, 병리적인 학교문화 등으로 제시하며 '사회학자'의 관점을 취하는 것과 유사한 현상이다.

16 이 글이 거의 다 쓰여졌을 무렵 조희연의 「'87년체제'의 전환적 위기와 민주개혁」(참여사회연구소 『해방 60주년 기념 심포지엄 자료집』)을 읽었다. 나는 그의 정세판단과 방향모색에서 많은 일치점을 찾을 수 있었다. 다만 그가 53년체제라는 개념으로 분단체제에 해당하는 현실이 87년체제와 상호작용하는 측면을 논의하면서도 문제의 지평을 한반도 수준으로 확장하지 않는 점에 대해서는 입장을 달리한다.

17 자세한 것은 백낙청 『분단체제 변혁의 공부길』, 창비 1994; 『흔들리는 분단체제』, 창비 1998 그리고 그후 그의 여러 글들을 참조할 것.

18 월러스틴(I. Wallerstein)은 1970년대 이래 세계경제 하강기에 동아시아에서 발전이 가능했던 이유에 대해 이렇게 말한다. "동아시아가 브라질이나 남아시아와 가장 다른 점은 냉전과 관련된 지리적 위치였다. 동아시아는 전방에 있었고 나머지 둘은 그렇지 않았다."(이매뉴얼 월러스틴 『우리가 아는 세계의 종언』, 백승욱 옮김, 창비 2001, 59면)

19 경제적 구상에서 한반도적 관점을 지향하는 것은 비단 북조선에만 필요한 일이 아니라 부상하는 중국경제와 일본경제 사이에서 그리고 국제분업적 질서 속에서 남한경제의 활로를 모색하는 데에도 필요한 일이다. 그러나 남한사회의 이런 자기이익 추구적인 행위에서조차도 민족적 관점을 견지하는 정치적 리더십이 요구된다.

20 전창환 「1980년대 발전국가의 재편, 구조조정, 그리고 금융자유화」, 유철규 엮음, 앞의 책 89면.

### 제1부 6월항쟁 20주년에 본 87년체제 · 백낙청

1 김명인 「1987, 그리고 그 이후」(『황해문화』 2007년 봄호)의 논지를 이렇게 단순화할
수는 없지만, "6·29선언과 개헌, 그리고 그해 겨울의 대통령선거"(16면)를 주로 '지
배블록의 재편과정'이라는 시각에서 보고 문민정부의 "군부숙정, 금융실명제, 전직
대통령 구속 등 구체제의 청산과 민주화의 확장"에 대해서도 "이 역시 길게 보면 신
자유주의 체제 정착을 위한 정치사회적 지반 다지기의 과정"(17면)으로 평가하는 점
에서 '87년 이후'에 대해 매우 부정적인 평가를 내리는 입장인 것은 분명하다.
2 서동만 「남북이 함께하는 '2008년체제'」(『창작과비평』 2007년 봄호)에서도 남북에
각기 다른 시대구분을 적용하여 북에서는 '선군정치' 체제가 확립되는 1998년을 중
요한 분기점으로 설정한다. 그러나 이제는 남북이 모두 새로운 시기로 진입하여 "한
반도 전체의 2008년체제"(174면)를 공유해야 한다는 과제를 제시한다.
3 예컨대 다음과 같은 주장이 있다. "집권 민주화세력의 '의도하지 않은 賣國' 행위가
지속될 것인가, 아니면 폐기될 것인가? 그런 점에서 2007년 대통령선거는 한반도의
운명을 결정하는 분수령이 될 것이다."(신지호 「북한정세를 읽는 새로운 눈, 국가해
체론」, 『時代精神』 2006년 겨울호, 76면)
4 김종엽 「분단체제와 87년체제」(『창작과비평』 2005년 겨울호)에서는 이를 갈등하는
두 세력 간의 "지루하고 고통스러운 참호전 양상"으로 표현했다. (이 글은 본서의 제
1부에 수록되어 있다 — 편집자.)
5 해외동포의 역할과 '전지구적 한민족 네트워크'에 관해서는 졸고 「한반도의 시민참
여형 통일과 전지구적 한민족 네트워크」, 『역사비평』 2006년 겨울호, 특히 39~42면
참조.


### 제2부 '87년체제' '97년체제'와 민주개혁운동의 전환적 위기 · 조희연

1 박명림은 헌정체제의 관점에서 87년체제를 "대통령제 권력구조 및 3권분립과 선거
주기의 불일치(교착상태 및 분할정부 지속), 법치국가 관념의 강화(사법국가로의 진
행예측 결여와 정치의 사법화 강화), 대의민주주의의 강화와 직접민주주의의 폭발적
발전예측 결여(참여와 대의의 충돌 빈발), 사회국가 관념의 결여(노동·복지), 탈냉전
및 세계화 상황에의 대비 전무(영토조항 및 국가보안법체제 지속, 이주노동자 문
제)"로 정리하고 있다(「한국헌법과 민주주의: 무엇을, 왜, 어떻게 바꿀 것인가?」, 창
비-시민행동 공동심포지엄, 2005.7.15). 이러한 규정은 헌법질서의 성격에 초점을

맞춘 것이다. 진보적 시민사회론의 입장에서 보면, 87년체제는 구권위주의체제의 지속성과 연속성이 결합되어 있는, '개혁의 공간'과 개혁의 한계를 동시에 내장한 체제였다고 할 수 있고, 87년 이후 민주개혁운동의 프레임이 설정한 체제라고 할 수 있다. 노동의 입장에서 87년체제는 87년 개정노동법에서 표현되는 바와 같이 민주노조운동의 형식적 권리와 공간을 합법적으로 부여받았으면서도 복수노조 금지, 노조의 정치활동 금지 등의 규제적 장치들이 공존하는 불완전한 체제를 의미한다(이에 관해서는 노중기「한국의 노동체제 변동, 1987~1997년」, 『경제와 사회』 1997년 겨울호; 임영일 『한국의 노동운동과 계급정치, 1987~1995』, 경남대학교출판부 1998 참조).

2 정일준 「87년체제는 없다」, 제10회 비판사회학대회, 2007.10.3. 연세대 백양관.

3 물론 한국의 자본세력, 시장세력과 반독재 중도자유주의세력 간에는 대립과 긴장도 존재한다. 전자는 이명박정부 같은 신보수적 정치세력에 더욱 친화적이다. 그러나 97년체제의 제약 속에서 반독재민주세력의 사회경제적 급진성 탈각과 신자유주의적인 방향으로의 경도로 인해, 그 대립과 긴장이 근본적인 것은 아니게 되었다고 할 수 있다.

4 조희연 「'신자유주의 지구화시대의 정치'와 신보수정권」, 『동향과 전망』 2008년 봄호.

5 87년 이후 각 국면별 지배적 담론과 '시대정신'의 추이에 관해서는, 조희연 『비정상성에 대한 저항에서 정상성에 대한 저항으로』(아르케 2004)의 11장 「87년 이후 민주개혁의 전개와 사회운동」 참조.

6 여기서는 주로 참여정부 시기의 상황을 근거로 이야기한다. 그러나 본질적으로 국민의 정부 시기도 동일한 흐름에 서 있었다고 판단하고 있다.

7 '민주화 이후' 개념을 통해 민주주의 이행의 새로운 전환점을 개념화하기 위한 시도로서, 최장집 『민주화 이후의 민주주의: 한국보수주의의 보수적 기원과 위기』(후마니타스 2002) 참조.

8 이 점에서 반독재 중도자유주의 집권세력의 헤게모니 균열이 발생하게 된다. 이 때문에 한편에서는 비타협적 대결의 자세도 필요하지만 설득적 능력을 동반하는 정치력도 요구된다. 민주개혁영역의 급진적 확장에서는, 민주노동당을 비롯한 제도권 진보정치세력이 선도할 수 있는 영역이 존재하는 셈이다. 민주노동당이나 진보신당 같은 제도권 진보정치세력은 자유주의세력의 한계를 비판하면서 정책적 선도를 해야 하는 과제를 안고 있다. 진보적 개혁세력이 민주개혁의 심화와 확장이라는 점에서 자유주의적 개혁세력에 대해 이니셔티브를 발휘할 수 있는 것이다. 이런 점에서 보면, 자유주의적 개혁세력과 급진적 개혁세력이 분기하는 지점이 존재한다. 전자가 보수세력을 주변화하고 포섭하면서 새로운 헤게모니세력으로 재정립해야 하는 과제를 안고 있다면, 후자는 새로운 의제지형을 만들고 급진적이면서도 국민적인 새로운

개혁의제를 가지고 국민적 개혁세력으로 부상하는 과제를 지니게 될 것이다.

9 아시아의 민주화와 비교할 때, 과거의 독재적 유산이 광범위하게 존재하고 구 독재적 세력이 강력한 제도적·비제도적 권력을 가지는 '신과두제적 유형'(필리핀, 인도네시아, 태국 등)과 달리 한국이나 대만은 과거의 독재적 유산에 대한 민주개혁이 상당하게 진전되고 독재적 세력과 반독재적 세력 간의 '다원적' 경쟁이 가능하게 된 '포스트-과두제적 유형'에 속한다고 할 수 있다(조희연 「'다층적인 탈독점화 과정'으로서의 민주화와 그 아시아적 유형: '민주화 이후 민주주의'의 복합적 갈등과 위기에 대한 비교정치사회학적 유형화를 위한 기초 논의」, 조희연 편『복합적 갈등 속의 아시아 민주주의 — '정치적 독점'의 변형을 중심으로』, 한울 2008).

10 민주화운동명예회복 및 과거청산 과정의 이러한 측면은 사실 이미 쟁점화된 바 있다. '동의대사태'로 투옥 제적된 학생들이 민주화운동가로 명예회복되는 것이나 광주민주화운동 관련자가 국가유공자가 되고 5·18묘역이 국립묘지가 되는 것에 대하여, 문부식이 '기억의 국가화'라는 견지에서 비판했고 이를 둘러싼 논쟁이 전개된 바 있다(문부식『잃어버린 기억을 찾아서』, 삼인 2002; 조희연 「'과잉'과거청산인가 '과소'과거청산인가」, 『경제와 사회』 2002년 가을호; 『황해문화』 2002년 겨울호 특집 등). 문부식의 문제제기와 논쟁은 과거청산의 '의도하지 않은' 민주세력의 헤게모니 균열효과와 관련해서도 파악될 필요가 있다.

11 참여정부 핵심세력들은 주로 개혁에 대한 조·중·동 등의 싸보따주와 비토, 왜곡 등 개혁의 '조건'이나 개혁의 '환경'문제를 많이 거론했다. 그런데 사회적 보수세력이나 보수언론의 왜곡이 문제를 악화시키기는 하지만, 그것만으로 참여정부 실패의 문제가 환원될 수 있는 것은 아니다. 실제 많은 지점에서 국정운영능력의 취약성이 드러났다. 즉 '주체적' 문제가 많았다.

12 여기서 필자는 '주체적' 관점에서 87년체제의 위기요인에 접근하고 있기 때문에, 민주개혁의 굴절과 위기의 중요한 요인을 이루는 기타 여러 요인들을 충분히 언급하지 못하고 있다. 즉 공론장을 왜곡하고 좀더 직접적으로는 '국민들의 여론' 자체를 왜곡함으로써 개혁을 굴절시키고 있는 조선일보를 포함한 반개혁적·계급적인 미디어의 문제나 그 개혁성을 약화·굴절시키는 방향으로 작동하는 관료집단의 문제 등도 예로 들 수 있다. 반개혁적 미디어의 문제는 상대적으로 쟁점화가 되었으나, 관료집단의 개혁문제는 핵심 개혁의제임에도 불구하고 상대적으로 쟁점화되지 못했다. 또한 보수적 관료집단의 '현실론'을 뛰어넘어 개혁적 정책을 '실현가능한' 정책으로 관철시킬 수 있는 정책역량의 취약성 등도 들 수 있을 것이다. 이에 관해서는 조희연『비정상성에 대한 저항에서 정상성에 대한 저항으로』 15장 「사회운동과 정책역량」 참조. 시민운동의 경우도 '문제제기형' 운동으로서의 프리미엄이 점차 약화되고 있는

조건에서 싱크탱크의 대폭적인 강화가 필요해지고 있다.

13 조희연, 같은 책, 서장.

14 민주화는 시장에 대한 국가의 통제로부터의 '자율'을 분명히 내포하는 것이지만, 공적 규율과 시장의 가혹성의 사회적 보완이라는 적극적인 내용이 포함된다. 시민사회의 입장에서 보더라도, 국가의 관치적 통제의 극복과 자율회복이 한편에 존재하지만 다른 한편에는 시민사회의 사회적 요구의 적극적인 실현이라는 차원이 존재한다. 개혁은 단순히 정치적 차원만 존재하는 것이 아니라 사회경제적 차원이 존재한다.

15 E. M. 우드 같은 맑스주의자는 자본주의에 대한 최대의 도전은 바로 이러한 민주주의의 협소화와 형식화를 넘어서서 민주주의를 급진적으로 확장하는 것이라고 말한다. 심지어 이렇게 급진적으로 확장된 '민주주의는 사회주의와 동의어가 될 수도 있다'고도 말한다(E. M. Wood, *Democracy against Capitalism: Renewing Historical Materialism*, Cambridge: Cambridge Univ. Press 1995, 15면). 시민권의 입장에서 민주주의와 자본주의의 긴장관계를 T. H. 마셜은 시민권으로부터 정치권·사회권으로의 확장을 통해 자본주의가 규율되었다고 보고 있다. 마셜이 볼 때, 사회계급은 불평등의 체계이고 시민권은 평등의 체계인데, 그는 "20세기에 시민권과 자본주의 계급체계는 전쟁상태에 있었다"(84면)고 말한다. 그러면서 ― 다소 낙관적으로 ― "시민권 개념 속에 내재된 평등성은 비록 그 내용이 제한되기는 하지만 원칙적으로 전면적인 불평등을 특징으로 하는 계급체계의 불평등을 붕괴시켰다"(85면)고 말한다(T. H. Marshall, "Citizenship and Social Class," *Class, Citizenship, and Social Development*, NY: Doubleday and Company Inc. 1964).

16 여기서 '사회적 자유주의'는 독일의 사회적 시장경제와 같은 특정한 현실적 형태를 지칭하지는 않는다. 단지 시장경제나 자유민주주의 같은 근대자유주의의 핵심들을 견지하면서도 사회경제적 정책 면에서 사회민주주의나 유로코뮤니즘에서 보이는 바와 같은 시장경제에 대한 공적·정치적 규율을 내포하는 방향으로 자기확장을 한 자유주의를 의미한다. 이런 점에서 보면, 자유주의 범주 내에 존재하면서도 사회경제적 내용에서는 넓은 스펙트럼이 존재한다고 할 수 있다. 사회민주주의를 혁명적 공산주의와 구별하는 맥락에서 사회적 '자유주의'로 개념화하는 경우도 그래서 나타나게 된다(이런 의미에서 사회민주주의는 '좌파 자유주의'가 된다). 이런 점에서 사회적 자유주의를 명확한 내포와 외연을 가진 개념으로 이해하기보다는 사회적 성격이 강화된 자유주의라는 의미에서 이해하면 좋을 것이다.

17 87년체제하에서 사회운동에 의한 민주개혁운동은 '국가의 자유민주주의적 정상화'(조희연 『비정상성에 대한 저항에서 정상성에 대한 저항으로』 서장)에 기여했다고 생각된다. 그러나 그렇게 정상화된 자유민주주의적 국가가 가혹한 자본주의적 현실

266

의 '정치적 외피'로 작동한다면 87년체제의 사회운동의 역할은 자본주의의 정치적 합리화운동으로서의 의미밖에 지니지 못할 것이다.

18 이 점은 한국현대사에서도 잘 드러난다. 한국전쟁 이후 극우반공주의적 조건에서 한국의 중도자유주의세력은 보수주의의 영향력 아래 놓였다. 그러나 개발독재의 후반기에 자유주의가 저항적 성격을 갖게 되면서 — 어용적 자유주의와 저항적 자유주의가 분화되면서 — 저항적 자유주의와 급진적·진보적 세력의 연합에 의해 국민적 반독재전선이 형성되었던 것이다(자유주의의 변화에 관해서는 조희연 「정치사회적 담론의 구조변화와 민주주의의 동학」, 조희연 편 『한국의 정치사회적 지배담론 변화와 민주주의의 동학: 한국 사회운동과 민주주의의 동학(3)』, 함께읽는책 2003 참조). 포스트-87년체제하에서는 공공성을 중심으로 자유주의가 분화되어 사회적 자유주의세력과 진보세력의 새로운 연대가 형성될 때 비로소 국민적 전선이 유지될 수 있다고 생각한다.

19 2005년 7월 노무현 대통령의 '대연정' 제안은 이러한 복합적 현실을 지역주의 극복이라는 국가민주화를 왜곡하는 한 변수를 중심으로 파악하고 있음을 보여주었다. 사실 경제정책이라는 점에서는 한나라당과 열린우리당, 민주당이 큰 차별성이 없었다. 열린우리당의 경우 대연정 같은 형태로 한나라당과 근접하는 방식으로 가기보다는 오히려 정반대로 한나라당의 보수주의와 구별되는 방식으로 자신의 사회성을 강화하는 방향에서 '사회적 자유주의' 정당으로 정체성을 재구성해가고 그 관점에서 정책지평을 확장해가는 것이 필요했다고 생각한다. '대연정' 같은 '정치주의적' 전략적 사고를 넘어 '사회경제적 급진화'의 차원으로 정체성을 재구성하는 것이 필요했던 것이다.

20 2005년 강정구교수 불구속수사 지휘와 관련하여 '천정배장관 퇴진운동'을 결의하는 기독교사회책임, 선진화정책운동, 시민과함께하는변호사 등도 바로 이러한 분화를 잘 보여주고 있다(조선일보 2005.10.17). 과거의 우익적 관변단체들이나 2000년대 이후 — 참여자치네티즌연대 같은 — 이른바 '신우익'단체와 달리, 중도를 표방한 단체들의 '신보수화' 현상들은 민주진보세력의 헤게모니 위기에 따른 시민사회의 '우경화' 현상을 보여주는 것이기도 하다.

21 여기서 한국의 보수정당 역시 자유민주주의의 성격을 확장하는 방식으로 사고해야 한다. 이러한 과정은 한국의 보수정당이 반북주의와 극우반공주의에 안주하던 상태를 극복하는 과정과 함께 가는 것이다. 이 점에서 보수의 혁신도 필요하다(조희연 「한국의 이념갈등과 '진보의 혁신', '보수의 혁신'」, 한국사회학회·한국정치학회 편, 『한국사회의 새로운 갈등과 국민통합』, 인간사랑 2007).

22 이른바 '조·중·동'으로 상징되는 미디어의 개혁과제는 여전히 미완의 과제이다. 사

실 현재의 위기상황은 다양한 구성을 가진 보수세력 — 정치적·시민사회적·시장적 보수세력 등 — 중에서 최선두에 서 있는 미디어 (반개혁)보수세력에 의해 매일매일 '구성'되는 측면도 강하다. 이런 점에서 언론, 특히 신문언론들 내부에서 상대적으로 비판적 성격을 가진 미디어종사자들에 의한 자정운동이 확대될 수 있는 공간을 만들면서 동시에 '권력기관에서 보도기관으로' 만들기 위한 운동(조희연 『비정상성에 대한 저항에서 정상성에 대한 저항으로』 13장)이 대중조직들의 연합운동에 의해 추진될 필요가 있다. 사실 "조선일보의 구독자가 200만에서 100만이 되는 시점에 민주개혁의 미완의 과제가 종결될 것이다" 하는 표현도 이런 맥락에서 주목할 필요가 있다. 그런데 포스트-87년체제로의 이행 속에서 반개혁의 대상들, 예컨대 반개혁적 미디어집단들의 구조적 성격들이 변화해간다는 점이 지적되어야 한다. 예컨대 조선일보의 경우, 친일이나 독재적 유산 척결에 반대하고 공론의 장을 극우반공주의적으로 왜곡하는 '반개혁적' 신문이기도 하지만, 이제는 '민주적 계급사회'라는 현실변화에 대응하여 점차 — 상층계급과 자본가계급의 이해를 대변하는 — '보수적 계급지'로서의 성격이 강화되어간다.

23 이에 관해서는 90년대 이후 개신교 지형을 '보수와 진보의 수렴'이라기보다 '보수세력의 헤게모니 확장'으로 분석하고 있는 강인철 「수렴 혹은 헤게모니?: 1990년대 이후 개신교지형의 변화」, 『경제와 사회』 2004년 여름호 참조.


## 제2부 87년체제인가, 97년체제인가 · 김호기

1 Snow, D. and R. Benford, "Master Frames and Cycles of Protest," A. Morris and C. Mueller eds., *Frontiers in Social Movement Theory*, New Haven: Yale Univ. Press 1992.

2 87년체제에 대한 선행 연구로는, 김종엽 「분단체제와 87년체제」, 『창작과비평』 2005년 겨울호; 박명림 「87년 헌정체제 개혁과 한국 민주주의」, 『창작과비평』 2005년 겨울호; 유철규 「80년대 후반 경제구조 변화의 의미」, 『창작과비평』 2005년 겨울호; 윤상철 「87년체제의 정치지형과 과제」, 『창작과비평』 2005년 겨울호 참조. (이 가운데 김종엽과 유철규의 글은 본서의 제1부와 제3부에 수록되어 있다 — 편집자.)

3 2장과 3장의 내용은 김호기 『한국 시민사회의 성찰』, 아르케 2007, 12장 참조.

4 Braudel, F. 「역사학과 사회학」, 신용하 편 『사회사와 사회학』, 창비 1982; Braudel, F. 「역사학과 사회과학: 장기지속」, 같은 책에서 재구성.

5 Rueschemeyer, D., E. Stephens and J. Stephen, *Capitalist Development and*

*Democracy*, Chicago: Univ. of Chicago Press 1992.

6 Aglietta, M., *The Theory of Capitalist Regulation: the U.S. Experience*, London: New Left Books 1977; Boyer, R., *La Theorie de la Regulation*, Paris: Deconverte 1986(한국어판 『조절이론』, 정신동 옮김, 학민사 1991); Lipietz, A., *Mirages and Miracles: The Crises of Global Fordism*, London: Verso 1987; Jessop, B., *The Future of the Capitalist State*, Cambridge: Polity 2002. 조절이론가들은 축적체제(regime of accumulation)라는 개념을 사용한다. 축적체제란 '자본주의 축적의 진행이 광범위하고도 상당정도 일관된 형태로 보증되는, 즉 과정 그 자체로부터 부단히 나타나는 왜곡 또는 불균형을 흡수하거나 시간적으로 지연시킬 수 있는 규칙성의 총체'를 뜻한다(Boyer 앞의 책, 59면). 한 체제의 일관성이 유지되기 위해서는 경제체제와 정치·사회체제 사이의 조응이 요구되는데, 이 점에서 87년체제의 경제체제는 다소 모호하다.

7 「민주주의보다 경제발전 중요 84%」, 연합뉴스 2005.12.6.

8 97년체제라는 개념을 활용할 때 문제는 남아 있다. 산업화시대에 61년체제가 조응하고 세계화시대에 97년 체제가 조응한다면, 민주화시대에는 어떤 체제가 조응하느냐의 문제다. 민주화시대는 61년체제와 97년체제에 걸쳐 있다고 볼 수 있는데, 역사적 구분인 '시대'와 사회경제적 구분인 '체제'의 관계에 대한 더욱 면밀한 검토가 요청된다.

9 Kaldor, M., "Global Civil Society," D. Held and A. McGrew eds., *The Global Transformations Reader*, Cambridge: Polity 2000, 561면.

10 선진화 전략의 대표적인 연구로는 박세일의 『대한민국 선진화 전략연구』(21세기북스 2006)를 지목할 수 있다. 이 책에서 그는 공동체 자유주의에 입각하여 교육 및 문화, 시장능력, 국가능력, 시민사회, 그리고 국제관계의 선진화를 모색하고 있다. 이 선진화론의 문제점은 공동체적 사회정책과 신자유주의 경제정책이 어느 정도까지 양립할 수 있는가에 있다.

11 이 문제를 가장 진지하게 다룬 것이 최장집의 『민주화 이후의 민주주의』(후마니타스 2002)이다. 그는 이 책에서 절차적 민주주의를 넘어설 수 있는 새로운 민주주의 패러다임을 요청하고 있다. 민주화가 20년 가까이 이루어져왔음에도 불구하고 경제적·사회적 민주화가 지체된 현상황을 지켜볼 때 그의 문제제기는 탁월한 것이었다. 하지만 이 책에서 아쉬운 점은 세계화의 충격이 소홀히 다루어지고 있다는 데 있다.

1 좀더 자세한 논의는, 졸고 「87년체제와 진보논쟁」, 『창작과비평』 2007년 여름호 참조.

2 사회 성원의 가치관과 선호체계를 민주화와 경제적 자유화라는 두 요소의 혼합만으로 보는 것은 과도한 단순화의 위험이 있다. 하지만 이 두 요소가 여타 가치나 선호들을 연계하는 중심요인인 동시에 사회체제의 제도적 설계와 관련된 핵심요인이라는 점에서 중요성을 지닌다고 생각된다.

3 필자는 이와 비슷한 취지로 이른바 '386세대'의 문화적 보수성을 분석한 바 있다. 「공적 대의와 사적 행복 사이에 길을 내자」, 『창비주간논평』 2006.11.7.

4 여기에 더해 서울시청과 광화문 일대를 집회와 시위의 자유로운 공간으로 여기는 태도가 2002년 한일 월드컵, 효순이-미선이 추모집회, 2004년 대통령 탄핵 반대시위 등으로 이미 일반화되어 있었다.

5 collective intelligence는 몇몇 학자와 언론에 의해서 '집단지성'으로 번역되어 촛불항쟁의 양상을 묘사하는 데 쓰였다. 하지만 적절한 번역은 '집합적 지성'이라고 생각된다. 그렇게 번역할 때만 집단지성이라는 표현에 깃든 거대주체의 이미지를 벗어나는 동시에, 촛불항쟁을 특징짓는 분권화되고 탈중심화된 소통과 의지형성의 특징을 포착할 수 있다고 본다.

6 이런 대중의 유쾌한 축제성을 잘 포착한 글로는 김어준의 「美 쇠고기, 닥치고 재협상!」, 『한겨레』 2008.6.4.

7 주인됨의 자세를 보여주는 또다른 예로, MBC 「100분토론」에서 "그렇다고 대통령을 바꾸겠습니까?"라고 한 한나라당 나경원 의원의 말에 대해 아고라 '100분토론 게시판'에 오른 한 누리꾼의 "아니, 그럼 국민을 바꿔요?"라는 댓글을 들 수 있다.

8 대선 전 최장집(崔章集)은 남북교류와 관련된 열린우리당과 한나라당의 갈등을 격렬한 듯 보이지만 수사적인 것에 지나지 않을 뿐이라고 평가했고, 손호철(孫浩哲)은 대선을 통해 한나라당으로 정권이 넘어간다고 해도 남북문제에서 변할 것은 별로 없을 것이라며 한나라당 집권에 대한 우려를 "두려움의 동원"으로 깎아내렸다. 하지만 지금 심각한 문제를 야기하고 있는 이명박정부의 냉전적 외교는 이들의 판단이 단견이었음을 보여준다.

9 이에 대한 체계적인 논의는, 박영도 「세계화 시대의 민주주의: 그 딜레마와 전망」, 『경제와 사회』 2000년 봄호 참조.

10 이런 시각에서 보면, 연전에 우리 지식계에서 유행한 탈민족주의 논의가, 민족주의의 폐해와 역기능을 지적함으로써 민족주의의 성찰성을 높이는 데 기여한 점을 제외하면 얼마나 정치적 맥락에 어두운 것이었는지 드러난다. 탈민족주의 논의는 민족주

의가 분단된 한반도에서 가진 진보성을 고려할 때 탈맥락적일 뿐 아니라, 신자유주의적 지구화라는 좀더 일반적인 맥락에서도 정치적 유효성을 가지고 있지 않다. 그런 의미에서 탈민족주의는 신자유주의적 지구화에 도전하는 담론이라기보다는 그것의 징후에 지나지 않는다고 할 수 있다.

11 최장집「촛불집회와 한국민주주의, 어떻게 볼 것인가」, 긴급 시국 대토론회 '촛불집회와 한국민주주의' 2008.6.16. 이와 유사하지만 좀더 강한 논지의 글로는, 박상훈「운동이 정치체제 대신 못해… 보수독점 강화할 수도」,『오마이뉴스』2008.7.8 참조.

12 촛불항쟁을 보는 최장집의 관점에 대하여, 이후에 나오는 비판과 유사한 문제의식을 가진 글로는, 손우정「촛불정국의 방향은? '정당정치' vs '거리정치': 최장집 교수의 '대의민주주의론' 비판」, 새로운 사회를 여는 연구원 홈페이지(www.eplatform.or.kr) 2008.6.26 참조.

13 예컨대 공론장의 건강성 회복을 위해 대중은 조·중·동 같은 보수언론에 대하여 광고주 압박운동을 펼쳤다. 이런 운동은 정당체제의 강화로써 해결할 수 없는 문제이다. 아마도 최장집이나 박상훈은 민주파가 집권하고 그들이 대중의 지지를 받는 탁월한 정치를 수행한다면, 보수언론의 위력은 자연히 감소되고 그에 따라 공론장이 정화될 수 있다고 판단하는 것 같다. 만일 그렇게 판단한다면, 그것은 정치적 리얼리즘이 결여된 생각이다.

14 여정민「"광화문 뒤덮은 촛불물결 보며 절망했다": 〔인터뷰〕파업 1년 맞은 김경욱 이랜드일반노조 위원장」,『프레시안』2008.6.24.

15 졸고「촛불이 갈 길」,『창비주간논평』2008.7.9.

16 다른 한편 정부의 진지전에 대응하는 투쟁뿐 아니라 개헌이나 대통령 신임 국민투표 등으로 단번에 현재의 국면을 돌파하려는 보수진영의 기동전에 대해서도 대중의 경계와 준비가 요구된다는 점을 지적하고 싶다.

17 서울시 교육감 선거는 평준화를 해체하려는 이명박정부의 교육정책에 제동을 거는 동시에, 급식문제를 매개로 미국산 쇠고기 수입에 저항하는 전선을 형성할 수 있는 중요한 기회였다는 점에서 주경복 후보의 낙선은 여러모로 아쉬운 점이 있다. 하지만 이 선거는 적어도 세가지 교훈을 준다. 우선 강남벨트의 투표결집뿐 아니라 강남이 가진 헤게모니적 힘을 간과해서는 안된다는 점이다. 몇몇 신문들이 강남벨트의 투표를 '계급투표'라 부른 사실에서 보듯이, 일부 잠식되긴 했지만 그들이 현체제의 게임의 규칙에서 승리한 자들이라는 사실 자체에서 나오는 헤게모니적 힘은 여전히 만만치 않다. 그들의 노선은 다수에게 '쎄이렌의 노래'처럼 유혹적으로 스며들어 있기 때문에, 강한 문화적 혁신과 성찰을 통하지 않고는 쉽게 극복되지 않는 성질의 것이다. 다음으로 주경복의 패배가 보수언론에 의해 짜인 프레임이긴 하지만, 한편으

로 전교조의 패배이며 다른 한편으로는 단순한 반이명박 전선의 패배라는 점이다. 전교조는 87년체제의 민주적 성과이자 그 보루의 하나임에도 그간 교원평가 반대 같은 방어적 투쟁에 몰두함으로써 교육개혁의 적극적 비전을 제시하지 못해 대중적 지지를 크게 상실했다. 이런 중요한 지식인 노동자조직이 새롭게 사회적 신뢰를 얻지 못하는 한, 교육개혁을 향한 투쟁이 큰 힘을 얻기는 힘들다. 마지막으로 반이명박 전선은 호소력을 가지고 있지만 그것만으로는 여전히 모자란 바가 있다는 점이다. 앞으로의 어떤 선거에서도 반이명박 정서는 작동하겠지만, 그 선거는 이명박에 대한 선거가 아니라 새로운 인물에 대한 선거이다. 보수층은 새로운 인물과 새로운 정책의 기대감으로 반이명박 정서를 희석할 여지를 가지고 있다. 따라서 관건은 예견되는 이명박정부의 실정과 무능이 아니라 대안의 조직화이다.

18 백낙청은 근대성 문제를 논하며 극복-적응의 이중과제론을 제기했는데, 이런 이중과제를 제도적 비전과 현실정책 내에서 실천하는 것이 매우 중요하다고 생각된다. 이런 극복-적응의 이중과제에 대한 좀더 상세한 논의로는, 백낙청 「한반도에서의 식민성 문제와 근대 한국의 이중과제」, 『창작과비평』 1999년 가을호 참조. 그리고 생태적인 쟁점과 관련된 이중과제론을 다룬 최근 글로는, 「근대 한국의 이중과제와 녹색담론」, 『창작과비평』 2008년 여름호 참조. (이 글들은 모두 본서가 속한 창비담론총서 씨리즈 제1권에 수록되어 있다 ─ 편집자.)

## 제3부 민주화 이후의 정당체제의 구조의 변화 · 박상훈

1 앨런 웨어는 정당체제를 구성하는 여러 차원, 그리고 각기 다른 차원에 초점을 둔 여러 이론과 접근을 잘 소개해주고 있다. Ware, A., *Political Parties and Party Systems*, Oxford Univ. Press 1996.

2 Sartori, Giovanni, "The Sociology of Parties: A Critical Review," P. Mair ed. *The West European Party System*, Oxford Univ. Press 1968/1990; *Parties and Party Systems*, Cambridge Univ. Press 1976.

3 Panebianco, Angelo, *Political Parties: Organization and Power*, trans. by M. Silver. Cambridge Univ. Press 1988.

4 이 논문에서 '87년체제'라는 용어는 분석의 필요 때문에 조작적으로 정의된 개념이다. 2005년 들어와 이 용어가 갑작스럽게 유행하면서 '개념의 이데올로기화' 현상이 두드러졌다. '87년체제 극복' 담론이 그 대표적인 예이다. 이는 한국 민주주의의 모든 문제를 87년체제로 환원함으로써, 한편으로 민주화 이후의 한국정치에 대한 비판

적 이해를 약화시킨 동시에, 다른 한편 사태의 원인을 과도하게 추상화함으로써 현실의 실제 문제를 의제에서 사라지게 하는 부정적 효과를 가져왔다. 이 논문에서 87년체제라는 용어는 경험적 사실을 압축하기 위한 분석적 개념일 뿐, 지배담론화된 개념으로서 '87년체제론'과는 관계가 없다.

5 최장집「노무현정부는 열망−실망의 사이클을 끊을 수 있나」대통령자문정책기획위원회 심포지엄 '참여정부 100일, 현재와 미래' 발표문, 2003.5.29.

6 Mair, Peter, "The Freezing Hypothesis: An Evaluation," L. Karvonen and S. Kuhnle eds. *Party Systems and Voter Alignments Revisited*, Routledge 2001.

7 같은 책.

8 Mair, Peter, *Party System Change: Approaches and Interpretations*, Clarendon Press 1996.

9 이 지수를 만든 락소·타게페라(Laakso, M. & Taagepera, R, "Effective Number of Parties: A Measure with Application to West Europe," *Comparative Political Studies* 12. 1979)의 계산식은 $1/\Sigma Si^2$이다. 분자의 값 1은 각 정당들의 의석점유율 합이 1이라는 가정을 갖는 것으로, 문제는 정당체제의 제도화 수준이 낮은 경우 지수가 과대대표된다는 점이다. 여기서는 분자의 값을 '0.5% 이상 득표한 정당들의 의석점유율 합'으로 대체함으로써 과대대표의 효과를 통제했다. 자세한 근거에 대해서는 다음을 참조할 것. 박상훈「한국 지역정당체제의 합리적 기초에 관한 연구」, 고려대 정치외교학과 박사학위논문 1999, 204~209면.

10 한국갤럽조사연구소『갤럽의 여론조사』1993;『한국인의 투표행태』1995;『제15대 국회의원선거 투표행태』1996.

11 Lipset, S. M. & S. Rokkan, *Party Systems and Voter Alignmen: Cross-National Perspectives*, The Free Press 1967.

12 Elster, Jon ed, *Rational Choice*, New York Univ. Press 1986, 15면.

13 자세한 논의는 Lipset & Rokkan, 앞의 책, 2~3면과 50~51면을 참조할 것.

14 '조숙한 민주주의' '자유민주주의의 초기 제도화'로 특징지어지는 48년체제에 대해서는 최장집(『현대 한국정치의 구조와 변동』, 까치 1989;『한국민주주의의 조건과 전망』, 나남 1996)과 박찬표(『한국의 국가형성과 민주주의』, 후마니타스 2007)를 참고할 것. '보수 독점적 양당체제'로 정의되는 58년체제에 대해서는 최장집(『민주화 이후의 민주주의: 한국 민주주의의 보수적 기원과 위기』, 후마니타스 2002)을 참조할 것.

15 지역정당체제에 대한 싸르토리, 샤츠슈나이더 등의 고전적 설명에 대해서는 박상훈, 앞의 글(1999) 176~84면 참조.

16 '결과로서의 지역주의', 민주화 이후 만들어진 '새로운 문제로서의 지역주의'에 대

한 좀더 자세한 설명은 박상훈 「민주화 이전의 선거와 지역주의」, 고려대 아세아문제연구소 『아세아연구』 통권 43호, 2000을 참조할 것.

17 박상훈 「한국의 유권자는 지역주의에 의해 투표하나: 16대 총선의 사례」, 『한국정치학회보』 38권 2호, 2001.

18 기존 연구는 부산-경남지역의 투표행태를 대구-경북지역과 구분하지 않는다. 다시 말해, 두 지역에서 모두 박정희정권 기간을 통해 산업화의 수혜를 받으면서 권위주의 체제의 지지기반화 현상이 발전했다고 보는 것이다. 반대로 호남은 차별과 소외의 지역이 됨으로써 권위주의에 반하는 야당 지지 성향을 발전시켰다고 본다. 그 결과 민주화를 기점으로 영호남 지역대결이 발생했다는 것이다(김만흠 「한국의 정치균열에 관한 연구, 지역균열의 정치과정에 대한 구조적 접근」, 서울대 정치학과 박사학위논문 1991). 그러나 이는 사실과 다르다. 적어도 국회의원 총선 결과를 기준으로 보면, 민주화 이전까지 부산-경남지역은 서울을 제외할 때 가장 강한 야당 지지 성향을 보였으며 반대로 호남, 그중에서 특히 전남은 대구-경북 못지않게 권위주의 집권당에 대한 지지가 큰 지역이었다. 민주화 이전 지역별 투표성향의 변화에 대해서는 박상훈, 앞의 책(2000) 참조.

19 정초 선거의 극단적 상황을 묘사한 인용구는 각각 O'Donnell & Schmitter, *Transition from Authoritarian Rule: Tentative Conclusions about Uncertain Deamocracies*, Johns Hopkins Univ. Press 1986, 3~4면과 쉐보르스키 지음, 임혁백·윤성학 옮김 「민주화 연구기: 한국어판 후기」, 『민주주의와 시장』, 한울아카데미 1997, 275~76면 참조.

20 Sartori, 앞의 책(1976).


## 제3부 동아시아 경제와 한국의 87년체제 · 이일영

1 남한이 수출시장을 목표로 대기업을 육성하면서 경공업에서 중공업 단계로 이행했다면, 북한은 처음부터 강력한 중공업 우선발전을 추진하고 이를 뒷받침하기 위해 국유화·집단화를 행했다. 물론 세계시장의 중요성과 미시조직의 효율성 문제를 경시한 북한경제가 나중에 치러야 할 댓가는 엄청난 것이었다.

2 박정희시대에 경제성장과 독재체제가 서로 보완적이었던가 독립적이었던가는 논란의 여지가 있다(이병천 「개발독재의 정치경제학과 한국의 경험」, 이병천 엮음 『개발독재와 박정희시대』, 창비 2003; 조석곤 「박정희신화와 박정희체제」, 『창작과비평』 2005년 여름호.) 필자는 특정한 국제환경 속에서 성장과 독재체제가 양립했으며,

1980년대 후반 이후 그러한 국제적 조건이 약화되었다고 본다.

3 데이비드 헬드 외 지음, 조효제 옮김 『전지구적 변환』, 창비 2002.

4 末廣昭 『ギャッチアップ型工業化論: アジア經濟の軌跡と展望』, 名古屋大學出版會 2000.

5 가치사슬(value chain)이란 포터가 발전시킨 개념으로, 기업의 전반적 경영활동을 주활동 부분과 보조활동 부분으로 나누어 구매·생산·물류·판매·재고관리·AS 등 각 단계에서 기업이 얼마의 비용으로 얼마의 부가가치를 창출하는가를 분석하기 위한 도구이다(Porter, M., *Competitive Advantage*, Free Press 1985).

6 해외 직접투자는 고부가가치의 전문적 생산활동을 동아시아 신흥공업국들에 특화하는 결과를 가져왔다. 한국은 메모리칩, 타이완은 디지털 디자인, 싱가포르는 생산공정 및 엔지니어링 등으로 특화되었고, 저부가가치의 조립생산은 중국과 동남아지역으로 이전되었다.

7 김주훈 『동아시아의 글로벌 생산네트워크와 한국의 혁신정책 방향』, 한국개발연구원 2004.

8 아키텍처(architecture)란 제품의 전체 요구 기능을 어떻게 분할하여 각 부품에 배분할 것인가, 그리고 각 부품을 어떻게 연결할 것인가에 관한 기본설계사상을 의미한다. 모듈생산이란 지리적으로 모기업 내외부의 근접한 장소에서 복수의 부품을 중간 조립해서 모듈 형태로 최종 조립라인에 투입하여 완제품을 만드는 생산방식을 지칭한다. 모듈형 아키텍처 제품은 각 기능과 구조 및 부품간의 대응관계가 명확하며 특정 기능을 하나의 부품에 집약하는 방식으로 설계가 용이하고 부품간의 상호관계가 비교적 독립적이다.

9 藤本隆宏 『日本のもの造り哲學』, 日本經濟新聞社 2004; 조성재 외 『동북아 제조업의 분업구조와 고용관계(I)』, 한국노동연구원 2005.

10 한국개발연구원 지식경제팀 『한국의 산업경쟁력 종합연구』, 한국개발연구원 2003; 서석홍 「중국 자동차산업의 현황과 시장동향」, 중국시장포럼 세미나 2005; 박번순 외 『아시아경제, 공존의 모색』, 삼성경제연구소 2005.

11 우리나라는 농산물·축산물·수산물·임산물을 모두 합쳐 수입액 기준으로 국가별 점유비율이 1995년에 미국 34.7%, 중국 7.3%, 인도네시아 6.9%였는데, 2003년에는 중국 24.3%, 미국 23.2%, 호주 6.8%의 순으로 변하였다(농산물유통공사). 1995년에는 한국이 미국에서 주로 먹을거리를 수입했지만, 이후 수입선이 중국과 미국으로 분산되었음을 알 수 있다. 이는 일본의 경우도 마찬가지이다. 2004년 현재 일본의 농림수산물 수입액의 국가별 비율은 미국이 22.8%, 중국이 14.0%를 기록하였다(日本農水省).

12 바이오테크는 "유기체 또는 세포, 분자 요소를 사용하여 생산물을 제조하거나, 희망하는 특성을 갖도록 식물·동물·미생물을 변형하는 기술"로 정의되며, 이에 따른 생산품은 의약품과 비의약품(농업관련 산품 및 공산물)으로 구분될 수 있다.

13 이일영 「한국 농업과 동북아 농업: 새로운 시대의 의제와 전략」, 『창작과비평』 2004년 가을호.

14 조형제 『한국적 생산방식은 가능한가?』, 한울 2005.

15 세계적인 금융위기와 수요 감소는 국내 자동차산업에 심각한 영향을 미치고 있다. 쌍용차 경영진은 이미 철수했으며, GM대우는 유동성 위기를 겪고 있고, 현대·기아자동차도 가동률이 하락하고 있다.

16 한국 도시가계 평균 엥겔계수는 1960년대 60% 수준에서 2000년대에는 26% 수준으로 급감하였다. 식료소비 중 외식의 비중은 1980년대 중반 이후 급격히 상승하여 최근에는 46% 수준에 도달했다(유영봉 「21세기 한국농업의 성장전략」, 농정연구쎈터 제13회 연례 심포지엄 '한국 농업·농촌의 장기비전' 2005.6.22).

17 동아시아 생산네트워크의 성격이 이미 확정되어 있는 것은 아니다. 선진국의 대규모 초국적기업들에게 유리한 점이 있기는 하지만, 반드시 그들만이 지배하는 배타적인 존재는 아니다. 물론 좀더 참여적이고 분산적인 씨스템이 되기 위해서는, 두 차원에서의 노력이 필요하다. 첫째는 평화문제·생태문제 등 다원적 가치를 포괄하는 동아시아공동체 형성의 노력이고, 둘째는 혁신·경쟁 요소를 '지역' 단위에 고착·감금(lock-in)시킬 수 있도록 하는 시도들(예컨대 지역혁신클러스터, 지역단위의 노사정협력, 지역농업네트워크 등)이다.

# 필자 소개

김종엽(金鍾曄)  한신대 교수, 사회학. 『창작과비평』 편집위원. 저서로 『연대와 열광』 『에밀 뒤르켐을 위하여』 『시대유감』 『21세기의 한반도 구상』(공저) 등이 있다.

김호기(金晧起)  연세대 교수, 사회학. 저서로 『세계화시대의 시대정신』 『한국 시민사회의 성찰』 『한국의 현대성과 사회변동』 등이 있다.

박상훈(朴常勳)  정치학 박사. 후마니타스 대표. 저서로 『민주화 이후 한국정치와 지역주의 지배담론』 『어떤 민주주의인가』(공저) 등이 있다.

백낙청(白樂晴)  서울대 명예교수, 영문학. 문학평론가, 『창작과비평』 편집인. 최근 저서로 『통일시대 한국문학의 보람』 『한반도식 통일, 현재진행형』 『백낙청 회화록』 등이 있다.

유철규(劉哲奎)  성공회대 교수, 경제학. 저서로 『개발독재와 박정희시대』(공저), 『구조조정의 정치경제학과 21세기 한국경제』(공저) 등이 있다.

이일영(李日榮)  한신대 교수, 경제학. 『창작과비평』 편집위원. 저서로 『동북아시대의 한국경제 발전전략』 『중국의 농촌개혁과 경제발전』 『노무현시대의 좌절』(공저) 등이 있다.

조희연(曺喜昐)  성공회대 교수, 사회학. 민주주의연구소 소장. 저서로 『계급과 빈곤』 『한국의 민주주의와 사회운동』 『박정희와 개발독재시대』 등이 있다.

**창비담론총서 2**
## 87년체제론

초판 1쇄 발행 • 2009년 4월 15일

엮은이 • 김종엽
펴낸이 • 고세현
책임편집 • 염종선 안병률 정소영
펴낸곳 • (주)창비
등록 • 1986년 8월 5일 제85호
주소 • 413-756 경기도 파주시 교하읍 문발리 513-11
전화 • 031-955-3333
팩시밀리 • 영업 031-955-3399  편집 031-955-3400
홈페이지 • www.changbi.com
전자우편 • human@changbi.com
인쇄 • 한교원색